尹绍亭教授

山光物态弄春晖

——尹绍亭访谈录

崔明昆　编

云南出版集团
云南人民出版社

图书在版编目（CIP）数据

山光物态弄春晖 ：尹绍亭访谈录 / 崔明昆编. --
昆明 ：云南人民出版社，2019.7
ISBN 978-7-222-18299-8

Ⅰ. ①山… Ⅱ. ①崔… Ⅲ. ①尹绍亭－访问记 Ⅳ.
①K825.41

中国版本图书馆CIP数据核字(2019)第054764号

出 品 人：赵石定
责任编辑：郑燕燕
装帧设计：付俊杰
责任校对：张力山
责任印制：李寒东

山光物态弄春晖——尹绍亭访谈录
崔明昆 编

出版 云南出版集团 云南人民出版社
发行 云南人民出版社
社址 昆明市环城西路609号
邮编 650034
网址 www.ynpph.com.cn
E-mail ynrms@sina.com
开本 720mm×1010mm 1/16
印张 15.5
字数 230千
版次 2019年7月第1版第1次印刷
印刷 云南出版印刷集团有限责任公司
云南新华印刷一厂
书号 ISBN 978-7-222-18299-8
定价 58.00元

如有图书质量及相关问题请与我社联系
审校部电话：0871-64164626 印制科电话：0871-64191534

云南人民出版社公众微信号

序

尹绍亭

俗话说，“积土成山，积水成渊”。白驹过隙，不经意间受他人采访的文章积累了十余篇。难得崔明昆教授用心搜罗，去粗取精，挑选了十二篇辑成本书。十二篇小文章的汇集，自然远不及“山”和“渊”的气势，却也如一座小丘、一泓清池，有了赏阅的价值。这不禁又使我深感“积累”之妙：凡事无论大小，只要持之以恒，日积月累，都会积渐所至，形成景象。

十二篇采访文章，有的发表过，有的尚未发表。汇集出版，为了统一格式，亦欲“画龙点睛”，文章均采用一句七言诗作为篇名。兹从十二句篇名诗中选出八句，凑为律诗一首，开宗明义，见教于读者：

莫道前程无知己，轻舟已过万重山。
山光物态弄春晖，万物并作吾复观。
咬定青山不放松，行到水穷当知返。
览胜还需向高处，名高青史万年香。

2018年秋识于昆明

目　录

轻舟已过万重山

——谈人生学问

采访者：广西民族大学徐杰舜教授

时　间：2013年5月

地　点：昆明

一、出生与求学

徐杰舜（以下简称徐）：早就想和您聊聊天，把您的学术成果和经历向我们学界介绍。您是云南人吗？

尹绍亭（以下简称尹）：我父亲是云南腾冲人，母亲是西安人。

徐：你是在哪里出生的呢？

尹：我1947年12月28日出生于云南省永平县。当时我父亲在那里做事。1950年我家迁往大理，现在我对大理古城、苍山还残留着儿时梦幻般的记

孟连村田园风光

忆。1953年迁回故乡腾冲县，住在县城。腾冲靠近缅甸，那里杂居着傣族、景颇族、阿昌族、德昂族、汉族等民族，文化形形色色，风俗迥然各异。家乡叫孟连村，数十座土墙瓦房聚集在田园中一条清澈的小沟周围，一半是汉族，一半是傣族。汉族奉祖先规制，傣族行傣家传统，各行其是，和睦相处，可谓典型的“民族团结村”。从这样的地方走出来的人，自有所谓“族群”的情结和对文化差异的朦胧的感知。孟连村距县城约四十公里，原属腾冲县。1961年该区划归德宏傣族景颇族自治州新成立的梁河县。

徐：你父亲是腾冲本地人吗？

尹文德

尹：是的。家谱记载，祖上是明代从军来到云南的。明正统年间，麓川（治今云南瑞丽）土司起兵反对朝廷，从1441年至1449年，明英宗三次派兵平叛，史称“三征麓川”。战争结束后，军屯于当地，大部分军人留了下来，使这一“极边之地”成了汉夷杂居之地。

徐：那你母亲是西安人，与你父亲是怎么认识的呢？

尹：父亲尹文德早年在国立北京大学读书，时值五四运动，作为热血青年，他积极参与反封反帝爱国运动，并在他们创办的名为《新腾冲》的杂志和其他刊物上不断发表文章抨击帝国主义侵略我国的罪行，至今我还保存着他充满忧愤犀利揭露日本军国主义侵略罪行的几篇文章。大学毕业后时逢“七七事变”，感到国家兴亡匹夫有责，于是毅然投笔从戎，进入军界投身抗战工作。先后在西安行营、第十战区政治部、陆军特种兵联合分校政治部等军中担任文官和教官。与母亲陈敏惠认识、结

陈敏惠

婚，就是在任职西安行营政治部官员那一时期。很多人说我像北方人，就因为我有母亲的遗传。

徐：那你们家可是书香门第啊。

尹：“书香门第”现在听起来感觉不错，但在改革开放以前却很不中听。那时奉行“唯成分论”，凡事必先查家庭成分，并以“红”“黑”区别。我家虽然没有被正式划过成分，然而尹家是当地大户，众人皆知，出身不填地主好像不行,稀里糊涂一填，便背了几十年“黑锅”。但父亲在西安时曾参与国共合作事宜，多次参加抗击日寇的战斗，对抗战做过贡献。二伯为人宽厚大度，热心家乡公益事业，常有公益慈善之举，深得乡亲敬重。晚年客居台湾念念不忘祖国统一，百岁临终前所言遗憾是不能回归故土。大伯父大半辈子从事中缅边界事务，早年留学日本早稻田大学，期间因愤恨日本对中国的侵略而毅然弃学回国。其时英国殖民军侵占缅甸并不断蚕食我国领土，边境问题十分严重，大伯父对中缅边境素有研究，所发评论引起南京政府注意，于是被外交部聘用为专职中缅界务的外交官员。20世纪二三十年代，他曾冒着生命危险带队深入英军控制的中缅边界详细踏勘，并多次参加与英人交涉,为捍卫祖国领土完整做了很大贡献。由于熟悉边政，滇西抗战时又临危受命，作为南京政府特使深入敌后宣慰各民族土司团结抗日。抗战胜利，担任腾冲善后委员会主任。20世纪60年代中缅边界谈判，周恩来总理聘其为顾问，参加了中缅谈判全过程，发挥了重要作用，为其人生画上了圆满的句号。

徐：那是做了很大的贡献啊。

尹：这些话只有现在才能说，过去哪里敢讲。当然，于历史而言，那不过是一个短暂的小插曲，而对于我辈有限的生命来说，却是一个残酷漫长的噩梦。世事无常，物极必反。闹剧和灾难，终于促成了全社会的反思，才有了今天的平和与理智。

徐：那你年轻时岂不是很压抑？

尹：我小学一毕业就失学，打击之大，不言而喻。后来腾冲有个王少岩带头捐钱，海外华侨随之响应，县里用捐钱建立了一所民办中学，名为“来凤中学”。入学考试成绩张榜于闹市，初中部我考了第一名，终于又圆了读书之梦。小学毕业，辍学在家，那时家庭经济困难，不能闲着，不是与同伴上山砍柴，便是去“做小活”（打工）。说到打工，不禁想起1990年代在日本所见所闻许多中国留学生和访问学者打工的情况。我作为昔日的少年打工仔，在他们面前称得上是打工的老前辈，然而与他们中年“洋插队”的辛苦受罪相比，我算是“先苦后甜”，世事难测，令人唏嘘。其实我当年辍学打工，也有快活的时候。例如到玉器社做活，就曾经有过非同一般的“艳遇”。有一次师傅让我解剖毛料，锯开一寸多深时，师傅一下跳了起来，随之大叫“发了！”原来我锯开的毛石里面一片翠绿。完全剖开之后，确定为老坑翠色优质玻璃种，这块只花了4元钱买来的毛石，一夜之间身价竟然翻了一万倍，估价高达数十万元，对于一个小厂而言，不啻是天文数字，为此全厂“打牙祭”庆贺，如过年一般。本人“手气”如此之佳，令所有人刮目相看，厂里德高望重的头号玉雕师傅于是决定收我为徒，传其衣钵，我求之不得，欣然从命。我想既然老天不让读书，那就刻苦学艺，掌握一技之长，虽然谈不上光宗耀祖，可也忝列艺人之列，不至于让人瞧不起。不过，毕竟是“书香人家”，母亲并不甘心我止于小学学历，依然一心想让我继续读书。来凤中学成立招生，母亲立即让我辞退学徒工作前去应试，我虽然有几分难舍，但母命难违，还是毅然辞职了。时隔50年，当年的玉器社已不复存在，我对该社的重大贡献也早已被人们淡忘，然而少年时代的玉石传奇，却一直是我十分陶醉的记忆。书归正传，还是说读书。读民办中学，难免会受歧视，所以初二便想办法从来凤中学转学到公立的梁河中学。读书如此周折，时在缅甸的二伯父希望我到缅甸去，母亲再三考虑，虽然去缅即意味着生离死别，但是为了儿子的前途，母亲还是决定让我出走。临走之前写信报告在昆明的大伯，不料大伯坚决不同意，言无论如何必须爱国，于是放弃了出国计划。大伯的主张是正确的，中国人只有立足故土，才感觉心安，过得踏实。尤其是没有离开母亲，虽然日子艰辛，然而能够相依为命，避免了长久离别思念之痛苦。

徐：要是你去了那么你的人生肯定是另外一回事了。

尹：嗯，那是肯定的了。那时候出去的年轻人通常有两条路，一是经商，可能做一辈子商人；二是读书，当时华侨子女大多转到台湾入学。不过，去国怀乡的滋味不好受，现在我只要出国几个月就感觉寞落，盼望归期。

徐：现在到美国的多得不得了，我认识的一大批学者都是从美国回来的。

尹：是啊，现在“海归”更多了。

徐：后来呢？

尹：初二时从民办的来凤中学转到公立的梁河中学。梁中建于县城小镇边沿，青山环绕，环境清幽，学生老师全部住校，校风十分淳朴，校长老师称呼学生均叫名而不叫姓，令人倍感亲切。其时梁中教学质量在德宏州排名前列，师资人才济济，各具风采。那样远离世俗喧嚣、纯朴幽静的学习环境和氛围，后来再也没有感受到。班主任老师于我有知遇之恩，对我既谆谆教诲又十分关怀，师生感情很好。

初中毕业后我考到昆明读书，第二年我与同学和两位老师一共12人，沿着当年红军走过的道路，跨过金沙江等数十条江河，翻越了夹金山等八座海拔4000米以上的大雪山，穿过了川甘地带荒无人烟的大草地，深切感受了沿途汉族、傣族、彝族、藏族等民族的民风民俗，体验了铁道兵、伐木工人、船工、盐工们超常艰辛的生活，历时四个多月，行程近两万公里。对于十七八岁的青少年来说，这无疑是大冒险、大考验、大锻炼，自然，也是人生难得的经历。

徐：除此之外还有哪些难忘经历？

尹：1968年，我被分配到云南汽车厂当工人。在汽车厂10年间，先做锻工，即通常所说的“铁匠”。铁匠有电动小气锤和大气锤工种之分，我属于小气锤工种。以电动气锤打铁，危险性较高，一起工作的同学中，曾有多人遭遇事故。我的班组长是一位多次受伤大难不死的“一不怕苦二不怕死”

的“劳动模范”，看我干活胆小谨慎、“缩头缩脚”，自然不对胃口，曾告诫新招收的学徒“不要学尹绍亭”。班组长对我印象不太好还有其他原因。我在小气锤车间打铁有五六年的时间，但是经常不上班。一是打球，我是厂篮球队队员；二是演出，参加厂里“1130风暴”大型舞蹈音乐剧演出。我吹圆号，二胡拉得不错，是乐队二胡首席。演出远比打球耽误工作，脱产时间断断续续多达一年，遇到这样不好好干活的工人，任何人当班组长都不会乐意的。当时大学每年都到厂里招生，由单位推荐，我因出身不好，政审不合格，所以当不了“工农兵学员”。1970年代初期，上海几家著名工厂首创自办大学，那就是中国教育史上曾经短暂存在过的“721工人大学”。当时这种大学模式被认为是教育革命新成果，于是全国大城市纷纷效法，昆明几家大工厂也闻风而起，汽车厂为其中之一。学习机会难得，我积极争取，通过竞争得以录取，脱产两年半，学习冲压专业。毕业后分到汽车厂设计科做技术工作，后来云南省成立机械研究设计院，各单位工程技术人员趋之若鹜，笔试口试之后，我很幸运，离开了工厂，进入了科研单位。

在机械院工作期间，偶然的机会认识了云南农业科学院院长程侃声院长，与他的交往，对我的人生产生了很大的影响。程先生是我国著名水稻研究专家。1979年，他看到时任日本京都大学东南亚研究中心主任的渡部忠世教授写的《稻米の道》一书，此书从农学、植物学、考古学、民族学等不同角度进行综合研究，提出亚洲栽培稻谷起源于阿萨姆和云南的论断，与我国学界历来主张稻谷起源于长江下游的观点不同，程先生认为值得重视，于是找到我协助其翻译此书，于1982年由云南人民出版社出版。顺便说一句，当年翻译此书，纯属“初生牛犊不怕虎”“无知无畏”，后来懂得翻译是怎么一回事，就金盆洗手，不敢轻易为之了。

徐：你何时学习日语啊？

尹：那是在汽车厂当工人的事。中学时学过英语，没有用，丢了。我妻子的叔叔婶婶是云南大学外语系的老师，一次聊天说道中日建交后日语会派上用场，于是萌生了学习日语的念头。当时伯父、岳父居住在昆明翠湖边武成路铁局巷61号，那是一栋典型的“一颗印”传统民居，为省委统战部所属，院子里住的要么是旧国民政府的军政大员，要么是“文革”中被罢免的高官，均非等闲之辈。光说曾经留学日本者，就有伯父、岳父和名为蒲清泉的省文史馆员。蒲是中共早期党员，陈独秀的表弟，遭遇坎坷，后来流落到云南大理。“文革”期间周恩来总理得知了他的情况，指示要予以照顾，于是得以进入省文史馆工作。蒲老工作之余，曾在家里开办了一个日语班，我有时也去听课。不过由于岳父曾两次东渡日本，且为日本士官学校毕业生，在日时间较长，所以日语是靠岳父引领入门的。

翻译《稲米の道》，学到不少知识，更重要的是得到了程侃声先生的关怀和提携。与程侃生先生的交往一直持续到20世纪90年代中期他去世之时。晚年他想付印自己所写的诗集，与亲朋好友分享，有关方面热情张罗，但他一一拒绝，自费让我经办印刷装帧事宜，书名为《野花野草集》。程先生认为在云南从事生物学和民族学研究有资源优势，希望我重新选择治学方向。为此他引荐我认识了江应樑、汪宁生等前辈人类学家。汪宁生先生治古代史、考古学和民族学，是国内民族考古学的先驱者。先生为人耿直，广博严谨，学问独树一帜。认识之后数年间常往府上求教，受益良多。而我真正实现专业转换，从工科转向文科，却是云南省社会科学院民族学所王树武先生热忱推动的结果。王先生是民族史大家方国瑜先生“文革”前的研究生，他熟悉我大伯的业绩和著作，所以极力劝说我从事前辈的事业。1982年中秋节前几天，王先生突然告诉我，云南省社会科学院面向社会招考研究人员，他不经我同意就为我报了名。盛情难却，报了名不去不好，于是匆忙前往应试，结果

《稻米之路》

获得专家认可，被正式录取了。这又是一个艰难的决策，经过再三考虑，辞别了机械研究设计院，转行去了社会科学院。

我在社科院工作了一年多，做了一些调研，感到有必要补基础再学习，于是报考研究生。导师是杜玉亭、王树武、颜思久三位研究员。杜先生是识别、研究基诺族的权威，且在民族学理论、社会发展史以及云南蒙古族和元史等研究领域均有突出建树。杜先生治学严谨，视田野为生命，对学生要求极为严格，当年受他指导、提携的一批青年学人，如今都成了活跃在云南民族学界的骨干力量。杜先生现在已是“80后”，每年仍然坚持田野调查，且笔耕不辍，孜孜以求，堪称我辈学习的楷模。当时社科院研究生部的负责人是袁任远老师，他为培养学生真是不遗余力，费尽心血。所聘授课教师皆为一流学者。我们从经济学家朱应庚教授、考古学家张增祺研究员、民族史学家木芹教授、现代史学家谢本书教授、民族理论学家熊锡元教授、语言学家常宏恩教授及诸多国内外民族学、人类学家学到的知识和治学态度，终身受用。此外，导师根据每个学生的研究方向，还特意聘请专门的指导老师。例如时任中国科学院热带植物所所长的裴盛基教授就曾受邀作为导师，与杜玉亭教授一道对我进行指导。38年前初涉此领域，杜玉亭、裴盛基两位导师是引路人。裴教授为国际知名学者，是中国民族植物学的开创者，我能从事跨学科的生态人类学的研究，与裴教授所具有的前沿学术眼光和丰厚的学术资源有很大关系。2017年7月13日，中国科学院植物所举办第二届民族植物学培训班暨裴盛基先生八十诞辰祝寿会，我做了题为《刀耕火种生态人类学研究》的讲座。选择讲这个青春年代做的课题，意在感恩。为表达对裴先生崇敬之意，我曾书写了一首小诗：“风光阅尽迎伞寿，雨林踏遍写春秋。植物天地创新学，桃李花开春满楼。”

研究生三年过得比较辛苦，又当爸又当学生，大量时间读书做田野，同时完成了导师布置的“日本文化源流与云南民族文化的比较”课题和“前资本主义社会诸形态研究”子课题，编译了《云南与日本的寻根热》一书，发表《民族地理学的学派及学说》等译文3篇及《试论云南民族地理》等论文

10篇，有的发表在国外杂志上，有的获了奖。不过，后来反思，读书时忙于写文章是错误的，其实就是现在大家喜欢批评的“浮躁”的表现，耽误了学习读书，得不偿失，贻害深远！

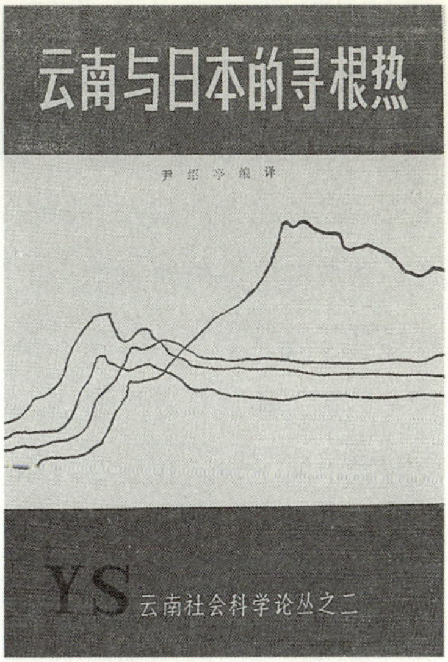

《云南与日本的寻根热》

硕士研究生答辩，由林超民博士安排，请了江应樑先生出面主持，汪宁生先生和裴盛基先生等做评委。毕业后回云南社科院工作。其时社科院准备新建社会学研究所，我毕业正好派上用场，被任命为社会学所筹建负责人。开始踌躇志满，想干一番事业，从院内外调来一批青年学者，让大家去各地考察，还专门前往北京请教费孝通先生。正在我们专注学科理论建设之时，院领导从省政府的需要出发，要求社会学所将社会发展战略作为研究重点。战略研究非我专长，一时难以适应，恐有负领导的重托，一年后遂萌生了去职的念头。当时汪宁生先生在云南民族学院做历史系主任，筹划发展民族学，希望调我去做副系主任；无独有偶，此时云南省民族事务委员会准备筹建云南民族博物馆，也希望我过去参与筹建。从有利于从事田野调查考虑，我选择去了博物馆。调到云南民族博物馆以后，一方面做筹建工作，同时继续我的研究课题，田野时间多，大半年在乡间，其时孩子读小学，很苦了我的妻子。

徐：现在民族博物馆在哪里呢？位置还可以吧？

尹：在滇池国家旅游度假区，规模较大，占地200亩，当时是全国最大的民族博物馆。1989年我调到博物馆，先后担任筹备组副组长、副馆长，历时十年。这十年也算是我的宝贵时期吧，除了博物馆日常工作，还主持了一些很有价值的科研项目，建立了一些稳固的国内外学术交流关系，出了一些成果，而且出国访问了几年。

1999年，是我人生的又一次重要转折。应时任云南大学副校长的林超民教授的邀请，从云南民族博物馆调到云南大学，担任新成立的人类学系的主任。林教授于20世纪80年代力主恢复云大中断了30余年的民族学，并在历史系设置该专业招收本科生，继而创办了人类学与社会工作系。该系系主任是林教授引进的留美博士王筑生，王博士不幸身患疾病英年早逝，林教授只好重新选择与社工分开单独成立人类学系的系主任人选。当时应聘者不乏其人，且大都具有海外学历，不过据说他们比较看重“引进”的条件，要求职务钱财两不误。我曾在日本做客座教授数年，按说也有一定资历，只是生性愚鲁，没有想到要提什么条件，不仅如此，还放弃了民博副馆长的行政级别，对此调动方和被调动方的组织部领导都曾找我谈过话，提醒我慎重考虑。我向来视学问为本，没有把这些当一回事。也许就是这样淡然的态度，才让林副校长看重吧。

徐：你的经历比我们许多学者都要精彩。

尹：精彩谈不上，只是曲折比一般人多。不过尼克松曾说“逆境是好教师”，赫胥黎也说过“没有哪一个聪明人会否定痛苦与忧愁的锻炼价值”，都是至理名言。现在想来，我们这一代人确实应该感谢邓小平，如果不是他及时扭转乾坤，恐怕现在还难逃水深火热的处境，要想做学问搞研究、当教授做专家，那简直是天方夜谭、白日做梦了！

徐：我们这一代人啊，都是不易的。

尹：徐老师应该会好点吧。

徐：都差不多，也被开除了，还做了四年的农民，种稻子、种花生、种果树。要不是邓小平出来，那我是很惨的。也就是在那时候我开始研究汉民族的，白天劳作，晚上做研究，就是这样过来的。

二、刀耕火种研究

徐：以后在口述史里可以让更多的年轻人来了解你的磨难和分享你的经

验，对他们是有好处的，同时给我们的人类学史留下宝贵的资料。现在让我们回到你的成名代表作，你的第一部著作是《刀耕火种研究》。

尹：第一本书名为《一个充满争议的文化生态体系——云南刀耕火种研究》，后来又有包括英文版和日文版的几种。由于研究的早，所以学界较为熟悉，不必多说了。简而言之，1980年代我研究刀耕火种要说有点价值恐怕是这么几点：一是调查了较多的资料，这些资料现在已经难得找到了；二是在田野中真正懂得了刀耕火种，并大着胆子批判了社会和学界的种种偏见和错误观点；三是在研究方法上动了脑筋，尝试以系统论进行研究，而且大跨度进行纵向和横向的比较研究；四是整个研究有意突出生态人类学的取向，所以同行说我是我国较早从事生态人类学研究的学者，拙著是我国最早的生态人类学的民族志；五是相信了“有时真理是在少数人手里”这句话，所以即使我的观点遭到绝大多数人的反对，而且不合时宜，被视为“另类”，但是还是坚持下来，在当时进化论一统天下的情况下，有它特殊的意义。也许就是因为有那么几点吧，所以著作被美国和日本学者翻译出版，在国内原先不被待见，近几年有些变化，好容易得了几个奖项。

我从事刀耕火种研究已经过去了二十多年，现在应该说已经是马放南山、偃旗息鼓了。不过有意思的是这事还常常被人们提起，甚至还不时受到一些特别的关注。最近还不断有国外同行约稿要求写这方面的文章，国内也有不同领域的人要求采访。前段时间美国学者詹姆斯•斯科特（James Scott）的大著《逃避统治的艺术》（*The Art of Not Being Governed*）影响很大，该书引用了我的著作。上海大学的马丹丹老师竟然花大工夫仔细研读了我俩的著作，撰写了名为《“生态艺术”与“逃避艺术”：尹绍亭、斯科特关于刀耕火种的“对话”》的长篇评论。其中一段话是这样说的：“尹绍亭与斯科特的研究各有魅力，都有助于揭开刀耕火种鲜为人知的神秘面纱。但应指出，尹绍亭开拓的云南刀耕火种研究，旨在彻底批判主流文化千百年来对山地民族及其刀耕火种生计的偏见，进而揭示古典进化论社会发展观的危害。他为此长期沉潜田野，收获了足以标新立异的翔实佐证，颠覆了主流学界的理论观点。斯科特则以论辩激情建构‘左米亚’民族宏大新奇的‘逃避艺术’和生态政治学叙事。他为此收集选择了包括刀耕火种在内的适于‘逃避’的详尽资料，使其成果在国际学界一鸣惊人。两人的视觉差异包括生态取向与政治取向，地域视野与国际视野，微观探索与宏观叙事，力排争议与引发争议等，每个领域都颇多刺激启发并值得深入探究。”看到马丹丹的文章有些意外，时隔多年老著作还有人读有人用有人评论，理论观点方法和资料还被不同领域的学者关注，算是没有白费功夫吧。

徐：你的著作有中文版、英文版和日文版？那我们此辈学者能够出版好几种文字著作的只有你啊。

尹：不会的，学界许多同仁比我强多了，与老一辈学者相比差距更大。作品被翻译到国外自然会产生影响。例如英文版的《PEOPLE AND FORESTS——Yunnan Swidden Agriculture in Human-Ecological Perspective》（Translated by Magnus Fiskesjo），是东南亚学者和欧美研究中国的同行熟悉的著作，并被他们指定为学生学习的读物。日文版的著作在日本学界有不少知音。就我所知，国外迄今为止英日文的书评已有十余篇。而且，国外许多学者与我交往，便是通过拙著认识、联系我的。例如最早与日本，后来与联合国大学，法国、澳大利亚、东南亚、韩国等国学者的交往便是如此。此外，后来的一些国际合作课题，也是在刀耕火种研究的基础上拓展开来的。例如“亚洲季风区生态史的研究”“澜沧江——湄公河流域自然与文化相互关系的生态史综合研究”等等。

《PEOPLE AND FORESTS——Yunnan Swidden Agriculture in Human-Ecological Perspective》

徐：湄公河课题是你负责的吧？

尹：我负责的是云南部分。湄公河下游的东南亚就是其他国家的学者负责了。

徐：湄公河的这个项目做完了？出了成果么？

尹：合作出了四本书：《雨林啊胶林——西双版纳橡胶种植与文化和环境相互关系的生态史研究》（云南教育出版社，2003）、《民族生态——从金沙江到红河》（云南教育出版社，2003）、《人类学生态环境史研究》（中国社会科学出版社，2006）、《生态与历史——人类学的视角》（云南大学出版社，2007）。

徐：刚刚尹老师你提到了湄公河，我们明年的人类学年会的主题是“人类学与江河文明”，明年能不能请你去做主题讲演？

尹：可以啊。

徐：不是与你客气。生态文明本来就是一个大的话题，我不仅想邀请你到年会上做主题讲演，还想邀请你到人类学高级论坛讲习台上做讲演，得三四个小时。

尹：美国、日本等国学者很关注湄公河流域，我们目前只做了澜沧江流域。我组织了三十余位老师和学生从事澜沧江流域的生态史研究，此研究与我当年做刀耕火种研究不同，那时是自己下去待几年，还有十多年的跟踪调查研究。现在做的时间短，课题成员水平也有参差，所以成果不够理想。不过，通过我们团队五六年时间的探索，在人类学生态环境史研究方法方面也积累总结了一些经验和方法，具体说来主要有以下几点：第一，作为人类学角度的研究，不同于历史学，历史文献当然应该重视，但是资料的收集主要还必须依据田野调查；第二，采取以某种重要的自然资源为对象进行研究，从而达到表现一定时段生态环境史的方法；第三，采取以某种植物或农作物为研究对象，以达到表现特定生态环境史的方法；第四，采取以传统农业变迁和土地利用变迁为对象，以达到表现一定时段生态环境史的研究方法；第五，采取以某地特殊的自然条件（如气候等）或地方病等为对象，以表现该区的生态环境史。以上总结的五点生态环境史的研究方法，国内外学者均表示认同。我和一些历史学者的交往，可以追溯到二三十年前，他们中的一些优秀学者后来对环境史研究产生了浓厚的兴趣，并成为该领域的重要开拓者。最近几年多次受邀参与环境史学术研讨，颇受鼓舞和鞭策。至于你所说的江河文明，这个问题我也考虑过，国外学者也希望对此进行合作研究，但是有些问题还没想清楚，所以还有待时日进一步考虑。

三、博物馆与物质文化研究

徐：你在博物馆建设和物质文化研究方面也做了不少工作。

尹：迄今为止，我参与主持和主持建设了省、校及社区的5个博物馆。建设人类学、民族学博物馆，是人类学者的一项重要的工作。民国时期“中央研究院”的许多学者，在极其艰难的情况下收集了大量民族文物，并留下了若干物质文化研究的优秀成果。可是现在这一优良传统似乎没有得到很好的继承，对博物馆不重视，认真研究物质文化的学者也很少。我为什么要从社科院调到云南民委去？因为当时中国还没有一个省级民族博物馆，如果云南民族博物馆能够建成，那将是第一个，是很大的贡献。当时很多人反对建设云南民族博物馆，认为已经有云南省博物馆，不必重复建设，其实这只是一个借口，实际上是对少数民族文化存在偏见，认为原始落后、封建迷信，不值得展示。在文物界，向来不把少数民族的文物当作文物，传统文物的定义之一是“不可再生”，且必须“具有历史、科学、艺术的价值”。而民族文物大多是可以再生的，所以被认为达不到文物的标准。经过坚持不懈的努力，我们排除了种种困难和阻力，在省政府的支持领导下，云南民族博物馆终于建立起来了。

徐：现在规模如何？

尹：规模还是大的，当时投资了一亿四千万，现在是国家级民族博物馆。

徐：我们广西也建了民族博物馆，你知道吗？

尹：我去过，我与广西同行保持着很好的交流关系，并考察过他们创建的几个生态博物馆。关于物质文化的研究，做了十多年，1993年在日本京都大学做客员教授，抽时间写了《云南物质文化·农耕卷》（上、下册）。这本书一开始有的出版社不愿意出，认为“原始落后的东西不值得搞”，不料出版后农史、博物馆等领域学者以及社会上一些人还蛮感兴趣，在北京一度成为畅销书。日本韩国东南亚学界也有积极反应，日本东京著名学术出版社“第一書房”立即与我方联系，其社长亲自带领两位译者到昆明与云南教育出版社商谈翻译出版事宜。1999年5月，此书日文版以《雲南農耕文化の源流——少數民族農耕具の研究》在日本出版。2011年我受邀访问法国汉学中心，在那里看到中心主任案头也摆着这本书。此书之所以有点“卖点”，主要是田野资料较多。我国古代农书多达500多种，许多因袭重复，综观我国50年来的农业生产工具及其技术的研究，也多是古人资料的抄袭，我认为这是重大的缺陷，所以断断续续花了十余年时间跑遍云南收集资料，并注意和中原、江南、西北、东南亚、南亚进行比较。

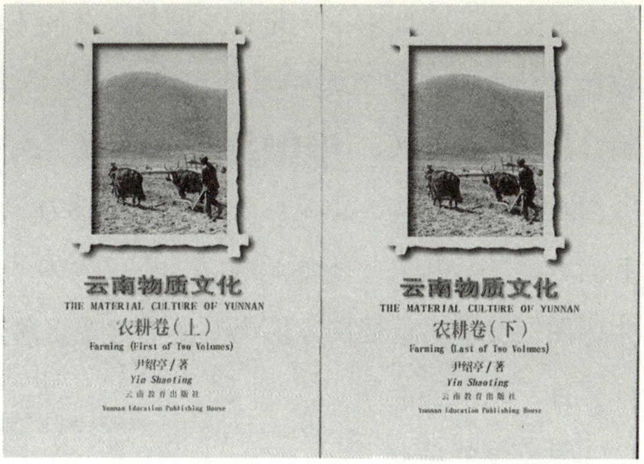

《云南物质文化·农耕卷》（上、下册）

徐：是哪个出版社出版的呢？

尹：是云南教育出版社。为什么会在云南教育出版社出版？因为该社当时的社长何学惠是一位高瞻远瞩、眼光独到、干练谦和的出版家。拙著当时并不被其他出版社看好，有的编辑甚至认为没有价值。一个偶然的机缘，见到何学惠社长，短时间交谈她便十分感兴趣，

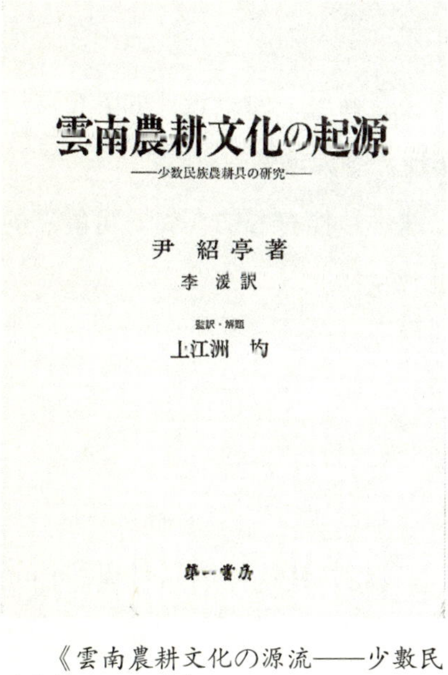

雲南農耕文化の起源

——少数民族農耕具の研究——

尹 紹亭 著

李 湲 訳

監訳・解題

上江洲 均

第一書房

《雲南農耕文化の源流——少數民族農耕具の研究》

我于是提出三点要求：一是扩大题材，共同主编一套包括拙著在内的“云南物质文化”丛书；二是尽量使用田野图片，力求给后人留下直观清晰的资料；三是保证装帧、印刷质量，做出精品。何社长二话没说，一口答应，使我很是敬佩和鼓舞。正是由于她的人格魅力和行事作风，加之编辑们的敬业和素养，此套丛书才能如此成功，不仅为国外所重，而且分别荣获第十一届中国图书奖和第五届国家图书奖提名奖等多种奖项。

徐：现在还能够买得到吗？

尹：早就没有了。

徐：那么后来重印了吗？

尹：重印过。此书最近又被收入“云南文库·学术名家文丛”，正在编印，不久即可面世。

徐：你现在是在云南大学民族博物馆？

尹：我先是在云南民族博物馆，后来到了云大，做了几年系主任，因为成立人类学博物馆是云大几代学者的愿望，后来林超民副校长筹措到部分资金，学校积极配套，博物馆建设列上日程，我又去负责筹建。

徐：那你现在是这里的馆长？

尹：我是首任馆长，现在退休了。由于资金问题，原来设计的五个展厅只完成了三个，原来的设计方案没有完全实现，令人遗憾。

徐：中国人类学博物馆这块非常薄弱，像你这样有心的在做，可能真的是一个范例了。

四、民族文化生态村建设

徐：你还做了民族文化生态村？

尹：是的。为什么要建设民族文化生态村呢？是这样的，首先，1990年代去田野，变化很大，传统文化流失严重，文化遗产没有得到应有的重视和保护，我觉得有责任做一些抢救保护工作。其次，现在大家对西方理论感兴趣，但是有些东西与中国的现实太脱节，致使人类学研究边缘化，这是值得反思的，加强应用研究，应该是正确的方向。再次，文化的传承不是独立的事象，还必须与经济发展、环境保护等相结合，即必须寻求整体和谐可持续发展的途径。为此我们提出建设民族文化生态村，在理论方法方面积极探讨，并选择了五个不同民族的村寨作为试点，进行了长达十年的田野工作。

徐：五个试点一共投入了多少资金呢？

尹：此项目是“云南民族文化大省建设”重点项目，北京福特基金会参与支持。项目无硬件建设的经费，只进行调查研究和能力建设等工作。在中国乡村不搞硬件建设，而要让当地人认同你的理念和所做事情的意义，其困难之大，不言而喻。这里不多讲了，十年的时间，故事太多，情况之复杂、困难之大，均远远超出想象。然而令人欣慰的是，我们的工作得到了多方的认同，为试点群众谋到了利益，促进了他们的发展。同时，通过实践，我们也获得了一些宝贵的经验，国内外同行也比较关注，对于学科理论和方法的探索，是非常有益的。

徐：你们在建设过程中不仅是参与者还是组织者。

南碱文化生态村村民到巴卡文化生态村交流

尹：是的。通过长期的实践，我们更加清楚了作为学者的角色，更懂得了老百姓真正的需求。同时，诸如如何处理与学者、官员、村民的关系，如何处理官方与民间的关系，如何处理发展与保护的关系，等等，都有了新的深切的认识，这些认识是我们在书斋里学不到的。

徐：那么做的事情有了一些成果么？

尹：文字成果有多种报告和一套名为“民族文化生态村——当代中国应用人类学的开拓”的丛书，没有很好总结上升，不够水平，不过承蒙学界鼓励，成果荣获了国家民委社会科学优秀成果一等奖。国外学者对我们的工作很感兴趣，许多国外的学者和学生前来考察、研究，我也多次应邀赴日本、韩国、法国等地交流。

徐：课题做了那么长时间，结果满意吗？

尹：如果从原先设定的目标看，不能说满意。从研究方面看，还只是初步的探索，还需要较长期地跟踪观察思考。从实际效果看，5个试点村均有成效，不过差距很大，很不平衡。不过，我感觉最大的收获、最令人感到欣慰的并不是著作和论文，也不是具体的建设成效，而是课题理念的传播和影响。此外，几个试点村的村民以及当地政府对我们的认同信任也值得欣慰。现在课题虽然结束了，但是我们依然被尊重，依然经常被要求参与他们的事务，双方就像走亲戚一样经常来往，这是通常的研究课题不会有的。2018年2月6日，应邀参加了基诺族新年特懋克节日庆典，顺便去了两个村子，见了几位交往了30多年的基诺长老和文化传承老人，写了《基诺山随想》两首，可以代表我现在对生态村和村民的心态：

一

刀耕火种成往事，生态村建有新篇；

山乡留得情谊在，入夜把酒忆华年。

二

四十载情系基诺，三代人苦乐其间；
千古事尚需筹谋，古稀年还得加鞭。

徐：你刚才说到民族文化生态村，我们的旅游高峰论坛每两年开一次，第一届开了，主题是“旅游与景观”，这次主题是“好客中国”，主要是讨论旅游与游客，第三届讨论“旅游与非物质文化保护”，开会地点定在四川乐山。

尹：很有意义，届时希望参会。最近在上海大学对于旅游和乡村建设等发表了一点意见，主持人将意见命名为“尹绍亭教授论核心文化”，主要是讲人类学、民族学者在当前异常热闹的乡村旅游和乡村活化的潮流中应保持何种立场、能作为何种独到的贡献。

徐：旅游与乡村活化是当前的热门话题，你能否多谈谈。

尹：那就引用上海大学学者整理的我所说的“核心文化”吧。文章说：冯骥才反对盲目提倡“乡村旅游化”，就旅游对乡村的负面影响进行批评。旅游确实是现在的热潮，旅游当然不完全是坏事，但是在旅游大潮中，我们应该做什么，我们应该考虑什么问题。我认为最为紧迫的问题是不是应该有个核心文化的研究与传承。当人们不注意乡村文化生态保护的时候，我们向全社会呼吁，希望大家都来关注、参与这件事情。当各个方面都积极参与的时候，人类学民族学者还是要回到我们的角度，即文化的角度。现在很多人所说的村落保护，多半是关注表象的事物，例如民俗、建筑、歌舞等。但是在中国飞速巨变的情势下，乡村的保护传承，最重要的应该是“核心文化”的保护与传承，而非一些视觉、听觉容易感受的表象的事物。有些事物变化了，就像村落的面貌变了，也许不值得大惊小怪，而如果村寨的根和文化的魂丢失了，那问题就严重了。那么核心文化是什么概念呢？简单说，就是一个民族、一个地域或一个村庄的文化的独特的源泉，或者说是一种文化的根基。根据我们做的这几个村子，我想，虽然说文化是一个整体，是有密切关联的大系统，但是当各种角度都有人切入，不同的套路各显神通的时候，我们只有退回来，退到文化的立足点，守住核心文化。举例而言，例如基诺族，脱贫、发展、建筑、音乐、舞蹈、节日等都有人搞，但是都没有搞到它的根子上。通过大量的文化事象的分析，我们把基诺族名为“特懋克”的节日文化视为核心文化。“特懋克”原意是打铁备耕的节日，等同于新年。它是基诺族最为重要的象征符号，它浓缩了基诺族几乎所有重要的文化要素和文化事象，高度凝集了基诺族的民族情感和认同，具有极强的文化展示和传承的功能。“特懋克”传承得好，不被淡化简化异化伪化商业化，就保住了基诺族的文化根基。人类学、民族学能否在文化保护、乡村保护的事业中有所作为、有所贡献，我想就是要研究提倡核心文化的保护传承。总而言之，每个学科都有各自的角度，学科间要开展交流，更要坚持科学的态度，不追风不媚俗不投机，只有这样，才能体现学者和学术的价值。

徐：“核心文化”论很独到，很重要，很受启发。下面请说说云南大学人类学的情况。

尹：我做人类学系主任时，主要抓两点，一是教学，一是突出我们的学科优势。那一时期，是我校人类学学生最多、质量最好的时期，也是生态人类学、象征人类学、女性人类学、影视人类学和经济人类学这些优势学科发展势头特别好的时期。2000年我们获得国家一级学科民族学博士点，2002年获得国家重点学科。2005年我离开人类学系去筹建人类学博物馆，两年后人类学系被取消。令人遗憾！

徐：早先厦大好好的人类学系也被撤掉了，当时在台湾的时候，李亦园先生问我为什么会被撤掉，我说我也不知道真正的原因。李亦园希望能够恢复，当时与他的访谈记录在案。

尹：云大人类学系被撤销据说是因为学生分配困难，不过也有人事方面的原因，这是值得思考的问题。

徐：那你对云南大学人类学系学科的建设与发展，有什么想法呢？

尹：现在我退了就不再考虑了。现在的学校特别重视民族学，本科教学也恢复了，科研工作也抓得很好，不用担心了。

2013年9月受聘云南省文史馆馆员，时任省长李纪恒颁发证书

徐：我来做采访、论坛等，完全是义务的。王铭铭曾说，现在很多人做论坛都是学习我的模式，话不能这样说，只能说这样的形式还是不错的。

尹：是的，有目共睹，你为学界、为大家做了大量工作，开创性的工作。学界少不了专心教学科研的学者，而不计名利、无私奉献的组织者和活动家也十分难得。你集专家、组织者和活动家于一身，奔波操劳，成果丰硕、业绩卓著，难能可贵！

徐：尹老师很感谢啊，我以前对你的了解太少了。我简单地总结一下，今天听你的谈话，觉得很感动，很受教育。因为我之前对你不是很了解，只知道你是做生态人类学，并且做得很好。也知道你到国外去讲学，到日本去了很长的时间，尽管之前也认识，开会的时候也碰到，但我们一直没有机会长谈，今天的谈话我觉得特别的受启发，非常感谢！此次采访录起名为“大器晚成”如何？

尹：“大器”实不敢当，不如借用李白的家喻户晓的一句诗“两岸猿声啼不住，轻舟已过万重山”，以表达我们作为过来人的心境吧。

（此文原载《民族论坛》2014年第1期，题目为《大器晚成——云南大学尹绍亭教授访谈录》，收入本文集时作了修订并改换了题目。）

上有黄鹂深树鸣

——谈木之文化

采访者：云南理工大学施红博士

时　间：2013年2月

地　点：西双版纳勐腊傣族村寨

施红（以下简称施）：尹老师，在昆明各忙各的，没有机会长谈，这次请你到我的田野点来，我们师生总算可以悠闲一把，聊聊天。2009年11月28—30日，国际木文化学会在中国昆明举办“木文化研讨会”，我记得您参加了。该学会比较活跃，每年在国内外不同地点举办会议，从未间断，今年又收到会议通知。据我了解，研讨会参会者多来自植物学、生态学、林学、历史学以及木材经营、流通、贸易、加工等实业领域，人类学者很少，您能否从人类学的角度谈谈木文化。

尹绍亭（以下简称尹）：我年年收到该学会的会议邀请，这是一个很特别很有意义的交流平台。不过，说到木文化，首先得谈文化的概念。文化概念是你们非常熟悉的，文化人类学（Cultural Anthropology）经典的文化概念，要上溯到1871年英国人类学家爱德华•泰勒（Edward Tylor）在其所著《原始文化》中的定义：“文化或文明是一个复杂的整体，它包括知识、信仰、艺术、道德、法律、风俗等等，以及人作为社会成员可以习得的其他能力和习惯。”据此，所谓木文化，可以说就是人类在长期对森林和树木依存和利用的过程中，产生、创造、积累的相关的物质文化和精神文化的总和。

木文化属于物质文化范畴，如果将其置于文化人类学的视野，那么我想大概主要有四个方面可以进行研究：一是木文化的多样性，即不同族群不同地区木文化的差异；二是木文化的阐释，即通过特定的森林和树木的利用方式及不同时代不同地域的各类器物以探索和阐释特定的族群文化；三是木文化的变迁，即人类与树木相互依存、相互作用、相互影响的过程；四是木文化的可持续发展，即在全球化和市场经济的背景下，森林树木资源的可持续利用和不断满足人们的需求的问题。这是一个很大的题目，不是几个小时可以讲得清楚的。

施：那就选择性地讲讲吧。

尹：从人类学的角度研究木文化，与其他学科有所不同。其他学科关注的是“木”本身，即木的特质、价值、用途、加工技术和工艺以及艺术审美等，人类学当然也重视这些内容的研究，不过它还有另外一项最主要的任务，那就是把“木”作为载体，透过这个载体，去研究历史、文化、社会结构、亲属关系和宗教信仰等。有一句诗云“上有黄鹂深树鸣”，人类学研究木文化，兴之所在，多半是“深树”之上的“黄鹂”之声。

施：能不能举例说明。

尹：先说木文化的学术研究吧。举两个我自己曾经花功夫调查研究过的例子：傣族的榨糖木机和中国木犁的研究。你是研究傣族的，对他们的情况十分熟悉，但是你调查傣族是从10年前开始的，在好多傣族村寨也许看不到木机榨糖的场景了。

施：我只见过一次，没有太注意。

尹：傣族的木机榨糖，看似原始，其实不然，其科技和文化的含量都相当高,具有多方面的研究价值。

傣族生活在热带和亚热带低地，气候炎热，适于种植甘蔗，制糖历史悠久。在中国各民族当中，在我看来，传统榨糖木制机械种类之多，制作技术水平之高，傣族当排第一。傣族榨糖木机傣语叫作“tfai yai”。木机全用木材制作，首选木材是长叶榆（*UImus Ianceaefolia* Roxb. Eswall）。长叶榆木理交错，材质坚硬，强度高，耐磨性好，一般生长在热带低中山沟谷密林中。傣族榨糖木机的类型，可有多种分类方式。如按驱动方式划分，可分为人力驱动、牛力驱动、水力驱动三类；按结构形式划分，可分为立式和卧式两类；按安装固定方式划分，有二柱固定和四柱固定之别；按滚轴数量分，有二轴式和三轴式两种；如按传动齿轮的形状划分，则有双柱弧型齿、三柱弧型齿、双柱直齿和双柱人字齿四种类型。傣族传统的榨糖木机类型之多，在中国乃至世界各民族之中，实属罕见。根据科技史专家的研究，从文献记载资料看，亚洲榨糖木机有两个重要的分布地，一是中国华南，另一个是印度。中国古代文献关于汉族榨糖木机的记载，仅有直齿轮式的榨机而无涡轮式和弧形式的榨机，仅有二轴直立式式的榨机而无三轴直立式式榨机，仅有人、牛力驱动的直立式榨机而无水力驱动的卧式榨机。印度与中国不同，据国外学者的研究，印度传统榨糖木机多为涡轮齿式和弧形齿式，且具有中国华南所未见的直立三轴式榨机和水利驱动卧式榨机。上述世界传统榨糖木机的地域和类型的差别，在学术界已然是史家的定论，然而令科技史、文化史专家难以置信的是，上述定论却由于傣族木机的存在和发现而被推翻了。说到此事，还有一段有趣的故事。记得是1989年秋天吧，日本东海大学渡部武教授和澳大利亚学者唐立（Christian Daniels）来云南调查，去了西双版纳等地，调查结束与我在昆明见面。渡部武教授是熟人，唐立初次见面，渡部介绍唐为科技史专家，研究中国科技史，制糖史是其专长，李约瑟（Joseph Terence Montgomery Needham）主编的《中国科学技术史》，糖史部分即由他执笔。那次他们调查了傣族等的木机榨糖，唐立只看到直立式双滚轴榨机，我告诉他傣族有直立三滚轴榨机，唐非常肯定地说不可能，原因一是中国古代文献从来就没有三滚轴榨糖机的记载，二是这种三滚轴榨机只存在于印度及其周边，属于印度文化圈范畴。我不与他争辩，从家里翻出在田野里拍摄的三滚轴榨机的照片，唐立看了十分惊讶，信服了。他问是在什么地方发现的，我告诉他是在临沧耿马县的孟定傣族村寨。那是1989年10月，我带领云南民族博物馆的两位馆员去滇西南调查，孟定是

傣族的牛力驱动直立式双柱榨糖机

一个调查点，住在傣族村寨。有一天在田间调查结束回村已是傍晚，随行的一位傣族大哥不经意地说，河那边甘蔗地里有一台榨糖机。我听后立即提出要去看，因为天色已晚，去看要蹚水过一条小河，而且较远，两个馆员和傣族大哥都面有难色，我坚持要去，他们也只好同意。就这么一坚持，折腾了一个多小时的观察绘图拍照，结果获得了珍贵的资料，自那以后的调查就再也没有见过这种三滚轴榨糖机。

让唐立更难以相信的是，我告诉他傣族不仅有直立三滚轴榨糖木机，还有水力驱动的卧式弧形齿双滚轴榨糖木机。唐立说，水力驱动的卧式榨糖木机不仅未见于中国古代文献，就是在亚洲其他曾经有过的地区，也早已消亡无迹了，傣族的水力榨糖木机如果真的尚存在于西双版纳傣族地区，无疑是一个奇迹。唐立对此将信将疑，说他明年一定再来，问我届时能否同他一道去调查，意思是口说无凭，要亲自见实物。

1989年12月，为了证实我的发现，唐立申请了赴滇调查签证，我陪他前往西双版纳调查。那时从昆明到景洪，还没有飞机，乘客车需要5天，十分辛苦。途中吃饭，不知吃到什么不干净的食物，唐立拉肚子了。起先我给他服小檗碱，他说自己带着药，似乎对中国的药不放心，但是洋药吃了不抵用，还是拉，看他很痛苦，我再次劝他服用小檗碱，没想到几颗下肚止住了。从此他对小檗碱有了感情，每次来中国考察，到后必先买小檗碱，而且认真学习在中国生活的“诀窍”，成了中国通。话归正传，到景洪之后，第二天前往大孟笼傣族村寨调查。抱着强烈的希望急匆匆赶到我以前调查过的地点，没想到时过境迁，原来安置在小河边的榨糖木机没有了，四处查看，也没踪影。向一位村民打听，他说有，可以带我们去看。随他往村里走，我感觉不对劲，水力榨机应该在河边，怎么往村里去？正纳闷，村民

傣族的水力驱动卧式双柱榨糖机，这种榨机在世界上早已消失

说到了。进了一间屋子，一看是一台电动的现代钢铁榨糖机。我急了，告诉他我们要找的是传统的榨糖木机，而不是这种东西，也许是听不懂，此村民一脸茫然，一个劲摆手说不知道。

施：很多傣族只懂一点点汉话，尤其是老人，对话很困难。

尹：这位傣族“老根”多半是没有搞懂我们需要什么东西。唐立显然大失所望，又颇为自得，脸上的表情分明在说：我就说那是不可能存在的。我感到十分沮丧，但还是不甘心，也不好解释，只有领着他到田坝里转悠。凭我的经验，木机只能在河边，于是顺着河流寻找，走了几里路，突然看到远处有水车，暗自忖度，也许就是它。待走近水车，一颗悬着的心终于放下了，一台双轴弧形齿卧式榨糖木机赫然矗立于河边，物证俱在，老唐没话可说，兴奋起来。此后几天，我们观察了从甘蔗收获、压榨甘蔗、熬糖、成型包装等全过程，了解了榨机制作的技术，对榨机的结构进行了详细测绘。一个新的发现被证实了，榨糖木机的历史将被改写。不过同时也带来了新的未解之谜：傣族所具有的类型丰富的榨糖木机和高超的制作技术是本土的发明还是传来的文化？在当代理工科大学的“机械原理”课程里，“齿轮”是一门深奥的学科，包含数学、力学、材料学、加工工艺以及热处理等高深的学理和工艺，傣族居然能够用木头制作加工如此复杂的不同类型的传动齿轮，令人匪夷所思！

施：傣族的木楼建筑的某些技术之高超也令人赞叹。

尹：由于缺乏考古学资料和相关的历史文献，要解开上述之谜十分困难。不过就西双版纳所处的特殊的地理位置和自然条件以及傣族的历史文化来看，我认为傣族的木机榨糖文化应是多种文化交流、影响、结合的产物。首先，傣族源于古代百越族群，自古即居住于热带、亚热带低地，从傣族所有礼仪和祭祀都必须使用蔗糖这一点来看，甘蔗当是傣族很早便栽培利用的重要作物。从现实傣族的榨糖木机来看，许多方面具有自身显著的技术特色，说明其制糖历史的悠久和傣族所具有的文化创造的高度的智慧。本土发明创造是一方面，另一方面，在傣族的木机榨糖文化中，又可以看到我国华南榨糖木机的诸多特征，还有明显的印度文化的影响。我国文献记载甘蔗最早可上溯到先秦，其时文献记为“拓”字，汉代开始写作“蔗”（此读音可能来自梵文“sakara”），公元10世纪之后，我国南方各省已普遍种植甘蔗，汉文化必然会传播影响到边地文化。印度甘蔗历史种植悠久，被认为是甘蔗的起源地之一。傣族分布的地区，位于东亚汉文化区和南亚印度文化区之间。西双版纳等地傣族文化的一个显著的特点，是信奉南传上座部佛教，佛教即公元10世纪之后从印度、斯里兰卡经泰国、缅甸传到我国傣族地区的，这从一个侧面佐证了印度蔗糖文化传入傣族地区的可能性。

不管怎么说，傣族的榨糖木机具有很高的科技、文化和文化史的价值是毋庸置疑的。然而随着时代的变化，科学技术的进步，木机榨糖的历史在我国绝大多数蔗糖生产地区已经消亡。十余年前，云南一些地方为了维护制糖工厂的利益而禁止民间使用木机榨糖，加之电动钢铁榨糖机的推广，木机榨糖迅速退出了历史舞台。在田野调查中，当看到傣族村寨中废弃的木机丢在村头墙角，感到十分惋惜。为此我花力气征集了几套木机，现藏于云南民族博物馆。近年来，国家进一步重视物质和非物质文化遗产的保护，我非常希望有关方面能够重视传统榨糖技艺，趁熟悉榨糖木机制造的老人尚未全部辞世之时，抓紧发掘抢救，将其作为非物质文化遗产保护项目传承、展示于乡间，把知识留给后代。

施：要能这样就好了，可惜好多东西都丢失了。

尹：传统文化正在消失，田野中许多“活标本”或称“活化石”并没有很好研究，如果消失了，会留下许多误解和空白。上述傣族榨糖木机是一例，云南木犁的研究也很能说明问题。

施：在农耕文化里木犁的研究很重要吧？

尹：木犁是农耕文化研究的重要对象，是农具研究的重器。世界上有不少学者专门致力于犁和犁耕的研究，犁的起源、类型、传播、进化、象征等，一直是学者们关注的话题。木犁的研究，主要来自两个领域，一是民族学和民俗学，二是农史学和考古学。民族学和民俗学研究一个地域或民族的生计、农耕文化、民俗等，会注意到木犁，民族民俗博物馆的展示，往往也少不了木犁的调查和征集。此外，木犁等传统物质文化，还常常被民族考古学者作为“活标本”或“活化石”去论证或解释古代文献记载的疑难问题。农史学和考古学研究木犁，主要关注木犁的起源、类型、传播、耕作方式、进化演变等，其研究方法，基本上是利用考古资料和历史文献资料进行研究。

施：哪些学者进行过云南木犁的研究？

尹：不多，云南的一些考古学者，例如李昆生等考古学者探讨过滇国的“耕田”和云南犁耕开始的时代，宋兆麟先生应用白族、纳西族的犁耕田野资料去解释《汉书•食货志》记载的“二牛三人”和“耦耕”的疑难。

施：国内还有哪些研究呢？

尹：国内对木犁有兴趣的学者不少，他们的研究主要集中于两个问题，一是木犁的起源，二是木犁的进化演变。国外学者研究木犁的起源，比较推崇在该领域有影响的西方学者怀特(E. Werth)的学说，认为印度是最早的起源地。怀特主张，犁耕最早起源于印度的西北部，他将那里称之为犁耕的第一次起源中心，此后又形成了由第一次起源中心分别向东、西、南各方传播的三个第二次起源中心：一是中国，二是地中海，三是东北非。与怀特的主张相左，中国学者则认为中国犁耕的起源就在本土而非印度。

中国最早的文字甲骨文有农具“耒”和“耜”的几种写法，“耒”“耜”字形与木犁相似，所以一些学者认为木犁即由木耒和木耜结合演变而成。而被认为是木耜前身的石耜和骨耜，曾发现于北方河北、河南、内蒙古等地距今约8000年前的新石器时代遗址和南方浙江余姚河姆渡等距今约7000年前的新石器时代遗址，年代极早。从犁铧来看，浙江吴兴邱城的新石器时代遗址曾经发现过距今约5000年前的三角形石犁铧，后来这种形体变薄、平面为等腰三角形、刃部在两腰的石犁铧在江浙一带相继发现，迄今为止，总数已不下百例。进入金属时代之后，夏商周曾遗留下少量青铜犁铧，而到了春秋时期，铁制的犁铧便产生了。以上考古发现和文字资料说明，中国木犁的起源和演变发展的脉络是比较清楚的，而怀特的印度起源传播之说却缺乏相应的证据，所以本土起源是我国学者普遍的主张。

关于木犁的进化演变问题，国内几乎所有学者都持这样的观点：木犁的进化，最早是“耒”，继而演变为“耜”，后来进化为直辕犁，最后演变为唐代江南的曲辕式“江东犁”，至此定型，沿用至今。这就是中国学界权威性的定论，长期以来一直沿袭无人怀疑。那么这样的观点对不对呢？我认为存在很大问题。为什么？因为持上述观点的学者几乎都是考古和历史学者，他们的研究所凭借的资料主要是历史文献资料和考古学资料。众所周知，我国古代的农业史资料和相关考古学资料几乎都出自中原和江南地区。例如上述可资证明犁耕起源的最早的新石器时代的石犁铧和木耒木耜，系出土于江南地区；镌刻有“耒”和“耜”的中国最早的文字甲骨文的故乡在中原；详细描述并绘制了被认为是我国犁耕史上里程碑的唐代曲辕犁的农具专著《耒耜经》，是唐代江南人陆龟蒙撰写的。利用江南和中原的考古和历史资料研究江南和中原，得出上述的结论也许是对的，而问题在于，如果要把这样的结论推广覆盖到整个中国甚至世界，那就错了。我对云南木犁的调查研究，就不是那么一回事，就足以推翻那种“单线进化”的理论。

施：看来单线进化论不仅影响早期的人类学研究，在其他学科领域也很有市场。

尹：这种理论被广泛应用，一个重要的原因是习惯“偷懒”，不做田野调查，不实事求是地去求证，而是盲目沿袭。我调查木犁，始于1984年，重点调查是在1989至1994年期间，跑遍了云南及其周边地区，收集了近两百份标本资料，基本上掌握了云南及其周边木犁的类型和分布情况。根据实地调查，云南的木犁表现出明显的地域性，可按四个地域进行考察。第一，滇池地区。该区的木犁有四种类型：一是大四角框架长犁底曲辕犁，二是大四角框架长曲辕犁，三是三角框架曲辕犁，四是小框架长犁辕犁，五是现代铁犁。该区最为典型的木犁是第一类型大四角框架长犁底曲辕犁，此型犁与中原和江南的“江东犁”形制相同，滇池地区是云南开发最早，汉族移民最多的地区，其典型木犁为“江东犁”，当是汉族带来的农耕文化；第二，滇西北地区。该区的木犁有七种类型：一是德钦的无框架长辕犁，二是维西的近似于德钦的无框架长辕犁，三是香格里拉、丽江的小四角框架长直辕二牛抬杠犁，四是大理、剑川的三角框架长直辕二牛抬杠犁，五是怒江的小型三角框架长直辕犁，六是香格里拉三坝一带彝族的小三角框架宽犁身短辕犁，七是宁蒗摩梭人的大四角框架长犁底短曲辕犁。该区最具特点的木犁为德钦和维西的无框架长辕犁，“无犁柱长辕犁”，是我国西部干旱高原地带的典型犁具，从其结构看，与印度和西亚的犁具十分类似；第三，滇西南地区。该区的木犁大致可分为三种类型：一是三角框架长犁柄曲辕犁，二是三角框架短犁柄曲辕犁，三是大框架短直辕犁。作为该区主要犁型的三角框架曲辕犁，多分布于中国西南和华南，在东南亚的老挝、越南、泰国、缅甸等地也有分布，属于华南东南亚农耕文化类型；第四，元江流域地区。该区木犁可分为三种类型：一是哈尼族的大三角框架大犁壁曲辕犁，二是小三角框架木犁壁曲辕犁，三是彝族的长犁底曲辕犁。该区木犁以一、二型犁为代表，具有突出的当地农耕文化的特色；第五，云南东南部地区。该区的木犁主要是小三角框架短犁底有壁犁。此型犁与香格里拉三坝一带的彝族犁如出一辙，不言而喻，这显然是彝族南下迁徙及其文化传播的结果。

通过对云南全境木犁的调查，我得出几点结论：第一，云南木犁种类十分丰富，多样性十分突出，这是其他地区难以相比的，云南可以说是一座活态的“木犁博物馆”；第二，云南木犁，地域和民族特征十分显著，滇西北的木犁与南亚和黄河中上游流域的木犁类似，滇池地区的木犁与江南和中原的木犁有渊源关系；滇西南的木犁与华南和东南亚的木犁同类；元江流域和滇东南的木犁具有本土特色。地域和民族特征如此明显，说明木犁类型多样性的形成乃是各民族对生态和风土的文化适应和文化选择的结果，而非如某些学者在书斋里想象的那样，是进化的产物。第三，综观云南各民族现实使用的二十余种类型的木犁，绝对分不出谁比谁早谁比谁晚，谁是谁的原始形态谁是谁的进化形态，所以，学界盛行的“直辕犁一定要向曲辕犁演变最后成为‘江东犁’”的“定论”，并不具有普遍性，应该予以修正。

施：您的研究说明一个颠扑不破的真理——“实践出真知”。您说云南是一座“活态的木犁博物馆”，如果云南建立一座“木文化博物馆”，一定很精彩。

尹：其实世界上很多博物馆都有木文化的展示，就我参观过的博物馆而言，就有一些很好的展览。例如加拿大渥太华的国家文明博物馆集中展示的印第安人图腾柱，均为粗大原木制作，令人震撼；日本濑户内海博物馆是一个海洋博物馆，陈列有各式木船；我在法国阿尔卑斯山腹地的一个小山村，参观过一个小型乡土博物馆，里面展示的各种木制生产生活器具具有浓郁的生活气息；还有澳大利亚堪培拉的国立艺术博物馆，其木雕艺术展览亦非常精彩。博物馆木文化的展示，具有直观认知和审美的功能，同时还蕴含着深沉的文化信息，蕴含的信息越丰富越独特，就越耐人寻味。例如贵州民族大学图书馆收集展示的“锦屏文书”，也可以视之为木文化展览专题。“锦屏文书”是贵州省东南地区清水江流域锦屏县一带苗族等大量保存的旧时的林契和地契。黔东南地区的苗族和侗族等，不仅十分善于种植杉树，而且善于利用和营销。从历史文献记载尤其是从当地的调查得知，早在明清时期，那里便是我国著名的杉木种植和销售的基地。苗族、侗族等适应当地温暖多雨的气候和山地丘陵地貌大量种植杉木，并与内地汉族商人建立起密切的商贸关系，木材行销大半个中国，甚至皇宫的建材也取自苗侗之乡。现存“锦屏文书”，粗略估计数量可能在10万份以上，经历了多次动乱焚毁，“锦屏文书”居然得以遗存，算得上是一个奇迹。契约遗存如此之多，说明该区明清时期的杉木种植和经营是何等的兴盛！不仅如此，凭借文书，还可以相当程度地解读当时的社会状况——诸如生态环境、植树技术、土地制度、林地流转、贸易方式、流通范围、交通运输、民族关系、风俗习惯、民间

贵州苗族的干栏式木楼聚落

在日本神奈川大学作中日韩木犁比较研究评论

法规、亲属制度、社会组织、宗教信仰等。通过历史遗存的契约文书得以复现“杉木社会万象”，可谓木文化之一绝。正因为如此，所以“锦屏文书”深受重视，当地政府做了许多宣传保护工作，国内外学者也积极收集发掘整理研究。学术界的调查研究，先有唐立、杨有庚、武内房司主编的《贵州苗族林业契约文书汇编（1736—1950）》（日本东京外国语大学国立亚非语言文化研究所，2001），此书为编者从其收集到的近2000份契约文书中挑选出的与林业有关的853份文书汇集而成，分三大卷，内容涉及黔东南历史悠久的杉木种植利用和产业经营的经验和智慧等。此后中山大学、贵州民族大学等机构的学者进行了更为广泛和深入的调查研究，通过努力，大量的契约文书得以陆续整理编辑出版，大量散佚于民间的“锦屏文书”终于获得了有效的保护和利用。

施：云南很多地方也种植杉木。

尹：是的。腾冲是我少年时代生活的地方，那里的森林覆盖率居全国的前列，这跟当地人爱护森林和重视植树的传统有关。在众多的人工种植的树种中，杉树具有特别的意义，在腾冲人传统观念中，杉树被认为是“阴木”，主要用于制作上等棺材，一般人家栽种杉木即为此备用，而非用于家具制作和建盖房屋。“阴木”也适于绿化幽深、清静的寺庙，所以寺庙周边常常育有大片杉林。滇南的屏边县是杉木种植大县，十多年前我去调查，看到满山遍野的杉木，十分壮观，令人赞叹。问到杉木的效益，当地人却一脸无奈，告知虽然种了几十年的杉树已经成材，然而现行政策规定只能种不能用，即使老朽倒烂于山林，也严禁砍伐。禁止砍伐，当是出于生态环境保护和提高森林覆盖率的考虑和需要，然而对于杉木这样的可再生资源，如果只栽种而不利用，不使之产生经济效益，那就是浪费资源。其实，在正常的情况下，民间老百姓是最懂得生态环境和资源保护的，而且能把保护和利用结合得很好，因为那是他们生存和发展的需要。前面说的贵州清水江流域苗族等的杉木种植和经营，就是生态和经济双赢的例子。

再看日本的一个事例。日本京都北部的北山，盛产杉木，其所产的杉木，称之为“北山杉”，北山也因此成为闻名遐迩的“北山杉的故乡”。北山杉的种植始于日本应永年间（1394—1427），作为京都的传统产业，迄今已有六百年的历史。北山杉木的种植，始于茶道盛行、大量兴建茶室的需要，后来被选为朝廷的御用木材，获得了“北山杉”的美名。日本对于保护和传承传统文化可以说是不遗余力，即使是在现代化高度发展的今天，其木造民居仍然广受欢迎，北山杉乃是建造传统民居的名贵木材，所以北山的杉木产业长盛不衰，至今仍兴旺发达。六百年来，北山人仰赖优越的气候和地形，凭借着不懈的努力和智慧，代代相传，不断发展，把北山林业打造成为林业技术和文化的奇葩。我曾于1996年、2000年两次短暂访问过北山，对其种植、加工杉木技术之高超、精细，留下了极为深刻的印象。北山山峦高耸绵延，杉林一望无际，而在浓绿的山坡，不时可见一块块黄色裸露的“天窗”，那是间伐的林地。树木有计划地砍伐，伐后再度蓄林，循环不止，持续利用，就像云南西南部山地民族进行传统刀耕火种一样，依靠严格的轮歇制度保障生态系统的良性循环。北山杉木的砍伐年限根据用途确定，例如作为北山木材品牌的民居建筑所用的杉木柱，其生长年限须达到40年以上。这样的造林技术被称之为“计划林业”和“园艺林业”。

日本京都北山的杉树林

木材的种植和加工必须严格按照以下流程进行：育苗、植树、打枝、采伐、剥皮、干燥、修削、精细打磨（此项工作由女性完成）。为了增加美感，部分杉树生长到直径约10厘米之时，便以铁丝将筷子粗细的塑料短条捆绑到杉树主干上，待杉树长大之后，解开铁丝，剥去树皮，树干表面就会显现出凸凹不平的十分自然的优美纹路，形成巧夺天工艺术木材，其价格自然不菲。北山杉名气极大，人们多慕名前往参观，当地于是建立了北山杉资料馆。该馆集展示、销售为一体，以实物、照片、多媒体、全景立体画、实景场面等再现了京都的古都风貌和从植树到木材成品的整个种植加工过程。馆内展示有茶室和民居建筑的各类木材以及不同样式风格的木造房屋模型，有杉木柱精细打磨的现场表演，还有日本全国的名木和京都木制工艺品的展示、销售等。规模不大，然而却是一座展示精致、内涵丰富、品位很高的木文化博物馆。通过展览和演示，观众可以欣赏到北山的自然风土、生计形态、生产组织、民风民情和高超的木材加工工艺和木造艺术，为北山人与自然的高度和谐和超凡脱俗的文化创造由衷赞叹。什么是木文化？如何发展木文化，我想北山杉的事例能给我们诸多启发和感悟。

施：民居建筑应该是木文化的一个特别重要的内容。

尹：这方面你是专家了，你既是建筑学者，又是人类学者，你当然知道两个学科对于民居建筑的理解及其研究的不同。

施：建筑学家对于民居建筑和乡村聚落及其文化研究的兴趣，主要着眼于不同地域、不同族群的住居（包括聚落和其内的住屋等建筑）形式，并探究住居形式生成的影响因素，特别是文化因素如何影响着住居的形成。人类学家的兴趣，则是透过住居、集落及其空间的物象和表象去考察不同族群文化的各个层面，乃至深层文化结构。

尹：也就是说，建筑学家研究民居基本上属于物质文化的范畴，人类学家则偏重民居承载的社群文化和精神文化。关于人类学的研究，你的博士论文已经做过很好的梳理回顾，例如摩尔根（Morgan）提出民居建筑的基本问题是“在社会组织方面显示了什么”；克洛德•列维•斯特劳斯（Claude

Lévi-Strauss）思考的是“一个居住空间是怎样同某一社会结构和思想体系相互关联的”；皮埃尔•布迪厄（Pierre Bourdieu）欲论述的是“住居是当地的社会观和世界观的整合体系”；安德烈•勒鲁瓦-古尔汉（André Leroi-Gourhan）认为“住居空间的组织不仅仅是一种技术设施，而且是言语、是整个人类行为的符号表述”；欧•奥尔特曼（Aitman I.）主张“住屋是作为文化和环境关系的一种反映”，等等。总之，如你所言，人类学家研究民居，是基于这样的文化假设：民居显示着不同族群的文化特征和空间观念，所以民居是人类学研究的一条特殊的途径。

施：我的研究参照了列维·斯特劳斯的“家屋”理论，他把家屋当作研究核心，揭示家屋在社会形成及建构过程中不可或缺的作用，他强调家屋是有生命的孕育体，就像人的身体一般是不可忽视的。西方人类学者罗克珊娜•沃特森（Roxana Waterson）曾以东南亚的家屋为主题进行建筑人类学的研究，她在《有生命的房子——对东南亚建筑的人类学研究》（*The Living House: an Anthropology of Architecture in South-East Asia*）一书中表达了这样的创见：在东南亚，无名的工匠造出了一些世界上最美丽、最壮观的木构建筑。这些建筑不仅仅是栖身之所，它也是社会和象征的空间的创造，这种空间反映和塑造着其创造者和居住者的世界观。

尹：台湾“中央研究院”民族学研究所的何翠萍老师曾经做过景颇族等的很好的家屋研究。

访问台湾民族研究所何翠萍教授（右一）

施：何翠萍是中国学者中较早从“人观”与“家屋”来审视人与其住居关联的学者。她通过对景颇及载瓦人的家屋的调查分析后，指出景颇和载瓦社会都有以“家屋”为比拟的人观层面。家屋与人之间相互比拟及构成关系清楚地表现在人们如何用家屋的生、老、病、死来比拟人的生、老、病、死的生命过程，反之亦然。他们成人的意义是以成家来表达。在这两个社会里，理想的人是男女相互构成的男女同体的人，而这个体就是他们的家屋。其中，男的构成是以家屋为表征，女的构成是以她们酿制的水酒为表征。

尹：你的研究显然受到了何老师的启发。你选择云南勐腊县的傣泐村寨，通过对村民在其住居空间内的日常行为、家屋营造过程以及诸多仪式的深入考察，对建新房、修家、拆房等行为以及祭寨神、续八字、赕很、赕曼、葬礼等仪式进行分析，同时对老庚、长老、波章、章很等重要社会身份进行勾勒，发现在傣泐社会，人们处理人的生老病死的态度和仪式与对待家屋的建立、维修、拆除，是一脉相承、甚至一一对应的，说明家屋与人有着相似的生命周期，不仅如此，你还发现傣泐人一生中的种种福祸，都通过神祇与家屋相连；家屋在其生命周期里的完整与残缺，都会对人产生影响。人与家屋在仪式中相互见证。仪式成为人与家屋连接的纽带，并且，在仪式中，家屋空间的特征随着时间的进程而逐渐展现。在傣泐村寨这个集合了生活世界和精神世界的空间里，家屋绝不仅仅是木石砖瓦组成的物质性存在，其功能也绝不仅仅是为人们遮风挡雨，一座座家屋以及由一座座家屋组成的寨子，在一个一体化的世界里生长、蔓延。人、家屋和村寨，像水流的融合，不可分割，互相依存。你的上述观点，特别具有新意。

施：迄今为止，我只调查研究了一个傣族村寨，就折腾了十来年，而且还有许多问题没有搞清楚。

尹：家屋的研究是要花时间的。我1984年至1987年多次去基诺山雅诺寨考察，了解过该寨的长房，感到它存储着基诺族社会组织、民族制度乃至生产生活体系等大量信息。你看过郑晓云研究员的书没有？他研究基诺族长房时间最长、最深入，把我们知道和不知道的内涵都说清楚了。

施：看过，郑老师是基诺族的长房等文化变迁的见证人。我的研究更多关注的是民居的象征和信仰体系。

尹：家屋的文化象征意义真是无处不在，每个民族又都很独特。摩梭

傣族干栏式木楼聚落和象征寨神的寨心

人家屋中最粗大的顶梁柱叫祖母柱，它是摩梭人母系社会和女性崇拜的象征。西藏珞巴族村寨每家房屋的门上都吊着一个硕大的男性木制生殖器，它具有辟邪驱鬼的意义，也是生殖崇拜的突出表现。景颇族的房屋为干栏式长木房，在进入房屋木梯旁的横木上，通常雕刻着一个个隆起的丰满的女性乳房，那是对女性生殖和哺乳力的崇拜，是祈愿人口繁衍、家庭兴旺的表达。傣族、布朗族、拉祜族、德昂族的村寨中央有“寨心”，寨心被村民视为村寨的心脏，“寨心”由一根或数根雕刻着图案的木桩组成，周边围以竹篱或石坎，上面挂满人们祭献的各种祭品。“寨心”是寨神的象征，雕刻的木桩形状犹如男性生殖器，所以又具有生殖崇拜的意义。哈尼族村寨的寨门以木柱、木梁建造，木柱两旁通常竖立着一男一女两个木人，木人裸露着的不成比例、极其夸张的男女生殖器，木梁上悬挂着木刀、木梭镖、木箭等兵器，其生殖崇拜和守护、镇寨的意义一目了然。同样暴露生殖器的男女木人还见于佤族、彝族等村寨。神树神林，是村寨木文化又一重要表现。就说傣族村寨，傣族信奉南传上座部佛教，佛寺遍布于各个村寨，佛寺无一例外都要种植菩提树，那是人们顶礼膜拜的佛祖赐予的“圣树”。通常在傣族村寨的村头寨尾，都能够看到高大茂密的百年老榕树，这是傣族村寨的特征，也是神灵的栖居之所，榕树周边长年有人们供奉的祭品、蜡烛，还有守护神灵的白线缠绕。神山、神林傣语叫“垄山”“垄林”，是傣族村寨不可或缺的构成要素，垄山垄林为神圣之地，人们精心保护，不能随便进入，严禁砍伐、采集、狩猎，更不能开垦耕地，每年按时集体举行祭献仪式，宰杀猪牛虔诚供奉。垄山垄林信仰凝集着傣族的认知，净化着人们的心灵，规范着人们的行为，同时发挥着突出的生态维护功能，意义巨大。

哈尼族的寨门和生殖崇拜木偶

木文化的万物有灵内涵，不仅见于傣族村寨，其他民族村寨也比比皆是。彝族是至今保留神林、神树最多的民族之一，也是相关宗教祭祀传承得最好的民族。仅以昆明市石林县的撒尼人（彝族支系）为例，该县虽然接近发达的都市，易受汉文化的影响，而且数十年来不断经历政治运动的冲击，然而绝大部分撒尼人村寨至今仍然保存着大片的“密枝林”（即神林），“密枝林”保护得好，相关的祭祀仪式自然得以延续。典型的村寨如石林县月湖村，其村掩映在神林、神山、祖灵山浓密的树林之中，由村寨或家族每年祭献神林、神山和祖灵山的大型仪式多达七个。由于神林神树崇拜观念深入人心，所以村民爱护树木蔚然成风，形成了良好的传统。除神山和神林之外，月湖村中目前尚有百年老树数百株，房前屋后的大树，夏天遮阴乘凉，秋天成为天然“仓库”，家家户户把收获的玉米棒成串成捆树挂到树上，金灿灿犹如彩霞，把村寨装点得美不胜收。

基诺族祭献茶树神

万物有灵和自然崇拜，是人类社会普遍存在的自然观和神灵观。综观世界，这方面民族志的资料可谓举不胜举。詹姆斯•乔治•弗雷泽（James George Frazer）在其名著《金枝》（*Golden Bough*）一书的第九章中，就记载了欧洲、澳大利亚等地众多民族树神崇拜的事例；爱德华•泰勒所著的《原始文化》，也有不少篇幅讲述非洲、亚洲、北美洲、新西兰以及欧洲众多民族对森林树木的崇拜。树木作为与人类共生的物种，是人类生存不可或缺之物，它承载寄托着人类太多的情感和信仰。仅就此而言，无论从广度和深度看，我们对木文化的研究是远远不够的。

施：您认为当下木文化的研究有哪些值得注意？

尹：前面说过，木文化是许多学科和领域共同关注的对象，不同学科和领域有不同的视野和作为，从人类学的立场讲，我以为有两个方面值得注意。一是研究木文化必须与生态文化或者说生态文明密切结合。所谓木文化，不管其如何绚丽多彩、琳琅满目，根基就一个，那就是树木，没有树木，就没有一切。一个发达的木文化王国，必然是一个森林王国。所以要繁荣木文化，要维护木文化的多样性和可持续发展，首先必须在天然森林的保护和优质林业的发展上狠下功夫，要打实森林生态文化的坚实基础，为此就必须建立相应的生态文明。木文化的生态文明，是基于人类与树木共生理念而衍生的保护与利用的行为和规则，对于保护，要健全法规、完善管理，对于利用，须取之有度、物尽其用。文化有正面积极的文化，也有负面消极的文化，木文化也如此。木文化要能够发挥正面积极的影响，就必须与生态和社会环境相适应，反之，就会产生负面和消极的作用。例如目前一些地方充斥市场泛滥成灾的各类雕工拙劣的大象等木雕工艺品和粗制滥造俗气笨拙的土豪家具，材质大多采用珍贵的红木和硬木，国内原材料耗尽枯竭了，便与跨国木材盗伐倒卖者进行非法交易，结果导致热带森林生态环境和世界珍稀树种资源

佤族祭祀神树

的严重破坏，影响极坏。中国的“红木文化”，可以说是中国传统文化中的奇葩，然而如果盲目追求、附庸风雅、投机炒作、疯狂掠夺、竭泽而渔，那么高雅的“红木文化”就会变成令人憎恶的“红木克星”“生态杀手”。还有我们熟悉的佤族的木鼓，也可以说是木文化之一绝。木鼓本来是佤族的通天神器，是神圣的不可随意复制的重器，然而在市场、金钱、政绩的诱惑下，有关方面为了发展“文化产业”“民族文化旅游”，于是“别出心裁”“大胆创新”，一度推出规模盛大的“佤族木鼓节”。依靠行政命令组织举办的“佤族木鼓节”，集数十甚至上百木鼓于一场，敲打气氛不可谓不热烈，场面不可谓不震撼，然而在佤族百姓和明眼人眼里，那不过是徒有表象的伪民俗，于佤族文化的保护和传承不仅毫无意义而且十分有害。“木鼓节”不仅破坏传统，而且破坏生态，一次木鼓节其实就是一次生态大劫难，木鼓制作令一旦下达，阿瓦山本来存世不多的百年古树，转瞬之间即荡然无存。短暂的闹剧，造成了阿瓦山长久的创伤，如此野蛮的节日文化，还是杜绝为好。

二是研究木文化必须加大发掘抢救的力度。就人类学、民族学领域而言，这方面的情况你我都清楚，田野调查多走马观花，成果自然肤浅，像你这样花10年时间不间断研究一个傣族村寨的建筑，恐怕很难找到第二人。你熟悉乡村情况，时下乡村文化变化的速度快得惊人，有的变化令人深感离谱，许多民族村寨一段时间没去，就面目全非了。对于传统文化是采取完全取代式的改造和改变的做法，还是在继承的基础上加以发展，理论上桌面上人们大都会赞同后者而否定前者，然而在现实生活中却是前者大行其道。在社会急剧转型的过程中，传统文化保护也和生态环境保护一样，超前的呼吁很少发挥实质性的作用，只有污染破坏了，问题严重、危机显现了，才会反思、重视。不过，生态环境可以“先污染先破坏再治理”，文化尤其是精神文化就不然，污染破坏消亡了，欲再治理恢复，不说没有可能也是难上加难。所以，作为文化研究者，如有条件，可多做一些抢救、发掘、整理濒危文化的工作。

施：我同意尹老师的看法。去年西双版纳城建局提出想与我们合作进行少数民族传统民居抢救项目，经过磋商，我们感到困难很大，最后决定在每个民族中选择一个传统民居保存较好具有代表性的村寨为对象，进行详细测绘，先把资料抢下来，以后能做什么再进一步去做，这样比较现实可行。去年我组织毕业生做了基诺族村寨，此前曾请您去所选村寨考察过，现在成果出来了，详细资料掌握了，改良发展的方案和建议也就好提了。上个月我又带学生去西双版纳打落做布朗族村寨的测绘，我计划一年做一个民族，如果条件和时间允许，我想一直做下去，把版纳全部做完。

尹：我就欣赏你这样踏踏实实地做事。就目前情况和我们的能力来看，能做好传统优秀民居的结构、形式以及村落形态的测绘，已经不容易，算是难能可贵了，但是如果能够完整记录相应的象征和信仰的传统知识，功德无疑更加显著！此外，于你而言，光忙于田野调查不行，还要抽时间及时整理资料发表成果，要让大家知道你做的工作，分享你的收获，促进学术交流，最大限度地发挥其社会效益。

施：好的，我会尽量抓紧时间整理资料并加强研究，争取多出成果。谢谢尹老师！

（此文原为云南理工大学建筑学院施红博士创建的“乡建自然营”培训教材。）

行到水穷当知返——谈人类与水

采访者：云南民族大学副研究员

李全敏博士

时　间：2015年8月

地　点：昆明

李全敏（以下简称李）：近年来，水资源和水环境问题日益严重，受到包括人类学在内的许多学科的关注。今天想就水的研究请教老师。

尹绍亭（以下简称尹）：是啊，我手头就有十几本水的著作，例如（英）史蒂文•米森 休•米森（Steven Mithen）著、岳玉庆译的《流动的权力——水如何塑造文明？》，（日）秋道智弥编的《水和文明——控制和共存的新视点》，（日）中尾正义等编的《中国的水环境问题——开发带来的水资源短缺》，陈蒨等编的《社会开发与水资源水环境》，熊晶、郑晓云编的《水文化与水环境保护》，耿鸿之著《乐水云南》等，内容涉及世界的水历史、水环境、水文化等，值得认真研读。

李：过几天由云南民族大学和希腊亚里士多德大学主办的“中国—希腊古代文明中的水智慧与成就”国际学术研讨会将在我校召开，参会人员有各方面研究水的专家，老师也在其中。

尹：研讨会发起者郑晓云研究员给我打电话，让我讲“促进中国水人类学发展的思考”，题目大，平时又没认真思考，非要讲，那是“赶鸭子上架”了。其实这几年在这方面积极开拓颇有建树的学者是他，这个题目应该由他来讲才对。

李：老师谦虚了，我们知道您很早就涉猎于此领域。

尹：从文化人类学的角度研究水，你也做过研究，你那篇《水、仪式实践与德昂族环境治理传统知识的传承》就写得很好。

李：前几年我研究德昂族的水，曾经梳理过人类学水研究的文献。人类学对水的研究，大多与信仰和仪式实践有关。从国外的已有研究看，比较典型的研究诸如，格尔茨（Geertz）通过尼加拉也就是从上到下都注重表演而非实力的国家观念剖析灌溉体系，提出了该区域的用水秩序是由一套仪式框架来协调的，国家在灌溉社区中不是专制者而是一个服务者，来突出作为权力的象征的水与仪式之间的联系；弗里德曼（Friedman）把水资源分配与家族间的械斗相结合，来解构国家与社会之间相对较松散的关系和当地自治权的形成，以揭示出水作为宗族关系网络建构的纽带与地方权利争斗的关系；杜赞奇（Prasenjit Duara）研究过用水纠纷中不同组织的分裂与融合，指出水是通过地方信仰体系贯穿进地方权力的文化网络；而布洛克（Bullock）通过研究用以传递祝福的“圣水”，把土地、神灵、生命力、生殖繁衍的能力整合在一起。从国内的已有研究看，普遍在突出水的象征意义和地方性的关联。王铭铭教授曾把中国水利社会的类型分为“丰水型”“缺水型”和“水运型”，对比中国的水和西方的水的象征意义，指出两者都注重水与地的关系，中国更多地把水与智慧相联系，在隐喻的过程中更注重水的量引起的差别，而欧洲人则将水与疯狂和非理性联系在一起，在隐喻过程中注重水的性质；郑晓云教授通过研究云南少数民族的水崇拜，指出当代水环境保护的重要性和迫切性。您的研究则注重水与农业灌溉的联系，突出物质文化的地方性和实践性在环境保护中的作用。

尹：水的信仰仪式等的象征研究，是文化人类学独特的视角，是其独特的价值所在，其对文化的深刻的阐释，往往令人深受感悟。不过，在人类面临前所未有的水危机、持续生存和发展受到严重威胁的当代，人类学的研究取向必然会有相应的多元的调整。中国是世界上水资源最为短缺的十三个国家之一，最近30年，由于工业化巨大的负面影响，使得中国水资源和水环境的状况更加恶化。人类学在当代水资源水环境的研究治理方面能否有所作为？我想答案是肯定的。水的问题，说到底是人的问题，也就是说，研究水，其实还得落脚到人及其行为之上，而这一点正是人类学的视角。

李：水的问题本质还是人类与自然的关系问题，人类学从一开始便纠缠于这一关系之中。

尹：人类学解释人与自然的关系，产生过多种理论。20世纪中叶相继产生的文化生态学和生态人类学，以人类的适应性即文化适应解释人类与自然环境的关系，这是人类学运用生态学原理形成的独特的研究视角。目前，文化生态学和生态人类学的研究已有不少优秀成果。长期以来，由于文化中心主义和科学中心主义的盛行，在人与自然关系领域，很难听到前工业社会尤其是众多少小边缘族群社会的话语，为了扭转世俗的偏见和误解，许多生态人类学者致力于那些社会传统知识的发掘整理，结果向世人展现了诸多精彩的文化适应案例，一定程度还原了历史的面目。然而，当我们把视线转向当代水和人的关系时，看到的却多半是令人遗憾的状况，人类的傲慢、贪婪、野蛮和破坏无处不在，文化适应的虔诚、理性、智慧等几乎荡然无存。看来，生态人类学一向奉行的"文化适应论"正面临挑战，像以往那样只关注不同社会不同民族具有正能量适应性的传统知识和智慧已远远不够，还必须将人类表现的负能量不适应的文化行为提上议事日程，加以批判，拨乱反正，从而探索创建新时期多样性的文化适应模式，重建人类与自然的和谐。

李：那么，当前人类文化与水资源环境不适应的现象主要有哪些呢？

尹：概括而言，当代所表现的文化与水环境水资源不适应的情况我以为主要有三点：一是非原住民文化适应的缺陷，二是原住民传统文化适应的劣变，三是工业社会与生态环境的适应性冲突。先说第一点非原住民文化适应的缺陷。非原住民造成的对于新环境文化适应的缺陷，此类情况并非始于今日，而是古已有之。

举一个例子，1992年初，我得知云南文山壮族自治州偏远的山区有一个深藏于山洞中的村庄，数月后便带领一批年轻学者前往调查。坐长途汽车到县城，第三天租借拖拉机数小时到乡上，再徒步翻山越岭大半天，才到达该村。洞在一片短壁下方，洞外荒凉死寂，走近洞口，突然听到人马鸡猪的一片嘈杂之声，与此同时，洞底拥挤错落鳞次栉比、堆满黄灿灿金色玉米和各种用具的屋顶映入眼帘，奇特壮观，使人深感震撼。此洞穴面积约为7500平方米，当年洞内住有56户人家，287人，其中53户是汉族。村民系清朝末年陆续从贵州一带迁徙而来。洞外石山林立，无数小块耕地嵌于石旮旯之中，典型的喀斯特石漠化景象。调查得知，该村生存的最大困难是严重缺水。数十年前地下水充沛，后来逐渐干涸，现在蓄积雨水成为主要水源。村民平时用水每天要花数小时远距离挑运，干旱年头，则要到十五公里之外的地方寻水、讨水，为挑水死过数人，苦不堪言。水贵如油，洗脸水留下洗脚，洗脚水再用于煮猪食，极尽节水之能事。不过峰岩洞严酷的水危机并非该区普遍现象，例如相距不过七八公里的苗族、彝族村寨，同样是喀斯特山地，境况就不一样：村中有水塘，村边有小溪，森林掩映，生机盎然。差异为何如此之大？经调查，发现差别固然有自然环境的因素，然而一个重要原因乃是文化适应差异的影响。峰岩洞村是汉族，他们沿袭传统，崇尚勤劳，追求财富，环境资源开发利用不遗余力。他们曾经在驻地大量采掘硝土熬制土硝（熬制一穴价值仅50元左右的硝灰水要消耗大约400公斤硝土、900公斤水、10000公斤柴薪），同时不断扩大耕地面积（50年前，半山以下为耕地、半山以上是森林，50年后森林基本消亡，从山脚到山头的石旮旯里都种上了庄稼），而且家家户户拼命养猪（仅举村民李和龙家的例子，1992年养猪6头，一年需要青饲料约18000公斤，煮猪饲料需要柴薪约7000公斤，一年养猪的劳动量约为2550小时，平均每天要投入约7小时），看看这几个数据，如此消耗惊人、投入产出严重失调的生计方式造成的环境压力和破坏，显然是喀斯特山地绝对承受不了的。再看苗族、彝族，他们生性闲适，喜好山林采集狩猎生活，物质要求低，有吃有喝即可，不过多追求农畜业产出，不会起早贪黑拼命劳作，生活虽然简陋，然而对自然环境的干扰破坏相对小得多，所以村寨能够保持青山绿水的景观，村民生活的基本资源需求尚可满足。美国人类学家萨林斯（Sahlins）描述的“原始丰裕社会”，就是这种生活物质欲望很低，对自然索取干扰较小，知足常乐的状况吧。有趣的是，汉族虽然山穷水尽困苦不堪，然而依然自视优越。彝族、苗族说峰岩洞人只知道拼命干活，搞得要柴没柴、要水没水，苦得要死。不同文化导致不同生态结果，在此得到生动体现。峰岩洞汉族是外来移民，他们把在原住地千百年形成的文化传统和适应策略原封不动地搬到了喀斯特山地，与新环境不相适应，“新瓶装旧酒”，结果事与愿违，苦了自己，坏了生态。试想，如果他们来到新的生存环境，能够虚心研究学习壮族、苗族和彝族等原住民的生活方式，从中汲取一些经验智慧，因地制宜妥当调整自身的观念行为和生计策略，那么境况肯定不会像现在这样糟糕。峰岩洞的悲剧，不过是一个小小的个案，之所以值得一提，是因为现实源于同样文化原因而导致水资源短缺和生态环境破坏的现象比比皆是，遗憾的是面对这样的事态，人们往往只关心结果而不知反思根由。放眼我国目前生态环境的现状，天然林大量消失，草原退化严重，江河干涸断流，湖泊污浊发臭，天空雾霾肆虐，其状况实在触目惊心！不言而喻，当代的生态环境治理，没有相应的政策法律和先进的科学技术不行，从长远看，还得在文化、文明上狠下功夫。

李：老师说得好，水的问题，不能就水说水，应该看其本质。那第二类不适应的情况是什么呢？

尹：第二点是原住民传统文化适应的劣变。说到水资源水环境的破坏，通常认为那只是发达工业地区的情况，广大后进地区也许尚无水问题之虞，其实不然。当代社会变化之巨，不仅表现于先进地区的工业社会，也发生于后进地区的农耕社会。变化的强动力，不是别的，就是时下汹涌澎湃的全球化和市场化浪潮。广大乡村变化之快之大，令人始料不及。水是农业的命脉，也可能是农业的祸害。为了保障农业用水同时也为了防范洪涝，常见的应对策略，是兴修水利。不过，除此之外还有另辟蹊径的方法，例如顺应自然规律，大面积培育维护森林，利用森林所具有的强大的涵养水源的功能，拦截、蓄积和再分配降水，达到防范洪涝、削弱对土壤的侵蚀和冲刷和滋养农田的目的。据林学者的研究，森林涵养水源，主要依靠三个方面。一是森林林冠，林冠截留水分是森林对降水发挥作用的起点，它在截留水分的同时也对降水进行再分配，从而对地表径流和林地蒸发产生影响，它是森林系统中水循环的重要组成部分。林冠截留水量的多少，与植物本身的特征有关，包括树种、树龄、冠层的稠密程度和排列状况等。一般而言，叶面积指数和茂密度越大，林冠截留量也就越大，林冠截留量还与林分郁闭度成正比。二是枯枝落叶层。枯枝落叶层是位于林冠之下大气与土壤层之间的部分，具有保护土壤和涵养水分的直接作用。凋落物可以保护土壤不受雨水冲刷，增加土壤的腐殖质、有机质和孔隙度，参与土壤团粒结构的形成，有效地为土壤层蓄水提供物质基础。同时枯枝落叶层能够拦截、截留水分，减少土地的水分蒸发。凋落物的持水能力受多方面的影响，包括树种、凋落物的厚度、湿度以及分解程度和成分等。枯枝落叶层持水能力极高，甚至高于林冠层和土壤层。一般情况下，其最大持水量是凋落物自身重量的2—4倍，最大持水率的均值为309.54%，折合0.7—0.8毫米水层厚度。三是森林土壤层。森林土壤层是森林涵养水分的主要载体，具有较高的水入渗和持水功能。透过森林林冠层的降水量中，有70%—80%进入土壤，经过土壤进行再分配。森林土壤层的储水能力受多方面影响，包括森林的类型、土壤结构和土壤孔隙度等。在热带、亚热带地区，阔叶林生态系统的土壤孔隙度较高，为59.6%—78.7%，林地土壤的蓄水能力也较强。树冠、枯枝落叶凋落物和林下土壤的综合作用，形成强大的蓄水功能，森林因此被称之为“绿色水库”。

我国西南地区各民族深谙森林的功能，往往把保护和营造森林作为生境的重要构成部分，并以不同的保护和营造方式形成多种森林类型。下面谈三种独特的类型：

第一，水源林。西南地区，尤其是亚热带地区，人居聚落的一大特点，是配置有水源林。水源林或规划于高地，或设立于山泉溪流的源头，或配置于农田周边，或分布于聚落附近，一个村寨往往具有多片水源林，水源林又具有美化环境的作用，所以也称之为风景林。水源林是村寨空间结构的重要组成部分。典型的例子，如云南省红河流域，该区以梯田闻名于世，那里漫山遍野的梯田有如仙境，宏伟壮丽，世所罕见。那里梯田的开发经营，已经持续了数千年，梯田长盛不衰，规模越来越大，仰赖着多个条件，其中一个重要的条件，就是具有丰沛水源的保障。该区山脉绵延，沟壑纵横，生存于山地中的哈尼族、彝族等民族，具有非凡的生态知识，他们娴熟地适应和应用自然规律，将生境按海拔高程进行区别利用，森林、村寨、梯田呈垂直分布形态。海拔大约1800米以上的高山地带多为原始森林，也即当地民族着意保护的水源林，原始森林之下大约1400—1800米的地带是村寨的分布区，村寨以下地带，开发梯田，层层叠叠直到谷底。该区为亚热带山地季风气候，由于山地高差悬殊，高山、半山、山谷气温差异较大，俗有“一山分四季，隔里不同天”之说。每年5月，印度洋和太平洋季风将暖湿气流带到该区，气流遇迎风坡抬升冷却形成降雨，高地原始森林于是大显功能，将雨水大量拦截，贮存于森林之中，随之化为无数涓涓细流，注入村寨梯田。水源来自村寨上方，水质优良，方便人畜用水；流水自高山而下，顺势流入层层梯田，无需构筑复杂的灌溉设施；水流经过村寨，可将人畜粪肥一同带往田中，免去了人工施肥的辛苦；流水从高处梯田一层层流向低处梯田，层层灌溉，名为“跑马水”。到达河谷，低地气温较高，溪流蒸发升腾，水汽沿山势上升，到达高地形成浓雾，又复增加高地湿度，使得水源林的水资源更

布朗族村寨周边的神林和水源林

为丰富。运用季风、地貌、森林综合作用的规律，因势利导营造天然垂直灌溉系统，此即为巧夺天工的“绿色水库”。水源林的规划和营造，不仅存在于云南红河流域，亦存在于西南广大地区。贵州省西南侗族、苗族等集聚的地区，村村寨寨也都有水源林，不过情况与云南红河流域有所不同。黔西南地区山高坡陡，雨量充沛，为了满足灌溉的需要，同时为了防止洪水侵蚀，保持水土，维护农田，侗族等采取的对策，是因地制宜，根据地势合理营造森林与农田共存系统：山坡和低地开发农田，围绕农田的山脊和高地则保留森林，使之成为农田的绿色屏障。红河地区的水源林多为原始森林，黔西南的水源林除了天然林之外，还有大量人工种植林。人工林不仅具有水源林“绿色水库”的功能，而且还具有很高的经济价值。既利用又要保护，如何解决这个矛盾，靠的是当地独特的林木再生技术。以大量种植的杉树林为例，百年古树作为“母树”必须保留，砍伐达到使用规格的木材，伐期要限定在寒露过后立春之前这一段时间，砍树方法也有讲究，不能从根部砍，要留下50厘米以上的树桩，砍后需以米糨糊盖砍伐面，以防干裂枯死，一年之后，树桩上就会长出5—6枝树芽，选留一支长得最好的树芽，其余割掉，留下的树芽3年后就能长达4—5米，蔚然成林了。有此技术，加之有计划的砍伐，就能保持森林面积长期不变，依然能够很好地发挥水源林的功能。云南西北部怒江峡谷的独龙族、怒族、墨勒人（白族支系）和云南西部的景颇族以及云南西南部的佤族等，还有一种独特的营林方法，如用现代科学的名称命名，他们的方法便是粮林间作、轮作。这些民族使用桤木〔[*Alnus japonica*(Thunb.)Steud.]俗称水冬瓜树〕或漆树[*Toxicodendron Vernicifluum*(Stokes)F.A.Barkl.]与粮食作物间作或轮作，水冬瓜树生长极快，且可增加土壤肥力，漆树具有经济和药用价值，使用此类树木与农作物进行间作和轮作，既可涵养降水滋润农作物，起到灌溉的作用，又能满足人们的多种需要，所以即使以现代农业科学技术的角度观之，此类粮林间作和轮作也具有很高的科学性，可谓传统农业中的一项宝贵遗产。

第二，神林、神山。神林、神山和水源林一样，都是西部地区常见的村寨空间布局的重要组成部分。农耕社会敬畏自然，信奉万物有灵，为了祈求风调雨顺，于是对自然神灵顶礼膜拜，而自然崇拜中的一个最为显著的标志，就是崇奉神林、神山。神林、神山通常位于村寨周围的高地、水源地或屏护村寨之地，由于是山神、树神等神灵栖居的地方，所以保护、禁忌法规十分严明，且有诸多神圣的祭祀活动。千百年的保护传承，使得神林、神山成为聚落生态环境最好的地方。神林、神山是人们心中的圣地，是精神寄托的场所，而因其植被原始、古树密集、植物多样性十分丰富，所以客观上也具有非常突出的包括涵养水源在内的生态功能。例如西藏许多湖泊、河流终年水流充沛，那是因为周围有众多神山神林。云南滇中彝族支系撒尼、阿西人等，村村寨寨均有大面积的神林、神山，他们叫“密枝林”“密枝山”，数量多达数万亩。村民们严格遵守祖先的规制，每年按时虔诚祭祀朝拜，此传统至今不衰。该区喀斯特地貌渗漏严重，这些神林、神山对于该区河流、地下水和湖泊水资源的保持发挥着重要作用。又如云南西双版纳，那里的傣族过去有一句谚语：“没有森林就没有水，没有水就没有田，没有田就没有粮，没有粮就没有人。”森林如此重要，所以保护森林为其头等大事，每个村寨都有风景林、水源林和竜山(神山)，居住地森林覆盖率一般都在百分之六七十以上。据高力士和裴盛基等的研究，1958年以前该区森林密布，傣族村寨的“垄林”（垄林为村寨神林和地区神林的统称）多达1000多处，总面积约10万公顷，约占全州总面积的5%。那时许多村寨只有引水沟渠，没有蓄水工程，只有鱼塘，没有水库，全州45万亩水田多半靠包括“垄林”在内的森林“绿色水库”涵养水源灌溉农田。例如位于景洪和勐海之间的“垄南”神山，是西双版纳各民族共同崇拜的神山，面积约在8万

四川稻城亚丁雪山

亩（0.53万公顷），其重要的价值是为景洪和勐海四个坝子（河谷盆地）约5万亩（0.33万公顷）水田提供灌溉水源。又如景洪坝子戛董乡曼迈寨，该寨有傣族200多户、1000多人，人畜饮水及2000多亩水田的灌溉，全靠后山“村寨神林”流出的箐水解决。垄林具有突出的保土保水功能，垄林下的土壤年径流量为6.57毫米，若毁林开荒，土壤的径流量会陡增为226.31毫米；每亩垄林能蓄水20立方米，西双版纳全州其时有垄林150万亩，能蓄水3000万立方米，相当于当地修筑的曼飞龙大型水库的3倍，曼岭、曼么耐那样中型水库蓄水量的5倍。

第三，轮歇休闲林。我国西部的青藏高原河谷、横断山脉纵谷、云贵高原以及海南岛等地，受印度洋季风控制，雨量充沛，河流众多，当地各民族历来深受水源富足之惠。那里的山地民族过去从事刀耕火种轮歇农业。迄至1980年代以前，此种农业仍有相当的规模。刀耕火种是典型的旱作农业，作为此种农业的支撑条件，一是要有耐旱农作物，二是必须利用好雨水——既依赖其灌溉又要防止雨水对坡地土壤的冲刷。西部各民族驯化的传统的刀耕火种耐旱作物主要有陆稻、荞、稷、稗、棉花、麻以及诸多蔬菜，16世纪以后引进了玉米等作物，该区常见的旱地栽培作物多达数十种。西部地区有农田被称之为“雷响田”，“雷响田”顾名思义，即靠老天打雷下雨灌溉的农田。刀耕火种也可以看作是“雷响田”的一种。在受太平洋东南季风和印度洋西南季风控制的区域，一年分干湿两季，5至10月为雨季，11月至来年4月为干季。顺应这一自然规律，刀耕火种通常在雨季到来之前的四五月份播种，种子播下之后便迎来了降雨的季节，作物便可茁壮成长。然而雨水无常，时多时少，多时为涝，少时为旱，如何平衡雨水，做到旱涝保收，那就要靠森林的调节了。刀耕火种为轮歇农业，农地按规划垦种，一般每年耕种的土地仅为全部土地的十或十几分之一，余下的大量土地即抛荒休闲，休耕期短则七八年，长者十余年。热带、亚热带地区森林植被恢复极快，加之垦种地的树木砍伐都要保留树桩，所以土地经过七八年休闲之后树木大部分又枝叶茂盛，蔚然成林了。上面说过，温带地区植被恢复相对较慢，人们便在休闲地中栽种桤木等速生树种，或者种植漆树等经济林木，以缩短森林的恢复期。刀耕火种农业生态系统，大量储备休闲林地，维持稳定的森林覆盖率，既有利于恢复地力，满足住民对采集狩猎资源的需求，又能涵养大量雨水，发挥着浸润农地，源源不断为河流涧溪供水的功能。

据上可知，西南各民族过去是多么地珍视森林。可是近40年来，有的人为了追求经济利益，却争相改变传统生计、轻率地抛弃了优良的传统文化。在云南西南部，大量砍伐热带雨林，大规模种植橡胶等经济作物，以人工胶林替代天然雨林，必然导致生态系统平衡破坏，生物多样性锐减，水资源的养护和管理陷于混乱。严峻的事态告诉我们，对待优秀传统文化，对待千百年形成的有效的适应方式，必须怀有敬畏之心，需要虔诚维护传承，轻率抛弃，盲目改变，是要付出惨痛代价的。因此，如何传承、调适并重建优良的文化适应方式，如何以优秀文化规范人们的行为，已经成为摆在原住民、学者以及政府管理者面前的必须解决的重大课题。

李：是啊，我调查的德宏、怒江等地也有同样的情况。请再谈谈第三点工业社会于生态环境的适应性冲突的情况。

尹：工业社会与生态环境的适应性冲突是当代最突出的不适应不和谐现象。适应性冲突，比之上述两点，更为严重而且更为普遍。工业社会的基础是高度发达的科学技术，发达的科学技术是强大的生产力，二百多年来它创造了惊人的物质文明，同时也把一个地球弄得百孔千疮。当代水资源水环境的破坏无处不在，就连我那十分边远的家乡，也难逃厄运。家乡曾经是一个世外桃源般的鱼米之乡，生活着傣族、景颇族、阿昌族、德昂族、傈僳族、佤族、汉族等十几个民族，一条大河从盆地中央蜿蜒流过，两岸竹林婆娑，田畴相连，村落相望；盆地之上是台地，青山环绕，一马平川，那是溪流长期冲积形成的特殊地貌，众多村寨沿小河、溪沟而建，受清泉溪水之惠，人们种田渔捞，饭稻羹鱼，其乐也融融。天有不测风云，20世纪80年代，采锡业突然闯入该区山地，一时间马达轰鸣，山林被“开肠破肚”，选矿排除的大量污泥浊水沿山势滚滚而下，流经台地盆地，注入大河，广大流域村庄的灌溉和饮用水全被污染，本土鱼类几近绝迹，农田大量减产甚至颗粒无收，土壤和农作物渗透了有害重金属和化学成分，人民的健康和生命受到严重威胁，时有罹患怪病而暴卒者。数千年来人们安居乐业的世外桃源，短短时期内便被彻底改变，破坏得面目全非，沦落成为生态重灾区！矿山企业迫于舆论等压力，也修筑了沉淀池作为排污处理措施，可是效果不佳，多半形同虚设。清水不在，浊流滚滚，田园凋敝，山河之殇已然定格在儿时记忆中犹如天堂般的家乡，成为乡亲和游子们挥之不去的伤痛！

李：老师家乡的情况令人痛惜。

尹：是啊，比较我国许多地方，我的家乡恐怕只能说是小巫见大巫。就说云南省，据《2010年云南省环境状况公报》，云南主要河流有近40%的水体受到污染，15个主要城市（镇）的30条河流的一半左右被严重污染，全省21个湖泊水库全部处于不同程度的富营养状态，滇池等9大高原湖泊中5个水质属于劣V类！而如果放眼黄河、长江、珠江流域，情况也许更糟。说到滇池，那可是全国水污染典型中的典型。记得1966年，响应毛主席到“大江大河中游泳”的号召，许多单位曾组织竞渡滇池的活动，其时每天到滇池游泳者不在少数，说明水质不差。然而没承想才短短十几年的时间，偌大一湖清水便彻底变质，浑臭不堪了。原因多多，人口爆炸、城市膨胀、农田扩张、滥用化学品等自然是污水横流的重要原因，而工业污染却是罪魁祸首。董学荣、吴瑛最近写了《滇池沧桑——千年环境史的视野》一书，对滇池的前世今生做了很好的评述。自20世纪50年代开始，滇池流域初步形成以冶金、机械制造、能源、化工为核心的重化工产业布局。至2008年，滇池流域的工业企业已超过万家。据有关方面统计，1986年工业污染源排入滇池的生产废水（包括间接冷却水在内）为1.1亿吨。每年从工业废水中排入滇池的有机污染物质为27854吨，其中氨氮177吨，化学耗氧量8730吨，石油类54吨，硫化物23吨。每年从工业废水中排入滇池的重金属量谓32吨，其中，铜36吨、砷40吨、镉5吨、铅48吨、锌203吨。城乡生活污水排入滇池的为4380万吨，其中，有机污染物约16730吨；农业、畜牧业等有机污染物质在13900吨以上，总计有机污染物为58484吨。20世纪90年代中期，每年排入滇池的工业和生活废水增加到约2亿立方米。总之，从20世纪70年代末开始，滇池水体富营养化日趋严重，至80年代后期，滇池水体泛绿，发臭。20世纪60年代，滇池草海和外海的水质均为Ⅱ类，70年代变为Ⅲ类，到了1988年，草海和外海水质便总体下降为劣Ⅴ类了。数千年来养育昆明人民、孕育昆明文明的“母亲湖”滇池，从“青春秀丽”到“蓬头垢面”，不过弹指一挥间。当全社会意识到“母亲湖”因我们的肆虐而病入膏肓，代价惨痛，于是幡然悔悟，大声疾呼“救救滇池”之时，可惜为时已晚。最近30多年，从市、省政府到中央，都把治理滇池污染作为头等大事来抓，消耗人力物力无数，光治理经费投入累计便高达约450亿元之多，为无知盲目发展不断买单，可谓“费尽移山心力”！俗话说污染容易治理难，此言不虚。缺失科学发展观，任性于“先污染后治理”的老路，后患无穷啊！

李：面对如此严峻的事态，人类学能做些什么呢？

尹：当代水资源水环境的问题，从人类学宏观的角度看，根本的解决之道，在于人类适应性的调适和重建。人与水的问题，归根结底是人的问题而非生态环境的问题，无论何地何种情况，只要人类能够正确认识生态环境，能够采取顺应自然环境的文化适应策略，问题就有望解决，就有望建立人与水、人与自然的和谐关系。而要顺应自然环境并能采取正确的适应策略，就必须抛弃各种人类中心主义和文化中心主义，必须尊重自然，正确认识自然及其多样性，珍视各地各民族文化适应的传统知识，谨慎使用现代科学技术，谨慎对待大开发大发展的诉求和冲动，牢固树立可持续发展的观念，并在实践中不断探索，不断调适，以顺应时代的发展。上述理念和主张，需要不遗余力地宣传，对于各种文化不适应的现象，需要深入研究以寻求对策，我想文化人类学、民族学可以在这些方面积极参与、发挥作用。而从微观的角度看，人类学者还可以在实际应用方面多做贡献。例如积极参与社区水资源水环境保护利用法规和知识的教育和宣传，积极支持社区水资源水环境管理的组织和能力建设，积极参与发掘整理和传承各民族水资源水环境保护利用的传统知识，积极参与乡村神山、圣湖、神林、水源林等的保护，积极参与完善社区水资源水环境管理利用的乡规民约并为相关方面制定相应的法律法规提供支持，积极参与社区水资源水环境的调查、规划、保护并制定科学利用方案，积极参与江河小流域生态环境的修复和治理，积极参与乡村水资源水环境污染的防治等等。

李：老师讲得非常精辟，学生深受启发，非常感谢！

尹：最后再说一句。老子曾说过一句赞美水的话："上善若水，水善利万物而不争，处众人之所恶，故几于道。"老子赋予水如此高尚的品行，意在表达他对于人性美的理想与追求。如果人类文化和文明都能够上升到如此境界，那么不只是水，世间万物都将会变得十分美好！

（此文原为云南大学生态环境人类学研究中心通讯资料。）

莫愁前路无知己

——谈良师益友

采访者：《今日民族》原主编陆萍

时　间：2006年5月

地　点：昆明

陆萍（以下简称陆）：尹教授，您是我们熟悉的文化人类学、民族学家，《今日民族》曾经刊登过您的一些文章，题材都是民族文化或民族问题，今天希望您讲讲个人治学的情况。首先请您谈谈您是怎样对人类学发生兴趣并走上人类学研究之路的。

尹绍亭（以下简称尹）：谈这个问题，恐怕还得先从出身说起。我的家乡位于靠近缅甸的“蛮夷之地”，那里杂居着傣族、景颇族、阿昌族、德昂族、汉族等民族，文化形形色色，风俗迥然各异。家乡叫孟连村，数十座土墙瓦房聚集在田园中一条清澈的小沟周围，一半是汉族，一半是傣族。汉族奉祖先规制，傣族行傣家传统，各行其是，和睦相处，可谓典型的“民族团结村”。从这样的地方走出来的人，自有所谓“族群”的情结和对文化差异的朦胧的感知。

我家在当地被视作“大户人家”，还有人在政府做官。伯父尹明德1917年留学日本，1929年至1947年在南京国民政府外交部从事中缅界务的研究和外交工作。期间他曾数次受命率队深入受英军控制的中缅边境勘察边界，历尽艰辛，九死一生，获取了大量第一手资料，绘制了详细的地图，写了《中英滇缅界务交涉史》、《滇缅界务北段调查报告》、《云南北界勘察记》(8卷)、《滇缅南界勘察记》(6卷)、《天南片羽》等调查报告，对中缅界务和我国的外交事业作出了很大的贡献。1942年，日军侵犯滇西，伯父又受命于危难，代表重庆国民政府军事委员会奔赴边区，宣慰各民族土司及爱国人士开展抗日游击战争。此行历时三个月，于戎马倥偬之余写下《宣慰日记》（亦称《抗战日记》）二册。伯父留下的上述著作，主要价值在于外交和国防，然而也可供人类学研究参考。美国缅甸研究会主席资深人类学教授F. K. 莱曼（F. K. Lehman）即对伯父十分景仰和推崇，多次向我言及西方人类学者对伯父著作的重视。我国早期人类学家也都熟悉伯父著作，凡写民国时期滇西的民族，多参考引用。记得我少年时代在家乡读小学，放学回家无事便常常取出伯父的书来翻阅，对其记录的山川地理、人种风情充满好奇，颇为向往。后来几位热心的前辈劝我学习人类学，理由之一便是应以伯父为楷模，二是云南确为人类学研究的宝地。“文化大革命”结束之后有机会读研究生了，于是报考了民族学专业，实现了自少年时代便萌发的夙愿。

陆：在您的学术生涯中对您产生过影响的学者都有哪些呢？

尹：由于家庭出身的问题，又逢“文化大革命”，青少年时代求学读书颇不顺利。“文化大革命”期间从学校分到工厂当工人，后考入云南机械研究设计院从事科技情报研究工作。1979年，云南农业科学院院长程侃声先生欲翻译日本学者渡部忠世所著《稻米の道》一书，找我协助其翻译。此书无论在理论还是在研究方法方面，都极富挑战性，是稻米起源研究领域的一本重要名著。作者在东南亚和南亚从事田野调查数十年，发现和积累了大量数据和数据，通过考古学、农学、民族学、生态学等领域的深入研究，提出了完全不同于传统观点的亚洲栽培稻起源于阿萨姆和云南的崭新学说。参与此书的翻译，一方面让我大开眼界，学到了不少知识，另一方面承蒙程侃声先生赏识，竟得以受教于其门下。程先生兼通文理，识达古今，学品高尚，是引领我进入学术之门和给予我跨学科研究视野的恩师。程先生鼓励我做文化人类学，又引荐我认识了江应樑、汪宁生等前辈人类学家。汪宁生先生治古代史、民族学和考古学，是国内民族考古学的先驱者。先生为人耿直，广博严谨，学问独树一帜，深敬仰之。数年间常往府上求教，受益良多。为了打好基础，以期今后能够很好地从事人类学研究，我于1983年考入云南省社会科学院任实习研究员，继而攻读本院研究生部杜玉亭、王树伍先生的硕士研

与杜玉亭先生

究生。我们是云南社会科学院研究生部的首届研究生，当时研究生部尚属草创，条件不够完善，但是师资力量很强。其时担任研究生部主任的袁任远先生为培养学生不遗余力，费尽心血。所聘授课教师皆为一流学者，我们从民族史学家木芹先生、考古学家张增祺先生、民族理论专家熊锡元先生、近现代史学家谢本书先生、经济学家朱应庚先生及诸多国内外民族学、人类学家学到的知识和治学态度，终身受用。现在许多老师已步入晚年，但仍然耕耘不止。如张增祺先生，十余年前由城市移居乡里，在抚仙湖畔筑庐而居，闭门谢客，著书立说，比较时下浮躁、喧嚣的专家学者，实不可同日而语。导师杜玉亭先生在多个研究领域有突出成就，而基诺族研究则是其安身立命之本。杜先生现已近80高龄，但每年仍坚持到基诺山调查数月，半个世纪不间断地研究一个民族，这样的人类学家在国内可以说绝无仅有。杜先生对学生要求近乎苛刻，然而极力鼓励学术创新。当时我提出希望从生态人类学的角度研究刀耕火种，一些学者因不知其学术意义而不以为然，更多的学者则认为过于“敏感”应予以回避，而杜先生则毫不犹豫地给予了肯定和支持。为了做好这个课题，他聘请了时任中国科学院热带植物研究所所长的裴盛基研究员作为我的兼职指导教授。裴先生是著名植物学家蔡希陶先生的学生，长期扎根于西双版纳等地进行植物学研究，积累深厚，为国际知名学者，是我国民族植物学研究的开创者。从做学生到现在，我与裴先生及其诸多同事、学生保持着密切的关系，从他们那里学到了很多

汪宁生、张增祺、杜玉亭先生

与裴盛基先生

王国祥先生

生态学、植物学的知识以及民族植物学、民族生态学的理论和方法。最近十年，与我合作最为密切、给我支持和影响最多的学者不能不提到王国祥研究员。王先生从事民族文化研究始于1958年，50年来在傣族、布朗族研究和比较文学研究领域取得了诸多开创性的令国内外学者瞩目的成就。1997年他参加由我主持的“云南民族文化生态村建设”项目，作为项目负责人之一，他在理论和实践两方面均卓有建树。他虽然年近古稀，并患有高血压症，然而仍然坚持长期住村调查研究，其对事业的执着和热忱深深感动着项目组全体成员，是大家心目中的楷模和典范。最近王先生又出版了大作《傣族文化求实录》，他在赠我的书上如是题词“情谊半世纪，山高水又长”，充分体现了他的谦虚和对后学的关爱。

我从事人类学研究之后，先后在云南省社会科学院、云南民族博物馆和云南大学工作。也许是巧合或是“命中注定”，我到以上几个单位时皆为筹建机构所以从事的都是创新的工作。1987年云南省社会科学院成立社会学研究所，我是负责人，该所的成立填补了云南社会学研究机构缺失的空白。1989年，云南省民族事务委员会副主任石有才、杨丽天征得我的同意，调我到云南民族事务委员会参与筹建云南民族博物馆，在马立三主任、王正芳副主任的领导下，先后担任筹备组副组长和博物馆副馆长，一干就十年。1999年，时任云南大学副校长林超民教授诚邀我到云大人类学系主持工作，该系前身为人类学与社会工作系，为林超民教授所创立，并引进从美国学成归国的王筑生博士担任系主任。1999年人类学与社会工作分家，我即于此时调入云大担任人类学系主任。此后数年间，云大民族学先后获得国家教委一级学科博士学位授予权、民族学博士后流动站和民族学国家级重点学科，可谓兴盛一时。这自然是学校领导和相关部门的重视和大力推动，然而人类学系全体教师在教学和科研上做出了出色的业绩却是不争的事实。2002年，经林超民教授多方斡旋获得著名爱国华侨伍马瑶女士捐资和云南大学配套建成了云南大学伍马瑶人类学博物馆主体建筑，时任云南大学党委书记的高发元教授和林超民教授热忱动员我出任馆长领导建设博物馆，这又是一项需从文物征集开始的白手起家的富于挑战的事业。不难看出，如果说我在不同的岗位上做了几件有意义的开创性的工作的话，那么，还得感谢上述各位领导的信任和为我创造的良好机遇和条件，同时还要感谢我的同事们的支持和帮助。

陆：我们都知道您和国外许多著名的研究机构保持着密切的学术交流关系，请您谈谈和他们的合作。

尹：先说我与日本学术界的交流。我与日本学术界发生关系，始于刀耕火种研究，而选择刀耕火种研究，则与我此前从事日本学者提倡的“照叶树林文化论”的研究有关。所谓照叶树林文化论，是20世纪七八十年代在日本学界兴起的一个探索日本文化源流的学说。此学说的创始人为著名学者中尾佐助、上山春平、佐佐木高明等。他们根据多个学科的研究认为，在东亚从喜马拉雅山南麓的阿萨姆地区经云贵高原、长江中下游地区至日本中南部这一照叶树林(亦称长绿阔叶林)地带，在古代曾经是一个具有众多相同文化要素的文化区，由于这些文化要素最为集中的地区是阿萨姆和云南，因此阿萨姆和云南应是此文化区的中心。古代日本文化的形成有南北文化传入的途径，而照叶树林文化亦是日本文化形成的一个重要源流。照叶树林文化是一个多层次、多要素的复合文化，刀耕火种农耕文化即为其基层文化之一。日本国立民族学博物馆原馆长佐佐木高明先生是照叶树林文化论的倡导者，又是研究刀耕火种的大家，仅此领域，他就有《熱帯の烧田》《東南亞の烧田》《日本の烧田》等著作。1984年初夏，佐佐木高明一行访问云南，

与佐佐木高明先生

拜见时他得知我开始研究云南的刀耕火种，便鼓励说要抓紧田野调查，待调查资料装满几个箱子之时，邀请我去日本交流。1990年，佐佐木先生果然委托该馆的周达生教授邀请我去日本国立民族学博物馆访问研究。半年时间，佐佐木先生和周先生送我许多著作，多次安排时间与我讨论给予指导，并破例提出要我做论文博士。由于我对博士学位不甚重视，所以一直没有认真对待，辜负了先生的厚爱和期望，至今仍心存内疚！1990年我作为合作研究者第一次出国访问，得以进入日本民博那样的学术圣殿，获取了许多数据和信息，为此后的研究交流打下了基础。

日本民博，是我与日本学界交往的第一个中心。位于大阪的国立民族学博物馆是世界一流的博物馆和日本人类学、民族学研究中心。其时该馆有5个研究部，约80位学者。多年来，除了梅棹忠夫、佐佐木高明、石毛直道三任馆长之外，我与秋道智弥、江口一雄、吉田集而等资深教授和冢田诚之、横山广子等后起之秀保持着交流关系，进行过多项合作研究课题，其中与生态人类学家秋道智弥的关系尤为密切，合作成效尤为显著。20世纪90年代后期，秋道智弥协助现天皇次子秋筱宫文仁殿下在东南亚从事“鸡和人——民族生物学的视点”的研究课题，我应邀多次参与了该课题的调查研究。2000年，秋道先生调往京都“日本地球环境科学研究所”主持“亞洲季風區生態史整體研究”重大项目，我们又一次合作，此项目研究地域覆盖了东南亚半岛诸国和与之临近的中国云南。云南的研究由云南大学与日本地球环境研究所合作进行，由我具体负责。6年期间，我先后组织了30余位学者从事此项目，在此崭新的领域里取得了令人瞩目的成果。在大阪地区，除了民族

与日本京都大学、地球环境研究所师友坂本宁男、立本成文、秋道智弥、田中耕司、山田勇、安藤、柳泽、饭塚宜子

学博物馆之外，较重要的合作伙伴尚有赤木攻先生等。2000年大阪外国语大学校长赤木攻主持“湄公河流域自然與文化相互關係的生態史綜合研究”课题，我受聘参与课题，三年间与其助手深尾叶子教授领导课题组成员进行了西双版纳橡胶种植与文化生态关系的调研，出版了《雨林啊胶林——西双版纳橡胶种植与文化和环境相互关系的生态史研究》一书(云南教育出版社，2003)。

与日本京都大学东南亚研究所师友古川久雄、山田勇、河野泰之、阿布健一

京都大学东南亚研究中心，是我与日本学界交往的第二个重要机构。最初与中心发生关系，缘于翻译该中心原所长渡部忠世教授的大作《稲米の道》，因而得与渡部先生结识。1989年，该中心组织实施由古川久雄、高谷好一教授主持的中国研究重大项目，我两次参与了该课题的田野调查。1993年，受聘到该中心做一年的客员教授，此后亦常到中心访问，与中心的古川久雄、山田勇、高谷好一、阿部健一、田中耕司等教授建立了密切的合作关系。中心为国际东南亚研究的重镇，其杰出的学术团队及其优良的学风，对我影响至深。在中心度过的紧张愉快的生活，使我终生难忘！

东京地区，是我与日本学界交往的第三个中心。与该地区相知最早的学者是东海大学的渡部武教授。渡部武专攻中国文化史，治学极为严谨、精细、执着，在中日学界享有较高的声誉。东京外国语大学的澳大利亚学者唐立教授与渡部武先生一样，亦是我的学术挚友。他早先治中国科技史，是李约瑟中国科技史研究班子成员，后转而研究东南亚的掸人和云南的傣族。1995年，我受聘到唐立供职的“東京外國語大學亞非語言文化研究所”任客员教授，在那里又认识了一批著名学者。20世纪90年代前期，渡部武和唐立曾多次组织研究团队与我当时所在的云南民族博物馆合作进行云南农耕文化调查研究，拙著《云南物质文化•农耕卷》（上、下册）的资料在一定程度上即得益于此项合作的积累。东京立教大学的白阪藩教授从事观光和文化生态的教学与科研，在1995年与他认识之前，他已翻译介绍了我的几篇文章。

与日本东海大学渡部武先生

香港科技大学唐立教授

在东外大期间应其要求写了一本比较简略的刀耕火种的书稿，他主持翻译后于2002年以《雲南の焼畑——人類生態學的研究》之名由日本农林协会出版社出版。最近几年，我们的合作主要在刀耕火种文化变迁和旅游研究方面。神奈川大学的河野通明教授是致力于研究日本及周边国家的农耕文化和犁的专家，他十分重视我对云南和中国的犁的研究，我们由此建立联系。近年来我忙于它事，对犁的研究没有进展，而河野先生的研究却日益精进，不断赠我新作。2005年，他所任教的神奈川大学获得日本文部省资助，开始启动“人类文化研究非文字资料体系化”重大科研项目，受项目负责人福田和佐野贤治教授的邀请，我三次赴日参加此课题研讨会，期间与河野先生进行了深入交流，进一步增进了了解。

《雲南の焼畑——人類生態學的研究》

亚洲国家除日本之外，我与东南亚、南亚和韩国学界的交流也十分重要。2003年，由联合国大学梁罗辉教授发起联络中国云南和东南亚、南亚诸国合作进行“中老泰东南亚山地土地资源利用与管理”项目，我作为中国云南方面的项目负责人，组织课题组参与此项目，历时5年。5年间与泰国、老挝、缅甸、印度等国学者共同考察研究，每年轮流在不同国家组织研讨会，充分分享了外国同行的经验和成果。其中最值得一提的学者是泰国清迈大学的卡诺克（Kanok Rerkasem）教授，该教授的外婆是中国人，他对中国和中国学者特别有感情。卡诺克专业知识渊博，实践经验丰富，非常熟悉国际合作项目的运作方式，所以他不仅是泰国方面的项目负责人，而且对总项目的设计组织实施贡献很大。此人虽为资深专家，然而十分和蔼可亲。除了项目的交流合作之外，我还邀请他参与指导我的两个博士研究生，为此他曾特意抽出时间到云南，和我及我的博士研究生一起进行田野调查，其深入严谨的治学态度和工作热忱，给人印象极为深刻。与卡诺克教授相似，韩国著名考古学家金秉模先生亦是我所尊敬的学者，仰赖金教授在韩国学界的威望和影响，我们得以访问首尔大学、汉阳大学、传统文化大学等机构，就双方感兴趣的课题进行深入交流。韩国和日本、法国等国家一样，文化遗产保护事业做得非常出色，通过与韩国学者交流及对韩国乡村文化生态的考察，受益匪浅。

与西方学界的交流，主要有以下机构和学者。先说马思中（Magnus Fisksjö），他现在是美国康乃尔大学人类学教授，曾任瑞典王国东方博物馆馆长。20世纪90年代初，马在芝加哥大学攻读博士学位时，曾写信给我希望将拙著《一个充满争议的文化生态体系》在美国翻译出版。后来美国福特基金会决定资助翻译出版拙著《人与森林——生态人类学视野中的刀耕火种》，遂请他担任翻译，他为此花费了大量精力和时间。当代中国人类学著作因文字障碍国外知之不多，拙著得以在国际学界流传，实赖福特基金会和马思中之力。其次说王富文（Nicholas Charles)教授。我与王1990年认识于日本国立民族学博物馆，其时他供职于香港中文大学，后回英国剑桥大学，数年前又转到澳洲国立大学。王富文研究苗族，曾多次到云南做田野，在我担任系主任期间，经他斡旋，我系与澳大利亚国立大学太平洋研究院人类学系建立了交流关系。该院教授格汉•维杰瓦达纳（Gehan Wijeyewardene）博士赠送我方图书1818册，该院接受了我的两个学生赴澳攻读博士学位，我亦接受了对方两名博士生到云南从事研究。2004年冬天，我应邀到国立大学访问，进一步促进了双边交流关系。再说法国国家自然历史博物馆原馆长德木累尔（Henry de lumley）教授，该

与澳大利亚国立大学太平洋研究院院长和王富文教授

教授为著名的古人类学家和博物馆专家，在国际学界享有崇高声望。1998年冬季他邀我访法，安排我考察了巴黎和法国南部数十个博物馆和文化机构，使我大开眼界，受益良多，后来他又接受了我的学生赴法留学。于我而言，法国的考察研究十分重要，很多地方值得参考借鉴。与法国交流的第二个机构是位于巴黎的法国汉学中心，该中心主任童丕教授是著名敦煌学学者，2012年秋天他邀请我访法，主要进行农耕文化方面的交流，期间还安排到法国高等社会科学院和诺曼底做学术报告，就文化遗产保护等问题与学者和当地群众进行交流。最近十年，我与加拿大渥太华大学有不少接触。该校跨文化研究中心在加拿大印第安人文化遗产保护传承发展及世界母系社会研究方面做了许多杰出的工作，中心主任玛丽•弗兰索瓦•古登（Marie-Françoise Guédon）和中心李强博士具有长期田野研究经历和国际前沿的学术视野，他们积极促进中加文化交流，希望与中国同行分享他们的经验。他们与云南大学一直保持着良好的合作关系，我们多次共同参加研讨会，我曾应邀赴该中心访问，并去了加拿大北部印第安人聚居的克瑞（Cree）部落和呼伦（Huron）部落考察。经我推荐，该中心还与广西、四川、贵州开展合作，做了不少工作。

说到对我的科研事业的影响，还不能不说美国福特基金会。1990年，为建设云南民族博物馆，该基金会曾资助我赴日本考察了近百个不同类型、不同专业的博物馆；此后又资助翻译出版了拙著《人与森林——生态人类学视野中的刀耕火种》《People and Forest——Yunnan Swidden Agriculture in Human-Ecological Perspective》，以资东南亚和英语世界学界参考；此外，还资助了始于1997年为期10年由我主持的“云南民族文化生态村建设”项目，此项目为“云南民族文化大省建设”重点项目，福特基金会重视政府主导的项目，而且认为此项目富于原创性，于是批准了我们的申请，给予项目调研和能力培训等“软件”的经费资助，使项目得以顺利进行。

回顾我的治学经历，由于时代和政治的原因，我们这一代人大都走得曲折和艰难。然而不幸中之大幸，是赶上了邓小平开创的“春天”。现在能从事人类学的教学研究工作，这是过去做梦都不敢想象之事！由于时代背景的差异，与前辈优秀学者相比，我辈的缺陷和不足显而易见，然而一路走来，有如此众多的师友和机构的指导、支持和帮助，充实愉快，也算幸运。

陆：您是我国最早从事生态人类学的学者之一，请您谈谈您的研究领域及主要学术成果有哪些？有哪些创新之处？

尹：我从事人类学研究以来，大致做了这么几件事：一是在生态人类学和物质文化等几个领域里做了一些探索；二是主持建设了几个博物馆；三是做了几件文化遗产抢救保护的事情；四是培养了一批硕士、博士生；五是在担任云大人类学系主任和人类学博物馆馆长期间所做的学科建设方面的工作。

首先，说生态人类学研究。20世纪80年代初期，我国学术界尚普遍奉行着古典进化理论。在人类与自然相互关系研究领域，进化论主要表现为生产力决定论或称人类中心论。把人类与自然相对立，认为人类的全部生产活动便是一个征服、改造、利用自然的过程，并以此划分社会发展阶段或社会形态，这是当时十分流行的观点。而当学术环境逐渐宽松，思想禁锢逐渐打破，人类中心论所导致的生态环境恶果日益显现之时，伴随着对进化论的反思和批判，又出现了生态中心主义和环境决定论的思潮。显然，古老的环境决定论的复苏是幼稚和荒谬的，而新生的生态中心主义亦显得过于偏激。那么人类与自然的关系究竟该怎样认识？文化与生境的关系该怎样去解释呢？这样的问题，便是20世纪60年代西方生态人类学产生的背景和研究的物件。出于对进化论局限性的认识和对文化与生态相互关系的浓厚兴趣，我选择了生态人类学作为主要研究方向。而作为研究案例，则选择了刀耕火种。迄今为止，我在此领域里断断续续调查研究了20余年，写了《一个充满争议的文化生态体系》（云南人民出版社，1991）、《云南刀耕火种志》（云南人民出版社，1994）、《人与森林——生态人类学视野中的刀耕火种》（中、英文版，云南教育出版社，2000、2001）、《雲南の焼畑——人類生態學的研究》（日文版，日本农林协会出版社，2000）以及《基诺族刀耕火种的民族生态学研究》等十几篇论文。这些著述要说有什么新意的话，我想主要有两点：

第一，如果把我关于刀耕火种研究的早期著作视为中国新时期生态人类学研究的代表性作品的话，我想应该是可以的。在当时进化论一统天下、文化中心主义盛行、学术信息十分闭塞的情况下，拙著敢于大胆地进行学术批评，创造性地运用文化适应的观点和人类生态系统的方法进行研究，那既是离经叛道，又令人耳目一新。当时凡读过拙著的年轻学者，包括其他学科的年轻学者，都认为深受启发；国外学者也给予很高评价，且相继翻译成日、英文出版，说明学术的可贵就在于要有自己的东西，要敢于挑战谬误和开拓进取。

第二，如果将我的相关著作视为是对云南等山地民族的正名之作，是在中国首次科学地阐释刀耕火种的作品，我认为也是可以的。深入地进行田野调查，系统详细地记录云南十几个山地民族正在消失的刀耕火种的实态，依据大量的田野资料，去伪存真，厘清了前人关于刀耕火种的种种错误的认识、观点、概念和理论，首次将其作为一种文化类型、一种传统知识、一种文化遗产进行整体地研究，给学术增添一点新的内容，给后人留下一些宝贵的数据，这应该可以说是“功不可没”吧。

陈友康、罗家湘所著《20世纪云南学人文科学学术史稿》（云南人民出版社，2003）一书对我的文化生态研究有专节评论，“具有原创性”是其关键性的评语。国外刀耕火种研究的权威专家佐佐木高明先生亦认为拙著数据新、方法新、观点新。此外，西方学者亦不断有书评发表。国内外学界关注拙著，并有中肯的评价，令人欣慰。尽管如此，然而拙著也有不足，例如迄今为止关注较多的是技术和社会的层面，仪式象征的研究尚未深入，而且理论和方法的总结也还不够，这是今后需要继续去做的事情。

其次，说云南民族文化生态村建设。在我所从事的应用性科研课题中，“民族文化生态村建设”可以说是最具创造性，也最具挑战性的应用项目。当代的中国农村，发展是主旋律，是“硬道理”，然而在经济发展的同时，传统文化却以惊人的速度消失，生态环境的恶化亦日益严重。面对这样的状况，人类学者如果仍然仅限于袖手旁观式的“观察”和“研究”，不免显得过于迂腐和另类，而多如牛毛的文章、专著大都不过是“隔靴搔痒”的“雕虫小技”“学术游戏”甚至是“学术垃圾”。经过较长时间的思考，并参考国内外的经验，我于1997年提出建设“民族文化生态村”的构想，并于次年获得省委、省政府的重视支持和福特基金会的资助而付诸实施。民族文化生态村建设以保护和弘扬优秀民族民间文化、保护和重建良好的生态环境、谋求乡村的和谐和可持续发展为宗旨。从人类学的立场出发，并总结中国50多年来的经验教训，我们认为乡村的建设与发展，只有充分尊重乡村人民的意愿，发扬其当家作主、自力更生的精神，依靠他们的知识和力量，使传统文化与现代文明相结合，才是正确的途径。因此我们主张民族文化生态村的建设应由村民主导进行。而如何启发年轻村民的文化自觉性，如何正确从事文化的保护与传承，如何提高村民进行建设和管理的能力，如何建立有效的运作机制等，仅靠村民自身的作为是不够的，还需要政府的引导支持和学者的指导协助，这也就是学者参与的价值之所在。从1998年开始，我们在云南选择了5个村寨作为民族文化生态村的建设试点，通过8年的努力，有的试点村发展较为理想，基本上达到了建设目标，开始发挥良好的示范作用；有的试点村由于种种原因尚不完善和理想。在建设过程中，难免失败和挫折，无论是经验还是教训，均十分可贵。由于是一项开创性的事业，近年来国内外学者颇为关注，纷纷到试点村进行考察和研究。值得一提的是，也是在1998年，国家文物局的苏东海先生等在贵州尝试建设生态博物馆。发端于欧洲的生态博物馆，在理念上其实与我们所倡导的民族文化生态村是相同或近似的，然而有趣的是，苏东海先生等在贵州实践的理论和方法却与我们有所差异，最大和最为关键的差异在于他们选择的是“政府主导”的策略，而且把依靠政府在村里建设“资料中心”作为主要的建设内容。目标动机相同，某些理念、路径和方法等存在差异，由此产生了云南和贵州两种模式，我认为是十分有益的，它有利于相互交流、相互促进，从而更好地推动此项事业的发展。

第三，说博物馆建设。我于1989年至1999年在云南民族博物馆工作，作为该馆创建人之一，参与了从申请立项、筹备组建、文物征集、陈列布展的全过程。2003年云南大学筹建人类学博物馆和影视人类学实验室，校方委我负责，于是辞去人类学系主任职务，带领一批年轻人全身心投入，经过两年多的努力，于2006年5月博物馆初步建成开馆，影视人类学实验室亦同时成立开展工作。作为大学的博物馆，虽然规模较小，然而由于将博物馆与影视室相结合，数字化程度高，影视资料丰富，形成了特色。而更有意义的设想，是打算将校馆与5个民族文化生态村相整合，形成了一个城乡、动静相结合的“1+5”的人类学博物馆模式，遗憾的是我任职时间有限，计划未能落到实处（广西壮族自治区目前正在筹建自治区民族博物馆，而且设计了区馆统领10个乡村生态博物馆的“1+10”的模式，与我想做的事业不谋而合）。作为高校的专业人类学博物馆，我们还力求对中国人类学的发展和学科的建设有所贡献，为此创建了三个数据库：一是中国人类学家数据库，目前已采访拍摄了以宋蜀华等老一辈学者为首的约60部影视片；二是影视人类学数据库，迄今已收集了近千部中外人类学影视片；三是非物质文化遗产数据库，现已调查拍摄了民间艺人及其技艺专题片约60部。这些工作虽然尚处于起步阶段，然而多少实现了几代人类学家的夙愿，做了他们想做而没能做的事情，其意义自是不可低估。

第四，说物质文化研究。从事博物馆工作多年，自然对物质文化情有独钟。这方面的调查，先是关注农业、采集、狩猎、渔捞，这与研究刀耕火种有关。后来扩展到制陶、造纸、榨糖、榨油、纺织、建筑等方面，历时十余年，收集了不少实物资料。其研究成果主要体现于我所主编的“云南物质文化”丛书之中。该丛书计五种，《农耕卷》（上、下册）由我撰写，其余四卷（《采集渔猎卷》《生活技术卷》《纺织卷》《服饰工艺卷》）由我提供部分数据让他人撰写。关于物质文化的研究，针对有的学者只习惯于利用历史文献从事研究，有的学者虽有田野但调查粗糙肤浅，而分析论述又都秉承进化论的状况，我们希望有所变革，来一次新的尝试。于是埋头进行了若干年的调查，力求获取全面、系统的第一手数据，在此基础上，展开对各类器物的功能、结构、分布、分类、传播、源流、变迁及文化意义的研究，以期给后世留下一份丰富、宏阔的物质文化图卷。令人高兴的是，我们的思考、创意和成果获得了学界的认同，丛书出版之后先后获得了第六届国家图书奖提名奖和第十一届中国图书奖，拙著《农耕卷》(上、下册)还被日本享有盛名的学术出版社“東京第一書房”以《雲南農耕文化源流》之名在日本翻译出版。由于工作繁忙，最近几年我们未能在物质文化研究领域继续投入时间和精力，而关于如何以国际学术的视野去审视研究对象，如何透过“物质”去探究“非物质文化”的内涵和意义等课题，只有留待以后或由他人继续去做了。

最后，谈谈生态环境史的研究。生态环境史研究人类与生态环境相互影响、相互作用的演变过程。这门年轻的学科产生于美国，短短20余年得到了迅速的发展。它属于历史学的范畴，然而人类与生态环境的关系又非历史学的“专利”，而是许多学科关注的对象。人类学自从产生之日起，便没有离开过人类与生态环境关系的研究。当然，人类学生态环境史的研究，不同于历史学主要依据文献资料分析的方法，而是必须从事田野调查。通过田野调查从生态环境的角度去认识人类文化的变迁，或从文化的角度去解读生态环境的变化，这便是人类学生态环境史研究的途径。我从事此项研究始于20世纪90年代后期与日本京都大学和大阪外国语大学的合作，结果前者有《民族生态——从金沙江到红河》一书(云南教育出版社，2003)，后者出了《雨林啊胶林——西双版纳橡胶种植与文化和环境相互关系的生态史研究》论文集。2002年，云南大学又与日本地球环境研究所合作，开展了更大规模的名为“亚洲季风区生态史研究”项目。该项目的总负责人为秋道智弥教授，我为中方负责人。迄今为止，中方学者30余人分别在云南与越南、老挝、泰国、缅甸接壤地带选择不同民族小区进行了较长时间的田野调查，产出了一批反映50年来各民族小区文化生态变迁的研究报告，第一辑《人类学生态环境史研究》已由中国社会科学出版社出版。生态环境史研究是生态人类学研究的一个新的方向，它期待着更多的学者去开拓、耕耘。

陆：世界人类学、民族学大会2008年将在中国昆明召开，请您谈谈中国人类学学科地位的问题，本土化的问题以及今后的发展方向。

尹：世界人类学、民族学大会被誉为学术界的“奥林匹克大会”，2008年在中国召开，说明中国人类学、民族学已受到国际学界的高度关注和重视。通过筹办和召开这次大会，无疑将极大地促进中国人类学、民族学的发展。说到我国人类学、民族学的学科地位和发展，我以为这确实是我们目前面临的大问题。近年来，虽然一些高校纷纷新建了此专业的系和所，然而建立不久，校方大多便失去了原先十分支持的热情；更有甚者，若干年前厦门大学曾经撤销过人类学系，2006年云南大学竟然又步其后尘，将其最有影响且为国家重点学科的人类学系毫不犹豫地予以取消。出现这样的情况，足见该学科地位之脆弱，处境依然不容乐观。那么如何才能改变这种状况呢？我认为至少有四个问题是应该重视的。

第一，中国人类学、民族学界最好考虑成立一个学科建设的促进机构，要把学科规划和建设作为一个大事来抓，要立项进行研究，要有组织、有计划并采取一切必要的措施全方位地进行学科的宣传等工作。人类学、民族学在当代中国的重大价值，在于对提高大众的政治文化素质和构建和谐社会是绝对不可缺少的。只有让为政者和社会大众真正认识到这一点，学科的地位才有保障。

第二，根据上述学科的性质，应将此学科主要定位于基础学科范畴之内，要努力争取将其作为必修的素质文化教育课程列入高校甚至中学的教学大纲之中。只有这样，它才有坚实的基础，才可能稳步发展。

第三，我国人类学、民族学的教学必须进行改革和创新。如果我们的教学仍然因循守旧，仍然以古人和洋人为主导，远离中国的现实，远离社会主流的话，那么其边缘、冷落的状况就不可能改变，学生的来源和就业都将成为问题。所以如何改革教学，如何编写本土化的内容新颖、特点鲜明的教材，如何培养现实社会需要的创新型的人类学理论和实用人才，应是当务之急。

第四，在研究方面，要大力倡导、鼓励原创性和应用性研究。关于这一点，前辈学者费孝通先生等已为我们树立了良好的榜样。目前一些中青年学者也有良好的表现，例如研究少小民族为国家制定相关政策提供依据，研究艾滋病患病群体以促进人类健康和社会和谐，进行文化遗产的抢救和保护以造福子孙后代等。这样的研究和行动，关乎国家发展的命运，具有重大的学术和现实意义，应是中国人类学、民族学今后研究的重要取向。

以上所谈四点，我以为是中国人类学、民族学发展必须考虑的大问题。虽然操作和行动起来有相当大的困难，但是不能不去努力。只有改革创新，学科才能健康发展，才谈得上本土化，才会赢得国际学术界的尊重。

（此文原载《广西民族大学学报》2007年第3期，题目为《阅尽山林求学问——人类学学者访谈之四十五》，收入本文集有所修订并改换了题目。）

览胜还需向高处——谈博物展藏

采访者：云南省博物馆研究馆员
杨雪吟博士
时　间：2015年11月
地　点：昆明

杨雪吟（以下简称杨）：尹老师，忙于建馆布展，很长时间没有联系了，现在云南省博物馆新馆已经建成开馆，有时间希望陪您去看看。

尹绍亭（以下简称尹）：最近几年，先后看过上海、北京、南京、浙江、湖南、湖北、内蒙古、陕西、四川、新疆、重庆等省、市、自治区新建的博物馆，虽然风格各异，但个个气势恢宏，策划精当，展示新颖，文物荟萃，争奇斗艳，洋洋大观，令人叹为观止！短短30年，我国的博物馆事业变化巨大，从较为落后的状态一跃步入世界先进行列，文物大国终于迎来了现代博物馆大国的时代。

杨：云南省博物馆藏品13万余件，属于国家级博物馆，过去受旧展馆空间和设施限制，难以充分科学合理地进行展示，现在好了，新馆条件能够满足需要，展示焕然一新了。

尹：你馆建馆历史长，文物数量质量闻名遐迩，加之人才济济，展示自然非同一般。

杨：众所周知，老师在博物馆建设方面做了不少工作。您曾经主持建设了云南大学伍马瑶人类学博物馆和几个民族文化生态村的博物馆，而且是云南民族博物馆的创建人之一。

尹绍亭：是啊，博物馆建设确实是我学术生涯的重要组成部分，有时也会产生些许成就感，不过由于时代、条件等的限制，自感所做工作缺憾甚多，问题不少，距离理想目标差距甚大。好在任何事业总有一个逐渐进步、调整、丰富、精到的过程。人生苦短，能做一点基础性的工作，也就知足了。

杨：您看过国内外不少博物馆，哪些馆给您印象较深？

尹：国内印象好的例如上海博物馆。该馆藏品上乘自不待言，管理、展示、研究亦堪称一流水平。不过除此以外我还特别想说两点，这两点在有些人看来也许无关紧要，其实是最不该忽视的。先说上海博物馆坐落的位置。上海是国际大都市，市内土地可谓寸土斗金，上海博物馆新馆建设居然能够选择在市中心广场，与市政府毗邻相望，仅凭这一点，即足见上海人以及决策者境界之高、目光之远，令人钦佩！博物馆建设，很大程度上可以这样说："位置是决定其功能发挥和绩效成败的关键因素。"记得数年前有关方面曾经召开过一个云南省博物馆新馆建设选址的专家评审会，我在会上极力主张把新馆建设在昆明市中心东风广场，以取代那个已然陈旧萎陋了的工人文化宫，让博物馆成为昆明市的文化地标，借以提升昆明的文化形象，充分发挥其教育、科普、旅游的综合功能。意见提了，但是不抱希望。同仁间对于我等参加评审会曾经有这么一句经典调侃话语，叫作"不说白不说，说了也白说"。结果不出所料，专家意见不过是走走过场玩玩形式而已，最终还得由领导定夺。领导从大局考虑，文化不过是边缘点缀的东西，博物馆自然只能建在边缘的地方了。再说博物馆建筑。俗话说一方水土养一方人，综观上海博物馆，无论从哪个角度看，都透露着上海人非同一般的务实和精明。上海博物馆建筑造型别致而收敛，空间布局合理而紧凑，展厅连贯，配套齐全，充满人性关怀。其理念风格与时下无处不在的"高大尚"做派和张扬显摆的奢靡之风形成鲜明对比，难能可贵。

杨：我也深有同感。

尹：至于英、法等发达国家，乃是博物馆的发源地，历史悠久，积淀深厚，水平极高，且富于创新。下面简单说几个国家的博物馆。

众所周知，法国是世界博物馆的胜地。1998年冬天，我有幸受法国国家自然历史博物馆德木雷尔馆长的邀请并承蒙其安排，跑了大半个法国，参观了数十个大大小小的博物馆和史前岩画遗迹以及考古遗址。德木雷尔馆长是世界著名的史前人类学家，亦是法国权威博物馆专家，由他创建和领导的博物馆遍布法国各地，堪称法国博物馆之父。作为他的客人，每到一地均受到热情欢迎和周到安排，并有专家陪同参观考察。法国国家自然历史博物馆坐落于巴黎市中心地区，参观该馆的感受，

1998年应法国自然历史博物馆德木雷尔馆长邀请访问了由他领导的数十个博物馆和研究所

可以用一句话来概括：不看不知道，看了吓一跳！当时我们正在建设云南民族博物馆，几经努力好不容易征集到展品2万余件，算是省级民族博物馆中的佼佼者了。而2万件藏品对于法国国家自然历博物馆而言，说夸张点不过是沧海一粟。该馆藏品动辄数十万、上百万，令人瞠目结舌！如鸟类标本20余万件，鱼类标本60余万件，昆虫标本47余万件，植物标本900余万件，陨石标本22余万件……我在那里观赏了两天，只看了其中的几个展厅，眼花缭乱，只好作罢。至于集世界历史文化艺术文物精品为一身的卢浮宫博物馆等，那就不用多说了。巴黎以外各地的博物馆，也个个了得，虽然是走马观花，蜻蜓点水，然而颇多刺激感悟，令人流连忘返。印象特别深的是法国西

访问阿尔卑斯山乡村及博物馆

南部的若干史前历史文化博物馆，那些博物馆大多建于著名考古遗址之上或其附近，博物馆与考古发掘紧密结合，边发掘、边记录修复收藏，同时进行研究、教学、展示，集多种功能于一身，充分体现了博物馆的综合性能。

在法国南端紧邻地中海的佩皮尼昂市附近30余公里的都达瓦勒小镇，坐落着一座十分著名的博物馆，名为“欧洲史前历史研究中心”，是一个展示与研究高度结合的博物馆。该馆建于1975年，选择在此地建设博物馆，是因为考古学者在小镇附近发现了一个遗存丰富的史前山洞遗址。山洞位于一座山崖之下，周边林木葱茏，碧水环绕，景致十分优美。我1998年12月至此，听说此洞的发掘工作已进行了30年。法国学者考古十分耐心细致，用时极长，此前曾参观过另一个由尼斯史前历史研究所主持发掘的旧石器时代早、中期山洞遗址，也是挖了30多年，出土文物有婴儿头骨、动物标本和5万余件石器。参加发掘工作者除了专职考古人员之外，每年夏天要接受100多位学生到遗址工作学习两个多月，还有其他志愿者。工作人员如此众多，可是每年只掘土4厘米！都达瓦勒山洞遗址也是如此，发掘研究与教学展示相结合，所以工作进行得很认真、很精细，发掘慢不要紧，关键是要及时处理好出土文物并发表研究成果，利于更多的学生和民众学习参观。据说一到夏季，都达瓦勒山洞遗址附近河边草地便会搭起许多帐篷，以供前来学习工作的学生和志愿者居住。博物馆建在距离山洞遗址不远的小镇旁边，馆址原来是一座小山，建馆先把小山推平，馆舍建成后，再在部分屋顶之上覆盖土壤，种上树木，这样不仅节约了土地，保护了环境，而且冬暖夏凉，自然室温冬季可达到14℃，夏季22℃，湿度55%，大大减少了空调使用量。展馆分为两层，错落有致，简洁明快，与周围环境极为协调。博物馆全部面积3700平方米，展厅1700平方米，藏品室和实验室分别为1000平方米。藏品来自法国地中海沿岸地区的180个遗址，多达30万件。专职人员很少，一个馆长，4个行政管理员，4个业务负责人，10个技术员，另有30个住在巴黎等地的兼职教授，每年轮流到此授课。在我参观该馆时，虽然是冬季，仍然见到40余位博士生、实习生及研究者，他们来自不同国家，有的是攻读学位，有的是学习相关技能，有的从事研究。该馆主要研究地中海史前历史，研究内容分为气候、人类、动物、植物、石器等门类。观众每年15万—20万，参观除了现代化的展厅、影像室之外，还可以进入实验室，观看头骨、陶器等的修复和器物仿制；有兴趣者，还可以前往山洞遗址参观，近距离接触考古发掘现场。馆内设有休息室，面积虽然不大但十分优雅，又有各种书籍、图片和仿制文物等出售，很受游者欢迎。参观这样的博物馆，感觉特棒，临别时我索要了该馆相关资料，真希望有一天能在国内用上派场。

杨：这么好的博物馆，有机会一定去看看，免得夜郎自大，傻乎乎"知足常乐"！

尹：俗话说见多识广，要开阔视野增进知识就得多看多学习。参观法国的博物馆，于我而言，还有一个山村的生态自然博物馆是不能不提的。由尼斯史前历史研究所主任RAYBAUD女士陪同，从尼斯市向西南驱车数十公里进入比利牛斯山区，盘山而行，道路渐窄，森林稀少，山峦高耸，在冬季的寒风中，感觉荒凉而萧瑟。我们参观的目的地，是坐落在大山深处的一个村庄。虽然崎岖不平，但房屋错落，石墙红瓦，石径通幽，别有一番风景。村长是一位50开外热情好客的男士，他先带我们去看建于村中的一个小型博物馆，打开房门，生产生活用具和民俗器物琳琅满目。房屋分两层，展品陈列于数个房间，虽然没有现代化的展示设施，但是分类有序，配置得当。村长详细介绍讲解，我们听得津津有味。一个多月来所到之处参观的都是现代化的博物馆，那日跑到乡下突然看到法国农民的"原生态"展示，对比强烈，兴味盎然。出得展馆，遇见有人遛狗，村长介绍那是住在该村的外国人。该村不大，全村只有110人，不过却有美

由尼斯史前历史研究所主任RAYBAUD女士陪同考察法国南部历史文化遗产

国、德国、比利时、意大利、澳大利亚、希腊等13个国家的艺术家常驻于此，令人惊讶。更使我惊讶的是，在一干老外艺术家之中，居然还有一位来自中国广州的画家，他叫吕锡荣，40多岁，10多年前来法国，在巴黎认识了村长的女儿，恋爱结婚，做了村长的女婿，此后半年在巴黎，半年来山村居住。听说来了中国学者，赶来陪同，滔滔不绝地介绍情况，显得异常兴奋。我问外国艺术家们为什么会来这么偏僻的山村居住？吕说1968年，以比利时为首，整个欧洲发起了亲近自然、回归农村的运动，许多年轻人放弃城市来到农村生活。这里虽然偏远，但是没有巴黎等大城市的喧闹，非常宁静，村民朴实，生活也便宜，村里每周举行一次舞会，也不感到寂寞，搞美术的人就喜欢这样的环境。该村博物馆建于1986年，名为自然生态博物馆，即国内博物馆界所说的生态博物馆。每年春、夏时节，来此参观的游人和学生很多，参观的内容除了刚才看过的小博物馆和另外一个距离不远的铜矿博物馆之外，还有许多有意思的参与性活动，如参加种大麦、种树、修筑梯田、耕地、磨面粉、做面包等等，以真切体验传统的生活和生产方式。自然生态博物馆由村民管理经营，每年国家支持50%的经费，其发展与外界社会的支持分不开，仅尼斯一地，就有300人的志愿者组织，他们经常来村帮助工作，成为自然生态博物馆持续发展的重要支撑力量。

杨：您后来做的云南民族文化生态村就是这种模式。

尹：是啊，多年来我特别想做的就是这样的自然生态博物馆。在那个山村参观，使我很受启发和鼓舞。不过我国的情况毕竟不能与法国相比，我们的农村，特别是边疆少数民族村寨与他们差距太大了。村长请我们去他家做客，其房屋建筑及其家中的卫生、厨房、电器等设施，与巴黎市民的住家几乎没有区别，完全是现代化水平。其时我们还比较落后，与之相比，当时我在昆明的家就显得很寒酸，我这个教授尚且如此，农村就更不用说了。文化事业的繁荣兴旺必须有坚实的经济和人文基础，那是强求不得的，何况博物馆天生就是“嫌贫爱富”的角儿，太穷办不了，非要勉强办也成不了气候。当时对此有初步认识，但是不深刻，真正理解，是在做民族文化生态村后。

杨：据说日本的博物馆也相当不错。

尹：从1979年至2008年，30多年间，我看了日本上百个博物馆。日本从明治维新开始，便积极引进包括博物馆在内的西方文明。从20世纪60年代开始，经济腾飞，一跃而成为世界第二大经济体，国家和国民富裕了，博物馆事业便趁势蓬勃发展，成为可与西方发达国家比肩的博物馆强国。日本从北部的北海道到南端的冲绳，各府道州县，都有很像样的现代化博物馆。而且博物馆类型非常多，由国家、企业、社团、家庭、个人兴建管理的综合馆、专业馆、专题馆、室内馆、野外馆、名人馆、遗址馆、资料馆、传承馆等，应有尽有。东京也像巴黎一样，是博物馆荟萃之地。上野公园的几个国家博物馆以及城郊的国立历史民俗博物馆，均十分著名。大阪万国博览会公园也和上野公园一样，坐落着多座博物馆，其中的日本国立民族学博物馆，是我工作过的地方，所以想多说几句。

我1990年受日本国立民族学博物馆原馆长佐佐木高明先生和该馆教授周达生先生的邀请，作为客员研究员赴该馆从事合作研究。该馆展示全世界各大洲的民族文化，其展品之丰富多彩、展示方式之独到先进、展示内涵之博大精深，就我看过的所有人类学民族学博物馆而言，没有一个可以与之相比。该馆何以能达到这么高的水平？有多种因素，而相当重要的一条，就是该馆具有强大的研究阵容和学术资源基础。你如果有机会访问该馆，可去馆员成果陈列室一看，大排的书柜里依次排列着馆长和每个馆员到馆工作后出版的著作，多者数十种，少者也有三五种，看到这样的阵势你就知道该馆的分量了。其时该馆设有5个研究部，有人类学民族学学者80余人（工程技术和艺术专家等不算在内），学者们都有自己长期调查研究的地

在日本国立民族学博物馆合作研究期间拜会梅棹忠夫和佐佐木高明两位馆长

域或领域，足迹遍布全世界。该馆学者与大学和科研机构的学者有些不同，他们除了从事田野调查、研究、著述、培养研究生之外，还要征集文物、策划展览、面向市民讲座、普及文化知识等。具有一流的研究，必然有一流的文物和展示。举一个例子，该馆有一位名为江口一雄的教授，是非洲研究者，他能讲英语、法语、中文、越南文和研究地原住民的语言，数十年在非洲部落从事调查研究，被部落酋长和原住民视为朋友和亲人。他曾告诉我，他收集的文物常常是用集装箱运回日本，他调查录制的原住民的口头传承、家庭婚姻、生育教育、信仰宗教、祭祀仪式、生产生活以及节日歌舞等的录像资料带，多达数百盘，他说后半生要研究整理这些资料，计划写100多部书。研究扎实、精细、执着、玩命，积累自然深厚广博，展览也就好看和深沉。记得是2006年吧，江口教授来云南，想看看云南的温泉，看到他还是那副气壮如牛的架势，想来长寿没有问题，不料不久传来噩耗，江口教授与同事集会喝多了酒，回家乘地铁摔倒不治身亡。江口教授倏然仙逝，其储备巨丰的学术大厦也随之轰然坍塌，损失无法弥补，实在令人痛惜！

杨：这样的教授，走一个带走一方知识，后人很难超越，何况文化变化那么快，许多东西再想调查是不可能了！日本乡村也有生态博物馆吗？

尹：日本的社区和乡村博物馆，大多叫民俗博物馆、民俗资料馆、乡土资料馆。此类博物馆多为地方政府所办，也有社团和民办的，作为服务于当地社会和民众的文化设施，一般都管理的很好，通常妇女和学生去的最多。我到日本各地旅游，第一个选择的去处就是此类博物馆和资料馆，看过之后，对于当地的历史文化、名胜古迹等基本上可以了然于胸。像前述法国山村那样的自然生态博物馆，日本也不少。著名者如位于日本中部岐阜县西北与富山县相邻的白山山麓白川郷。该村庄坐落在一个海拔约400米的小盆地内，进入白川乡，首先映入眼帘的是一幅由葱茏苍翠的山峦、蜿蜒清澈的小河、秧苗嫩绿的稻田和一栋栋造型奇特的茅屋所组成的自然、清新、恬静、优美的田园聚落，让人感觉好像到了世外桃源。北川乡最大的特色，是称之为“合掌造”的民居建筑。所谓“合掌造”，是指房屋的歇山式人字形屋顶构造，那是用粗大木材建构梁架，然后铺盖修葺很厚的藁草，巨大的几乎垂到地面的藁草屋顶，形状就像两个手掌合在一起，所以叫作“合掌造”。这种别具风格的建筑，是当地人适应冬季严酷的大雪气候所创造的杰作。1976和1994年，白川乡一带的“合掌造”集落两次被国家有关管理部门选定为“重要传统建筑物保存地区”。1995年，白川乡进一步整合名为“白川郷·五箇山合掌造集落”，被联合国教科文组织评选为世界文化遗产。成为世界文化遗产之后，名声远扬，参观者急剧增加，旅游业迅速发展。为满足游客的需求，村民们积极整理发掘传统文化，并利用独特的自然资源，创造性地开发旅游项目，以充分展示世界文化遗产的内涵。例如创建“野外博物馆”，馆区有寺庙、厩舍、作坊等建筑，有烧炭、织布、染色、打荞麦等传统工艺展示。又如将一些大型合掌造家屋开办为家庭博物馆、民俗馆和民宿旅馆，内部陈列数百年保存利用的生活设施和各种民具，琳琅满目；游客可以预约住宿，夜晚与主人围火塘而坐，吃当地特色料理，与主人聊风土人情，其乐融融。每年 4 月中旬至 5 月中旬，专门为学生开办“青少年旅行村”。草屋保护防火第一，消防训练也被当作旅游项目，11月上旬，全村统一按时放水检查储水设施，水柱就像无数喷泉，水幕与周围山峦红叶映衬，别具情趣。12月至翌年 2 月，大雪覆盖，银装素裹，犹如童话世界。独特的人文景观和变换无穷的自然景色，每年吸引着大量摄影“发烧友”，于是各种摄影比赛和展览活动也便应运而生。此外，如果参观时间凑巧，还能看到村里按传统举行的延续了1300多年的岁时祭祀活动。村中没有酒吧、没有餐厅，没有叫卖声，没有刺耳的音乐，商店偶尔可见，然而却不见主人，由游客自行取货付钱，民风如此淳朴，与我国某些借文化遗产之名大行商业买卖之实的所谓文化遗产地截然不同。民居博物馆、民俗馆和经营民宿的农家，均无浮华俗气的装饰，也没有故作神奇、虚假夸张的伪民俗假艺术，室内一切如旧，真实自然，弥漫着浓郁的生活气息。游客排队买票，脱鞋鱼贯入内参观。屋内梁柱壁板家具，洁净乌亮，榻榻米干净柔软，现代家电和浴室设施与历尽沧桑岁月的陈年老屋融为一体，给人以强烈的古朴、精致、洁净、舒适之感。民宿三餐饮食，是当地特色料理，菜肴和口味甚佳，更重要的是食品生态、卫生，游客完全不用为饮食安全发愁。村里的所有管理者和经营者，均为村民，村民是文化遗产真正的创造者和拥有者，是当家作主的主人公。他们自主制定并坚守着老房子“不卖、不借、不破坏”的原则，淡定自尊，尽心保护祖先留下的文化遗产，悉心呵护美好家园，这样的村民值得尊敬，这样的世界文化遗产名副其实，这样的生态博物馆确实令人向往。

杨：元阳哈尼族的蘑菇房、西盟和沧源等地佤族的草房，造型也很美，可惜基本上消失了。

尹：是啊。哈尼族、佤族等的茅草房不仅美，而且冬暖夏凉。不过我们少数民族的草房质量较差，缺陷多，不适应现代生活，需要改良。遗憾的是，有些人的思维里只习惯“不破不立”“大破大立”，而不喜欢“改良”这个词，对茅草房也一样，毫无改良的余地，云南的茅草房顿时灰飞烟灭。沧源县的翁丁村，现在受到全国游客的青睐，成为当地乃至云南的一张响亮的“名片”，原因就是整体保留了茅草房。翁丁村“虎口余生”，应了一句俗话，“大难不死必有后福”。近几年，文化、旅游、科研等部门评选的“××遗产”“××基地”各种荣誉牌子忙不迭挂到这个“最后的原始部落”里，开发商更是没有闲着，让村民应接不暇。

话归正传，再接着说日本的博物馆。2008年在日本工作，3月25至29日，受日本岩手县盛冈市民俗文化学家名久井文明先生和夫人名久井芳枝女士的邀请，我与妻子从东京赴岩手县访问，同行者还有名久井文明先生夫妇在东京工作的女儿井田绫。短短5天时间，由名久井文明先生驾车，他们一家人陪同，冒着纷纷扬扬的雪花，到岩手县考察博物馆，先后去了具有相当规模的岩手县立博物馆，当地著名的日本酒厂体验馆，汇集了制铁、制陶、竹编、糕点制作等十几种传统工艺和传统民居“南部曲家”的“手工艺村”，云石町历史民俗资料馆，川舟传统民家，私立“一休博物馆”，碧云寺博物馆（该馆由88岁的碧云寺住持大田视电创办，被国家指定为“重要文化财产”，即国家级文化遗产。大田住持从30岁开始收集文物，至今收藏的宗教文物已达15000余件，陈列分为5个展室。在该馆还遇到一个中国女性管理员，颇感意外），县立农业展示公园（内有农业研究的相关展示、农业博物馆、儿童体验室等），花卷市石鸟谷历史民俗资料馆，北上市立博物馆，南部杜氏造酒传承馆，川井村北上山地民俗资料馆，水产科学馆，共计13个馆、园。名久井文明夫妇长期从事文化遗产的研究传承保护工作，与博物馆界建立保持着良好密切的关系，多亏他们有那么多的关系和资源，我们才得以在如此短暂的时间内参观了这么多的博物馆。岩手县与东京、大阪等地相比，应该算是比较偏僻的地方，然而其博物馆等文化事业如此发达，令人感慨，而名久井文明夫妇对传统文化的热爱、执着，更令人感动！该夫妇数十年在当地各大中学校教授民俗文化和文化遗产保护课程，不仅讲方法理论，更注重实际技能的培养。除了教学之外，他们还常常参与博物馆和各种文化事业的建设。例如川井村北上山地民俗资料馆就是他们夫妇二人支持创办的。川井村名为村，实则是一个大行政区，辖地甚广。资料馆属于村教育委员会管辖，工作人员仅为一名女士，是名久井文明夫妇的学生。资料馆分为两部分。一是“木之博物馆”，名为博物馆，实际是在北上山地规划出一片森林，让游人进山参观，同时配以视频讲解器，视频里出现一个动画老人充当“馆长”，沿途讲解古树花草，趣味盎然，把大自然开辟为“博物馆”，很有创意。二是实物资料馆，资料馆收集了生活生产和民俗器物3000多件，贮存于一个废弃的校舍内，供参观和研究者利用。为了使实物资料得以长期保存，名久井芳枝主张采用传统制图方法测绘器物，数年间她无偿投入大量时间，和她的学生一起，绘制了北上山地民俗资料馆收藏的大量资料。为了表彰名久井夫妇的

由民俗文化学家名久井文明先生和夫人名久井芳枝女士陪同考察日本东北乡村及博物馆

贡献，川井村教育委员会特将名久井芳枝聘为北上山地民俗资料馆的名誉馆长。我在岩手县的参观，时间虽然短暂，但是印象极其深刻，看到的许多新东西让人长见识受启迪，而最让我难忘和感动的却是名久井夫妇对文化事业的挚爱和无私奉献。我们交谈了很多，他们从骨子里透出的学者的纯粹和执着精神使我深受感染。在回程的列车中，他们的女儿井田绫不停地向我请教学习汉语的问题，看着她那样认真和一丝不苟，大脑很自然蹦出一句话：有其父母必有其女。我不禁感慨：一个民族文化的传承，文化遗产的传承固然重要，而更重要的恐怕还在于人的优良素质和品质的传承。

杨：现在我们的素质问题确实太突出，别的不说，从参观博物馆的人员数量和行为就深有体会。当然事物也在变化，现在博物馆学生来得多，市民带孩子来的也多，是个好现象。

尹：博物馆的一个重要功能，就是传播文明、提高国民素质。加拿大渥太华的国家博物馆，就叫文明博物馆，这个馆也值得一说。我们知道，加拿大的原住民是印第安人，白人及其他移民是后来的殖民者和建设者，所以加拿大历史最悠久、最著名、最精彩的传统文化乃是印第安人的文化。因为如此，所以国家文明博物馆最值得看最吸引人的就是印第安文化展示。该馆收藏展示印第安人的文化有一点特别值得注意，那就是充分尊重印第安人对自己文化的认知、解释和态度，具体表现如下：一是从事展示内容和形式设计的人员均为长期研究印第安文化的专家，对印第安文化具有深入的理解；二是所有相关展示均注意听取印第安人的意见；三是既重视印第安传统文化，也重视印第安文化的发展创造，有的展室就专门展示当代印第安艺术家的作品；四是在藏品库里保存着几件特殊的宗教圣物，圣物不对外展示，而是专门为印第安人保存，只有在他们需要的时候才取出来供奉祭献；五是该馆的建筑设计方案系出自一位具有国际影响的著名印第安建筑学家道格拉斯之手，道格拉斯不仅是建筑学家，还是本民族的宗教头人萨满，让原住民专家设计国家博物馆，在白人世界恐怕是绝无仅有吧。我们访问加拿大是受渥太华大学国际跨文化研究中心主任玛瑞教授和李强教授的邀请，两位教授是印第安文化研究资深学者，与印第安原住民、部落酋长和学者关系密切，国家文明博物馆的建筑设计者道格拉斯也是他们的好朋友，仰赖这层关系，参观文明博物馆受到很高礼遇，不仅馆长接待，而且道格拉斯和夫人还专门前来为我们讲解其设计的宗旨和哲学理念。我虽然不懂建筑，但是该馆建筑造型的奇、美以及深沉的意蕴，令人印象深刻、过目不忘。设计国家文明博物馆让道格拉斯享誉世界，而其另一个斩获世界大奖的杰作则是加拿大北部一个名为库克的印第安文化生态聚落的规划设计。承蒙李强教授精心安排并亲自驾车，我们从渥太华驱车十余个小时，去了挨近北极圈的库克部落，短短数日的经历完全是一种从未有过的新奇而亢奋的体验。记得那里的天空特别湛蓝，环境特别静寂，道格拉斯设计的造型各异的木造建筑聚落简直就像一个童话世界：有风格简洁严谨的行政管理中心，有气势非凡的博物馆，有错落有致的排排民居，有特色浓郁的旅馆，还有数栋作为向游人展示的原始地穴式茅草屋以及其他文化遗存等。游人在该部落参观体验的内容很丰富，除了可以去现代化的博物馆里观看实物和录像、参观印第安老奶奶制作玩偶等工艺品之外，还可以在原始住屋里品尝印第安人的传统饮食，在村落里观看妇女如何侍弄婴儿，和猎人进山观察体验采集和狩猎的种种知识；入夜了，则被安排随一对老年夫妇进入一座原始的圆形地穴茅屋内，随意躺坐于铺着干草的地上，围着火苗跳动的篝火，静静地聆听两位老人说故事、唱民歌，印第安古老的语音如诉如泣，让人忘怀沉醉，犹如置身梦幻……

访问加拿大国家文明博物馆与博物馆设计大家道格拉斯和渥太华大学玛瑞教授合影

杨：这种经历太难得了，好羡慕！印第安部落也积极开发旅游吗？

尹：我们去了两个部落，靠近魁北克的部落旅游事业较为放发达，有印第安文化主题公园等，而库克部落的旅游是有限制的，那里的重点，是放在

访问加拿大挨近北极圈的印第安库克部落博物馆和文化中心

文化保护传承上，建设和保护所需经费主要靠国家投入。

杨：最近几年，我国国家民族事务委员会也增大了对少数民族地区文化事业的投入，要给每个民族建设一个博物馆。

尹：是啊，现在民族文化的保护和传承越来越受重视。可是十多年前情况可没这么好，想建设博物馆，尤其是乡村的民族博物馆可以说是困难重重。

杨：您那时倡导搞云南民族文化生态村想必十分困难？

尹：困难远远超出想象。记得是在1992年我在基诺山调查，基诺族的长老之一沙车对我说，希望帮助他们筹措一点资金，在他的老家巴夺寨建一座“仪式房”，趁他们几位长老还在世，赶快把基诺族的各种传统祭祀仪式传给年轻人。我觉得这个设想非常好，应该积极支持，于是到处想办法找关系，可是折腾了几年毫无结果。直到1998年，云南省提出建设民族文化大省，传统文化受到关注，我筹划了云南民族文化生态村建设课题，写了课题申请书，通过努力，获得了美国福特基金会的资助。这笔资助很珍贵，我们前后有100多个师生使用这笔经费做了田野调查研究，实施了各项行动计划，云南民族文化生态村及其博物馆的建设才得以实现。不过福特基金会的资助只有出差调研、举办培训、能力建设、文化传承、出版成果等“软件”经费，而没有硬件建设的经费，建设博物馆没有馆舍和展品不行，所以还得多方寻求资金。几经努力，巴卡小寨基诺族博物馆的主要建设经费得到了日本著名舞蹈家戴节子女士和日本友好人士工藤市兵卫先生的慷慨捐助，这两位著名人士曾为中日友好和文化交流作过很多贡献，我们应该永远铭记他们！和顺弯楼子民居博物馆建设我找了时任腾冲县的县委书记，就腾冲的文化建设我们聊了一个晚上，谈得愉快，我乘兴提出计划，他爽快拍板，经费就这样解决了。南碱花腰傣传习馆建设主要靠村民人力物力的投入，部分经费由我们节约的课题费开支。此外，我们还为丘北县仙人洞村彝族撒尼人设计了撒尼文化博物馆，协助西双版纳州委宣传部建设了勐海县章加寨布朗族博物馆等。

杨：这些博物馆应该是我国少数民族乡村最早的博物馆，难能可贵，意义重大。

尹：这几个博物馆建成之后，确实产生了影响，参观学习的人不少。不过，博物馆的建设不像学者写书写文章，写了发表就完事，借用毛主席的话说，博物馆建成“只是万里长征走完了第一步”，管理、运作等大量重头戏还在后头，而且就像我在前面戏称博物馆乃是“嫌贫爱富的角儿”，如果没有足够的资金支撑和后续投入，那么即使建成了也难以维持。你还记得吧，昆明第一家民办博物馆“翰荣轩博物馆”开馆时是多么风光热闹，以它的规模和实力，维持下去应该没问题，然而没想到才短短几年便难以为继，关门倒闭了，昙花一现，让人惋惜！现实是残酷的，是不以我们的良好意愿为转移的。上述我们建设的几个博物馆，开馆之初红红火火，一片褒奖之声，而在我们的课题结束之后，情况便发生了变化。基诺族博物馆和南碱花腰傣传习馆，我们原来致力的目标是“村民主导”，希望村民发挥主动性、依靠自身的力量运作管理，然而事实说明我们理念确实过于超前，课题结束课题组的专家们走了，村子里经过培训的年轻人也陆续进城打工去了，博物馆没有进入政府体制，享受不了政策，成了“没娘的孩子”，再往前走就不知道应该怎么办了。腾冲和顺弯楼子博物馆则是另一番景象，整个和顺被柏联集团收购，弯楼子博物馆也在其中，成为收取门票的参观点，和旅游结合，算是有了一条生路。想当初为了建设弯楼子民居博物馆，我多方奔走，甚至跑

受考古学家金秉模先生邀请考察韩国各地博物馆和文化遗产

到缅甸仰光等城市找到弯楼子在国外的诸多房屋主人，不厌其烦地给他们讲解传统文化保护的意义，说明建设博物馆对家乡发展的好处，终于得到了他们的理解与支持，一致同意无偿提供房屋以及收藏的家具和生活用品，供建设使用。后来博物馆建成了，成就感着实让我们快乐了一阵子。然而天有不测风云，没料到不久之后和顺经营权就被卖给了企业，弯楼子民居博物馆随之沦为旅游企业赚钱的工具。不过俗话说谋事在人成事在天，在商品经济的大潮里，企业家才是真正的弄潮儿。换一个角度看，让旅游业多一些博物馆文化少一些购物活动，也未尝不是一件好事。总之，任何事物的发展都有一个过程，文化遗产保护、社会文化意识增强以及文化事业的发展，是急不得的，还是我们常说的那句话：道路是曲折的，前途是光明的！

杨：听了老师对博物馆的考察经历和课题介绍，就博物馆而言，看来我们与发达国家还存在着不小的差距。

尹：差距存在，不可夜郎自大，但是差距正在缩小，而且我们也有优势。只要不折腾，社会经济文化进一步发展，中国的博物馆事业一定会更加繁荣昌盛。

（此文原为民族文化生态村建设通讯资料。）

为伊消得人憔悴

——谈文化保护

采访者：《中国民族报·理论周刊》记者

时　间：2009年1月

地　点：昆明

记者：尹老师，作为生态人类学研究领域为数不多的拓荒者之一，您可否介绍一下民族文化生态村建设项目的提出是基于怎样的考虑？

尹绍亭（以下简称尹）：民族文化生态村的建设，是我们在1997年提出的一个以人类学为主、包括其他学科参与的应用研究开发项目，是一个以地域和民族文化的保护和传承为主旨，由住民、政府和学者等相关群体参与建设的行动计划。

这一项目的提出，可以说是经历了长期的思考、调查、研究的过程。关于地域和民族文化的保护与传承，并不是一个新的问题，它从来都是文化事业和学术研究的一个重要组成部分。随着中国进入体制改革、发展市场经济和现代化建设时期，以及席卷而来的全球化浪潮，在“文革”中破坏严重、残缺不全的地域和民族文化又面临巨大的冲击和新的挑战。地域和民族文化在以往被丑化、消化、同化、涵化的基础之上，又被严重地异化、伪化、商化和造化，显然，民族文化的保护传承与重建，已是刻不容缓，必须提到国家的重要议事日程之上。作为从事文化遗产保护和地域文化、民

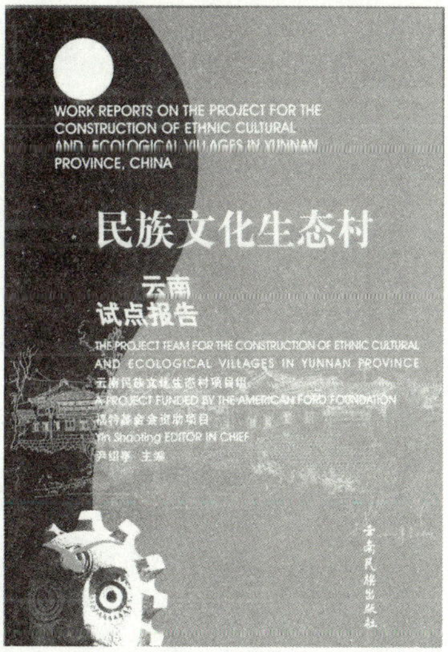

《民族文化生态村——云南试点报告》

族文化研究的学者，对此当然责无旁贷。国家需要决策的参考依据，社会需要认识和行动的理论，民间需要建设的参照和经验，这些都有待我们去实践、探索、研究和总结。建设民族文化生态村，就是在这样的背景之下，出于使命感而产生的理论研究和实践应用相结合的开拓性项目。建设民族文化生态村，从文化事业的角度看，意在探索地域和民族民间文化以及文化遗产保护传承的新途径；从学术的角度看，是以人类学为核心的多学科结合的应用研究的新课题；从现代化建设的角度看，则可为国家实施的社会主义新农村建设发展战略提供参考性的理论方法和经验。

记者：您可以给民族文化生态村下一个定义吗？

尹：我们认为，民族文化生态村，是在全球化的背景下，在中国进行现代化建设的场景中，力求全面保护和传承优秀的地域文化和民族文化，并努力实现文化与生态环境、社会、经济的协调和可持续发展的中国乡村建设的一种新模式。

这个定义有几个关键词值得注意：

一是“全球化”和“现代化”。所谓“全球化”，简单说是指全世界趋向于同一的潮流；所谓“现代化”，通常的意义是指传统社会向工业社会的进化。大量事例说明，在全球化的巨大影响之下，在追求现代化的过程中，人们往往自觉或不自觉地以牺牲地域和传统文化以及文化的多样性为代价，结果便难以避免社会发展的不和谐和不可持续，这是面对全球化和现代化所必须给予足够重视的问题。

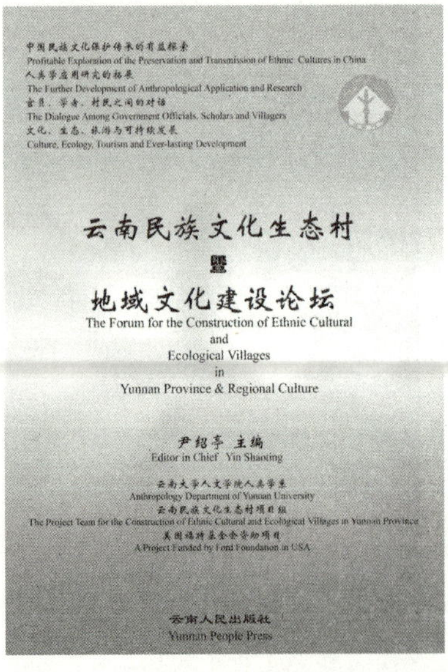

《民族文化生态村暨地域文化建设论坛》

二是“文化保护与传承”。全球化的特征是以强势取代弱势，以同一化取代多样性；现代化在很大程度上是以工业文明为标志，工业文明的特征则是以牺牲传统伦理道德、生态环境和自然资源等为代价的技术物质至上主义。它们都存在着吞噬、排斥和否定传统文化及文化多样性的可能性和危险性。在这样的背景下，积极宣传并努力进行文化保护传承，意义重大。这就是民族文化生态村为什么要把“地域和民族文化保护传承”作为其主要的建设目标的原因。

《民族文化生态村——当代中国应用人类学的开拓·理论与方法》

三是“协调和可持续发展”。现代化建设强调以经济发展为中心，然而仅有经济的发展是不够的，是残缺不全的。社会、经济、文化、生态环境是一个有机结合的整体，不可割裂和偏废，只有齐头并进，和谐共生，才可能持续发展。党的十六大提出了构建和谐社会的伟大战略方针，民族文化生态村的建设，便是贯彻执行这一伟大战略方针的一个具体的行动计划。

四是“乡村建设”。中国是一个乡村社会，乡村是社会的“细胞”。只有广大乡村发展了、和谐了，国家才能够发展和谐。所以民族文化生态村着眼于乡村建设，希望做出乡村发展的典型和示范，并在广大乡村进行推广，从而对国家的和谐发展作出贡献。

记者：文化并不是孤立的事物，事实上它与社会经济生态是一个不可分割的整合体，没有经济基础，没有社会的进步，就不会有文化的发展和繁荣。项目组在制定建设目标时，对此是怎样考虑的？

尹：从事民族文化生态村的建设，进行民族文化保护，既要有综合的关照和整体的思考，也不能脱离中国特定的时空条件。为此，我们拟定了建设民族文化生态村应该努力实现的6个基本的目标：一是具有突出的、典型的、独特而鲜明的民族文化和地域文化的特色；二是具有朴素、醇美的民

民族文化生态村建设项目组部分成员

俗民风；三是具有优美良好的生态环境和人居环境；四是摆脱贫困，步入小康；五是形成社会、经济、文化、生态相互和谐和可持续的发展模式；六是能够发挥示范作用。在这6个基本目标之下，我们还制定了由若干层次的目标组成的目标体系。包括村民热爱本地区、本民族的文化，具有较高的文化自觉性；建立由村民管理、利用的文化活动中心；依靠村民发掘、整理其传统知识，并建立传统知识保存、展示和传承的资料馆或展示室；建立行之有效的可持续的文化保护传承制度；主要依靠村民的力量，改善村寨的基础设施和人居环境；改善传统生计，优化经济结构；有一批适应现代化建设、有较高文化自觉性、有开拓和奉献精神、能力强的带头人；有比较健全的、权威的、和谐的世俗和行政的组织保障；有良好的、可持续的管理运行的机制等。为了实现上述6个基本目标，我们制定了以下实际运作的步骤：

第一，选择试点。听取当地政府的意见，重视村民的意愿，把握文化生态资源状况及经济发展水平，考量村寨的区位和交通条件等。经过调查研究，我们在云南省选择了石林的月湖村、景洪市的巴卡村、丘北县的仙人洞村、腾冲和顺乡和新平县的南碱村共五个村寨作为文化生态村建设的试点。

第二，深入进行文化生态资源调查。项目组由人类学、历史学、社会学、民间艺术、博物馆、建筑学、生态学、植物学、地理学等学科的学者组成，调查除了运用各学科的调查方法之外，还特别强调参与性调查方法的应用。

第三，制定行动方案。根据调查，和村民一起分析本村文化和生态资源的特点，找准重点，确定目标，制定长远发展目标和近期具体的行动计划。

第四，培训。就理念培育、组织建设、能力建设、技能学习等举办各类培训班。此外还利用村民习惯的开会形式，进行讨论和学习。

第五，机构建设。支持建立由县、乡、村行政干部和世俗权威人士以及民间积极分子组成的文化生态村建设管理委员会，充分发挥老年、妇女、青年组织参与的积极性和各自的特殊作用。

第六，建立文化中心。支持建设博物馆、传习馆、活动中心，使之成为村民开展文化活动、进行文化传承、举行节庆活动的场所和对外展示的窗口。

第七，开展文化传承活动。鼓励、支持恢复传统节庆活动和宗教仪式，为民间艺人创造搭建技艺传承的条件和平台，同时支持村民创造性地开展各类文化传承和文化展示比赛活动。

第八，维护和优化生态环境。帮助村民进行传统民居的保护和改良，进行生态环境和人居环境的保护和重建；支持对神山、神林和其他自然资源的保护，支持发掘、传承自然资源利用、保护的传统知识，支持发展绿色经济。

第九，支持开发环保清洁能源。建设太阳能和沼气设施，减少对煤炭、柴薪和电力的依赖。

第十，改良生计形态。发展生态有机农业，降低化学农业的危害；种植经济作物、开创旅游业等，促进商品经济的发展。

第十一，参观交流。组织村民外出参观、学习和进行文化展演活动，支持试点村开展相互学习和交流活动，以开阔视野、提高境界、增强能力。

第十二，发挥示范作用。支持媒体对文化生态村进行宣传报道，支持地方行政机构举办各类研讨会、报告会进行宣传交流，鼓励试点村加强和周边地区的联系，并带动周边地区共同发展。

记者：从目前中国乡村的情况来看，实现上述目标似乎不是一件容易的事情，项目组都遇到哪些障碍和困难？

尹：众所周知，经过“文革”动乱，即便在边疆少数民族地区，要想找到一个文化和生态环境没有遭受破坏和污染、没有被异化和劣化的地方，已经十分困难。中国农村普遍存在的深度贫困的状况，既是文化退化、衰落的重要原因，也是生态环境遭到破坏和人居环境恶劣的根源。在文化破坏、信仰崩溃、规范失调、环境恶化、严重贫困的基础上，又突然被施以强势的市场经济的金钱价值观，由此形成的极为短视和功利的氛围和思潮，不仅会形成强大的文化和环境保护的抗拒力，而且很可能导致新的更为严重的对文化和环境的破坏。

上述两个层次的目标，内在联系紧密，相辅相成，是一个综合性的系统工程，系统之中任何一个或几个目标的短缺或不足，都会影响其他目标的实现，从而导致整个系统工程的紊乱甚至失败。建设民族文化生态村，是由学者提出并运作的项目，然而民族文化生态村建设作为囊括了社会、经济、文化、环境、脱贫、发展等诸多要素的综合性的系统工程，仅靠学者的力量和努力，显然是远远不够和不可能实现的。它需要社会共建，尤其需要村民的主动参与和政府强有力的领导与支持。而要使政府和村民接受学者的理念，并将其转变为政府的政策行为和村民的自觉行动，涉及很多复杂的问题，要做很多艰苦的工作，而且还要有经受挫折乃至失败的充分的思想准备。

2004年5月，时任西双版纳州副州长刀林荫在巴卡文化生态村接见来访外宾

任何事物都具有两面性，民族文化生态村建设虽然面临诸多困难，然而积极的环境和条件也显而

易见。构建和谐社会、实施可持续发展战略、发展公益性文化事业、抢救和保护文化遗产、保护生态环境、建设社会主义新农村等已先后成为国家的基本国策和大政方针，具备这样的社会和政策背景，对于从事民族文化生态村建设无疑是非常有利的。

可以说，十年来我们取得了相当可观的成果，并被集中收录在由我主编的《民族文化生态村——云南试点报告》、《云南民族文化生态村暨地域文化论坛》、“民族文化生态村——当代中国应用人类学的开拓”丛书（6卷本）等书中。

记者：现在全国各地有许多农村也纷纷打出“民族文化旅游村”“民俗文化旅游村”“生态旅游村”等牌子，那么，民族文化生态村与民俗旅游村有哪些区别呢？

尹：两者之间的区别主要在于：一是目的不同。如前所述，民族文化生态村建设的宗旨是保护地域和民族文化，是旨在实现文化与生态环境、社会、经济的协调和可持续发展的乡村发展模式；而民俗旅游村是从事旅游经营的村庄，追求经济利益是它的主要目的。

二是理念不同。民族文化生态村建设主张把文化看作是民族的“根”和“魂”，是社会和谐的纽带，是人们精神的寄托和追求，其价值是不可用金钱去衡量的。不可否认，民族文化可以利用于旅游业，可以作为发展旅游业的“资源”，但旅游绝不是也远远不是文化存在的理由和全部价值之所在。但是在现实社会中，几乎所有的民俗旅游村都主张把文化当作发展旅游的“资源”，当作谋取金钱的“手段”，在他们的眼里，发展旅游就是民族文化价值的唯一所在。“文化搭台经济唱戏”这一流行一时的口号，便是这种文化观的集中体现。

日本黛节子舞蹈财团董事长黛节子女士多次带团到基诺山访问演出，并捐款资助基诺族博物馆建设

三是关注点不同。民族文化生态村建设重在提高村民的文化自觉和能力，重在文化的保护与传承，重在促进社会富裕、和谐和可持续发展机制的建设等；民俗旅游村则主要关注人文和自然旅游资源的开发，旅游设施的建设，旅游的宣传和促销，旅游效益的提高以及旅游者的文化消费心理和需求等。因此，为了迎合和满足游客的欲望，他们可以任意地复制和创造文化，甚至可以不顾一切地篡改和伪造文化。

四是建设主体不同。民族文化生态村建设主张在政府的领导支持下，在有关专家学者的指导下，依靠村民的力量，发挥村民的主导作用，建设自己的家园；民俗旅游村则往往是由政府旅游部门或者是由外来的企业或商家投资进行建设。在某些民俗旅游村里，资源的所有权和经营的主导权掌握在政府下属的企业或私人企业及商家的手中，村民参与的权力非常有限或者完全被排斥于权力之外，这是非常不合理的现象，它很可能会酿成矛盾和冲突。

五是建设内容的不同。民族文化生态村建设，着眼点主要放在民族文化的保护与传承上，放在文化事业和文化设施的建设之上；民俗旅游村建设的重点则是餐饮、住宿和娱乐的设施。例如时下的民俗旅游村都打“农家乐”的招牌，就是要千方百计地向游客提供具有农村风味的吃喝玩乐的设施，以招徕游客，赚取利润。

六是基础建设的差异。民族文化生态村主要依靠村民自己的力量进行建设，由于他们尚处于比较贫困的发展阶段，所以在短时期内不可能彻底改善环境，亦不可能迅速改变基础设施落后的状况，所以从表面上看，有的民族文化生态村几乎没有像样的建筑，村落景观也显得陈旧落后；民俗旅游村则不同，投资者往往投入巨资，大兴土木，建设楼台馆所，在短时期内便可使环境发生大的改变，推出良好的旅游设施，这是村民的力量绝对不可能做到的。

七是获利对象不同。民族文化生态村也主张发展旅游业，由于是村民自主发展自主经营，所以村民可以充分享受旅游带来的利益，例如我们的试点村仙人洞，村民既是旅游的主导经营者，同时也是利益的直接享受者；民俗旅游村则相反，最大的受益者往往不是村民，而只可能是外来的投资者和经营者。外来商人对于旅游地当然会作出诸多贡献，然而其负面的影响和作用却不可低估。总而言之，作为民族文化生态村，在村民的能力建设和村寨运作机制的建设均尚未成熟和完善的阶段，是不宜引入强势的企业和商家的。

日本友好人士工藤市兵卫夫妇由中科院邱华盛先生陪同到基诺山访问，并捐资建设基诺族博物馆

记者：那么，民俗旅游村和民族文化生态村之间有没有相互借鉴的可能？

尹：有啊。世界是变化的，任何事物都是发展的。改革开放30年来，民俗旅游村可说是应运而生，蓬勃发展，已经成为乡村旅游的一种重要形式和旅游界一道靓丽的风景。然而总的来看，我国现阶段的民俗旅游村还处在发展的初级阶段，层次低、条件差、粗放经营、服务不到位是其普遍的缺陷，这也就是为什么很多民俗旅游村昙花一现、不可持续的重要原因。事实业已证明，没有和谐和可持续发展的理念，没有民族文化和地域文化的支撑，没有真正的纯美的民俗，没有良好的生态环境，没有食品安全和清洁卫生，是搞不好民俗旅游村的。因此，我们主张民俗旅游村应该学习民族文化生态村的理论和实践，应该正确认识文化并努力保护文化，应该充分尊重村民以及他们应该享受的权利，应该努力提高经营者的素质和经营服务的水平，应该营造真正能够让游人放心、舒适、新奇、快乐的“农家乐”，只有这样，才有发展的保证，才能够获得最大的社会和经济的效益。同时，我们也主张民族文化生态村应该吸纳和借鉴某些成功的民俗旅游村的市场操作经验、促进市场发展的方法和机制、一些民俗旅游村失败的教训，在发展的过程中，也不排除有的民族文化生态村可能出现旅游至上、唯利是图的倾向，这并非空穴来风，应该防微杜渐、未雨绸缪。在民族文化生态村建设中所倡导的民族文化保护模式，是提倡文化的“就地保护”，即主张文化不脱离其产生、培育、积累、发展的环境，不脱离其创造者和拥有者，使文化在其植根的生态环境中，主要由当地人而非外来者来进行利用、保护、传承和发展。

记者：尹老师，“民族文化生态村”这个名称一经使用，便广为流传，许多进行旅游开发的村寨，也争相使用这个名称。您能解释一下“文化生态”的真正含义吗？

尹：“民族文化生态村”主张根据文化生态学的理论，以“生境适应”的原理去认识文化及其与生态环境的关系，并进行文化和生态环境的整体保护。通过文化的就地保护，文化与生态环境的和谐共生，文化与生态环境的适应互动促进社会的发展。我们可以从三方面来理解该词的含义：

首先，我们所说的民族文化保护，不是一般的提法和一般的做法。它既不像博物馆和图书馆那样，把物质文化集中到城市中进行收藏、展示和研究；也不像艺术家那样，去民间收集绘画、音乐、舞蹈、影像等各种艺术素材，利用其进行艺术的再创造；也不像研究者们通常所做的那样，通过田野调查，研究解释各种事项的文化意义，而是提倡文化的“就地保护”，即主张文化不脱离其产生、培育、积累、发展的环境，不脱离其创造者和拥有者，使文化在其植根的生态环境中，主要由当地人而非外来者来进行利用、保护、传承和发展。

其次，文化需要保护，文化所赖以生存的生态环境当然也必须保护。只重视文化的保护而轻视生态环境的保护不行，世界上因为生态环境的恶化导致文化的破坏和文明消亡的事例不胜枚举；反之，只强调生态环境的保护而忽略文化的保护也不行，许许多多的事例业已证明，一个地方的生态环境之所以保护得好，其实便是依靠

联合国大学校长访问文化生态村

了该地方的文化保护。所以，“文化”和“生态”虽然是两个概念，然而两者之间却有紧密的联系，只有使文化和生态和谐共生，才能达到有效保护的目的。

最后，在人类学中，“文化生态”是一个广为使用的概念，而且它代表着一个重要的文化理论流派——“文化生态学”（Cultural Ecology）。这个学说的倡导者是美国著名的人类学家朱利安·斯图尔德（Julian Steward）。文化生态学吸取了生态学的理论，认为人类与生态环境的关系，仍然是适应的关系，但是人类对于生态环境的适应却不完全属于生物适应的范畴，除了生理的遗传适应之外，还具有更高级更复杂的适应手段，那就是文化的适应。例如农耕民族，他们获取食物的方式并不是简单直接地向大自然索取，而是包括以生产技术为基础、以土地制度为保障、以宗教礼仪为调适手段的复杂的“文化适应”方式。将文化视为人类适应生态环境的生存手段，把社会发展、文化变迁视为文化与环境适应互动的过程，这就是文化生态学的“文化生态”概念内涵。

日本黛节子舞蹈财团常务理事长大野晃访问基诺族博物馆

记者：民族文化生态村建设的着眼点在哪里？

尹：人类千百年来创造积累的经验和智慧具有特殊的维护和调适生态环境的功能，它们形成于不同的地区和不同的民族，具有特殊性和多样性，所以被称之为“地方性知识”或“传统知识”，也可以叫作“生态文化”。它们也是文化与环境在长期互动的过程中，文化对环境不断适应的结晶。迄今为止已有大量的人类学田野资料证明，许多地区之所以能够长期保持良好的生态环境，很大程度上便是仰赖了当地人的“地方性知识”或“传统知识”的调适和维护功能。民族文化生态村建设致力保护的民族文化，就包含着各民族适应生态环境的这部分文化；而民族文化生态村建设所宣传和进行的生态环境保护，着眼点也主要集中于传统知识，即把发掘、整理、利用、发展传统知识和实现文化与生态环境的良性互动作为生态环境保护的主要目标。

民族文化生态村的5个试点，在20世纪50年代之前，都是生态环境极好、相关传统知识丰富而且富于特色的村寨。例如每个村寨都有神山、神林、神树、坟山等神圣空间的组合，有水源林、护寨林、风景林、经济林、用材林、轮歇林地等的规划配置，还有水源、水井、山泉、河流、湖泊等保护地。对于农业、畜牧用地，则有多种分类和相应的利用方法。而神圣空间的崇拜和不可侵犯、森林和土地等资源的精心保护和持续利用的知识、法规和措施，则体现于各种宗教仪式、社会活动、村规民约和习惯法乃至日常的家教言传之中。

令人遗憾的是，在盲目崇拜工业文明的潮流中，在疯狂追求物质享受的时尚里，它们像是被遗忘的弃儿，大都走到了消亡的边缘。有鉴于此，民族文化生态村建设所主张的生态环境保护，就是要认真总结迄今为止忽视传统知识、盲目开发和滥用科学技术等造成严重生态环境破坏的教训，努力发掘、整理、宣传、利用和发展传统知识，找到传统知识与现代科学技术知识的最佳结合点，创造出能够适应和满足时代要求的环境知识技术体系和环保伦理道德，从而恢复和重建良好的生态环境，实现可持续发展，建设美好的家园。

记者：在全球化的背景下，保护民族传统文化及其文化多样性的呼声日益高涨。然而，对于民族文化的保护，却有不同的认识。有人认为民族文化原始落后，不适应现代社会，应彻底抛弃；有人认为只有民族的才是好的，只有民族的才是世界的，所以应该全盘保护。有人认为民族文化中具有生命力的自然会延续，没有生命力的当然会被淘汰，所以没有必要人为地进行保护，也不可能保护；有人认为民族文化不仅应该保护，能够保护，而且要“原汁原味”“原生态”地进行保护。民族文化生态村所提倡的民族文化保护，和上述看法又有哪些区别？

尹：以上诸种观点和看法，都显得偏颇和极端，都有值得商榷的地方。

我们认为，民族文化保护应具备以下几个理念：

第一，任何一种文化，都有精华和糟粕之分。无论任何文化，其糟粕当然不应该保护，其精华则应该予以保护和继承，而不能随意破坏和抛弃。不过，对于“精华”与“糟粕”之分，必须慎之又慎。

第二，文化的精华又可以分为两类，一类是物质文化的精华，另一类是非物质文化的精华。物质文化的精华也可称之为物质文化遗产，历史文物和现代文化艺术精品即属于此类，它们具有宝贵的历史、文化、科学、艺术等价值，而且具有不可再生性。非物质文化的精华也叫非物质文化遗产，包括制度法律、伦理道德、行为规范、文学艺术、歌舞戏剧、宗教信仰、价值观念等，是一个民族的“根”之所在，“魂”之所依，保护的意义自不待言。

第三，民族文化必须而且能够保护，然而在许多情况下，提倡所谓“原汁原味”或者“原生态”的保护是不妥当和不科学的。理由之一，任何文化都有精华和糟粕之分，应该区别对待；理由之二，变化是一切事物的本质的特征，世界上没有一成不变的事物，也找不到一成不变的文化。据此可知，所谓“原汁原味”“原生态”的概念是含糊不清的，或者说是不科学的。“原汁原味”和“原生态”可以作为商业性的宣传、包装、炒作的用语，但是却不宜作为严肃的科学术语。

第四，讲民族文化的保护，还应该对“民族文化”有正确的理解。说到民族文化，通常便认为是某一个民族的文化，其实并非完全如此。所谓民族文化，往往还具有地域文化的内涵，它可能是一个地域若干民族文化的“杂交种”，亦可能是以一种文化为主的多种文化的融合体。所以，讲民族文化保护，不是闭关自守排斥他者的“保护”，而应该持开放的态度，尤其要注意避免“民族主义”的偏激和狭隘。

第五，民族文化保护强调对优秀传统文化的继承，然而仅仅守住传统是不行的，还必须积极吸收现代的优秀文化，进行文化的再创造。传统与发展，继承与创造，是对立统一的关系。只有使继承和发展、传统和现代相结合，文化才具有生命力，这就是我们所说的民族文化保护的正确含义。

第六，文化应该由谁来保护？从人类学的角度和从文化有效保护的角度看，地域文化和民族文化的保护，自然应该由这一文化的创造者和拥有者来进行保护。然而就中国目前的现实情况来看，由于承受着贫困等带来的种种压力，即使是文化的创造者和拥有者，也缺乏文化保护的自觉和热情，这并非是个别现象。所以，文化的保护要靠文化拥有者的自觉、热情和行动，但是还不够，还需要专家学者的参与，更需要政府的支持和投入。

第七，关于文化保护，有各种途径、形式和方法，对于地域文化和民族文化的保护而言，最有效的途径便是“就地保护”，就是主张文化在其植根的土壤里生长、开花、结果。而要做到这一点，仅仅提倡文化要在原生地保护是不够的，最重要的是要强调当地民众的积极参与，在此基础上逐渐实现由村民主导的保护和发展。只有当地人积极参与，自我主导，自力更生，才是有效保护和可持续发展的保障。

第八，民族文化生态村建设重视地域文化和民族文化，同时主张要尊重当地人消除贫困，改善生活和发展经济的愿望。经济是基础，只有经济发展了，才有条件进行文化保护。因此说，民族文化保护还必须重视发展经济，只有建立起经济与文化良性互动的发展机制，文化的保护才有坚实的基础和可靠的保障。

记者：民族文化生态村建设所倡导的文化传承，主要是指由村民自觉进行的传承，在试点村里的文化传承主要采取哪几种方式？

尹：在5个试点村里，仙人洞、南碱和月湖的文化传承做得很好，这3个村寨村民们的文化传承，大致有以下几种方式。

一是家庭传承。不管外界怎么变化，村民们在有选择地接受外来文化的同时，依然说本民族的语言，穿本民族的服饰，吃本民族喜欢吃的饭菜，遵守本民族的风俗习惯，按本民族的规矩办事，沿袭着本民族的生产生活方式。家庭依然是孩子们学习作为本民族成员的最基本的学校。

二是仪式传承。村寨保持着传统的宗教信仰，有象征神灵和祖先存在的圣地和特定的空间，在祭师和长老的主持下，村寨每年按时举行各种宗教仪式，年轻人在参与仪式的活动中可以学习到本民族的宗教文化。

三是节庆传承。节庆是传统文化的载体，是各种有形和无形的传统文化集中展现的舞台。上述3个村寨不仅继承、恢复了各自的传统节庆，而且还创造了一些新的节庆活动，大大丰富了文化传承的内容。

四是创建包括传习馆、博物馆、文化广场、祭祀场、文化生态展示区等文化传承展示中心。在创建文化传承展示中心的过程当中，村民们往往会创造出一些新的富于时代特征的文化传承方式，既丰富了文化传承的内容，也提高了文化传承的水平。

五是以旅游促进文化传承。游客到民族文化生态村，目的在于享受文化、消费文化，这对于提高村民的文化自豪感和传承、创造文化的自觉性，无疑会起到积极的促进作用。健康的旅游业，可以成为地域和民族文化传承发展的催化剂，可以形成文化与经济的良性互动，这已经为大量的事实所证明。

记者：民族文化生态村建设将传统文化的抢救、保护和传承作为首要的任务，同时也重视文化的发展和创造，但文化在发展和创造的过程中，既可

文化生态村的文化体验传承活动

能产生积极的成果，也会出现消极的现象。在促进文化发展和进行文化创造的时候，应该注意哪些原则呢？

尹：我们认为：第一，应该尊重文化主体的意愿和选择。每个地域、每个族群、每个村寨，都有选择其文化发展和创造的权利，应该由他们来决定哪些文化能够发展和创造，应该通过什么样的途径去发展和创造；哪些文化不能改变和创造，而只能严格地进行保护，使之代代相传。

第二，能够满足文化主体发展的需要。文化的发展和创造，应该具有满足文化主体现实生活各种需求的功能。

第三，能够满足他者的需要。全球化和市场化，密切了不同族群、不同地域的关系，民族文化和地域文化的相互贡献和共享，已经成为时代的潮流。换句话说，在全球化和市场化的背景下，任何一个民族、任何一个地域，都不可能也不会满足于单一文化的消费和享受，都存在着对他民族和他地域的文化依赖。因此，为满足他民族和他地域的文化发展和创造，也是不可或缺的。

第四，有利于传统文化的保护与传承。积极的文化发展和创造，应该是基于传统文化根基的发展和创造，是传统文化的延伸、扩展和丰富，而不应该是脱离传统文化的文化取代，更不应该是粗制滥造，破坏、污染、亵渎传统文化的“文化垃圾”。

第五，有利于社会的和谐和国家的安定。

第六，不侵害他人的知识产权。目前，我国的知识产权法还不完善，尊重他人知识产权的意识还比较淡薄，在民族民间文化领域，知识产权保护可以说还是空白。鉴于这样的情况，各个方面在从事文化发展事业和进行文化创造的时候，都应该树立尊重和保护知识产权的意识，避免对知识产权造成侵害。

记者：在市场经济的条件下，文化一般被视为资源，因为它可以被开发成商品供人们消费。目前，云南省乃至全国都提出要努力发展文化产业，希望将它作为振兴经济的一个重要发展战略。将文化作为资源进行开发利用，是市场经济发展的必然结果，作为市场开发利用的文化资源，仅仅是文化整体价值和功能的一部分，其更重要的价值和功能，还体现于非市场和非产业的方面，那就是其满足人类精神的欲望、抚慰人类的心灵、维护人与自然及社会和谐的价值和功能。那么，在对文化进行开发和利用时，应该注意什么？

尹：文化是一个具有精神、社会、人文、市场等多元价值的综合体，在积极开发文化资源的同时，不仅不能忽视文化的精神、社会和人文等价值，而且还应该把文化的非市场价值置于文化的主体地位予以维护和尊重，只有充分认识和崇尚主体文化的神圣性，才能避免人类伦理道德的沦丧和社会的混乱、倒退。基于上述理由，几乎所有国家都实行双轨制的文化发展战略：一是大力发展公益性的文化事业，二是积极发展面向市场的文化商业和文化产业。

文化资源的开发利用，应以可持续发展为基本前提。对于不可再生的文化资源，应实行保护第一的方针。然而，现实的情况往往不是这样，当社会效益和经济效益发生矛盾和冲突的时候，人们总是急功近利，以牺牲社会效益换取经济效益，从而导致文化资源被破坏。这种状况如果不能有效地杜绝，必将造成新的文化危机。

我们在民族文化生态村的建设目标中曾经提出，民族文化生态村必须摆脱贫困，步入小康，努力实现社会、经济、文化、生态和谐和可持续发展。发展经济，脱贫致富，既是村民的愿望，也是支撑文化保护的基本条件。民族文化生态村发展经济，主要途径在于改良、丰富、优化传统生计，积极进行文化资源的开发利用，使文化进入市场从而产生经济效益。从民族文化生态村试点和许多具备建设文化生态村条件的村寨来看，它们的文化资源都非常丰富，例如纺织、刺绣、服饰、竹编、制陶、面具、乐器、食品等，都具有很高的商品开发价值。至于当地独特的环境、建筑、民俗、风情等，则是发展旅游的宝贵资源。当然，资源并不等于商品，要使资源变为商品，要使产品大量进入市场，还需要资本、技术和人才等条件。云南民族文化生态村在建设的过程中，都不同程度地进行过开发文化资源的尝试，迄今为止，有的试点村成效显著，靠发展文化和生态旅游摆脱了贫困，走上了富裕之路；有的试点村因条件所限，发展较为缓慢，尚处于探索的过程之中；也有的试点村在外力的带动下曾经出现过很好的发展势头，然而由于村民的市场经济观念淡薄，而且缺乏开拓性的人才，所以难于持续发展。现实告诉我们，保护和传承民族文化不是一件容易的事情，而开发文化资源、发展市场经济也不会一帆风顺，民族文化生态村的建设就是这样一个富于挑战和充满艰难曲折的过程。

记者：全球化现代化背景下的民族文化保护，不独中国，也是世界面临的重要课题。您能否谈谈国外有哪些好的做法和经验？

尹：国外关于民族文化和传统文化保护做得好的方法和经验很多，这里难以详细述说，在我看来，最主要的是四点：第一，家庭、学校、社会，均十分注重公民文化教养的传承和培育，以致崇尚文化、珍视传统在全社会蔚然成风。第二，文化和文化遗产保护的相关措施和法律十分完善，而且执法严明。第三，民间与政府职权明确，存在良好的互动机制。第四，社会安定，政策稳定，长治久安。

记者：这几点确实很重要，是根本的问题，值得我们参考。谢谢尹教授。

（此文原载《中国民族报》2009年3月20日民族理论版，题目为《全社会行动，共同建设民族文化生态村》，收入本文集有所修订并改换了题目。）

病树前头万木春——谈生态文明

采访者：云南省社会科学院副研究员

曹津永博士

时　间：2012年3月

地　点：昆明

曹津永（以下简称曹）：尹老师，时下社会高度重视生态文明建设，作为您的学生，曾多次听您谈过这个话题，也看过您写的几篇相关的文章，今天还想就这个问题进一步聆听您的看法和思想。首先，能否请您谈谈“生态文明”的概念。

尹绍亭（以下简称尹）：谈生态文明，首先需要了解“生态文明”这个话题现在为什么会有那么多的人关心它重视它。纳菲兹•摩萨迪克-艾哈迈德（Nafeez Mosaddeq Ahmed）在其大著《文明的危机》（*A User’s Guide to the Crisis of Civilization*）里说道：“今天，全球危机的范围几乎涵盖了社会、政治、经济、文化、道德和心理等人类活动的全部领域。”而其书着力讨论的焦点则集中于六种全球性危机——气候变化、能源短缺、粮食问题、经济危机、国际恐怖主义和军事化倾向——及其相互聚合的趋势。六种危机中其认为生态、资源危机为最主要的危机，是“因”，其他危机则是“果”。生态、资源危机其实就是生态文明危机，它既是全球性的危机，更是中国当前面临的重大危机。生态文明这个词汇之所以成为当代备受关注的热点概念，有其深刻的背景和原因。文明是原始、蒙昧和野蛮的对应词，将生态文明从文明的概念中抽出并加以凸显，是否意味着当代社会在生态领域遭遇了新的无知、蒙昧和野蛮？事实正是如此，一种文明的催生，必有相应野蛮的存在、威胁与危害。当代急切呼唤生态文明，原因就在于当代人类不幸堕入了工业社会所制造的史无前例的深重的生态灾难的深渊之中。20世

生态文化遗产考察团

纪70年代末，我国开始改革开放，以经济建设为中心，在工业化的道路上突飞猛进，经过30多年的高速发展，一跃而成为世界第二大经济体，世界改变了，国家强盛了，问题也随之产生。请看生态，君不见大好河山雾霾漫天、污水横流；丰衣足食了，舌尖上的中国却充满隐患；全民健身，却癌症高发，怪病丛生。再看文明，君不见一些现象与繁荣盛世极不和谐，土豪霸道，“老虎”“苍蝇”肆虐，物欲膨胀，摆谱炫富，盲目决策，野蛮开发，疯狂掠夺，为所欲为。境况如此，实不容乐观，再不狠抓生态文明如何了得！党的十八大报告指出：“建设生态文明，是关系人民福祉、关乎民族未来的长远大计。”最近习近平总书记在中共中央政治局又语重心长地说：“生态环境保护是功在当代、利在千秋的事业。要清醒认识保护生态环境、治理环境污染的紧迫性和艰巨性，清醒认识加强生态文明建设的重要性和必要性，以对人民群众、对子孙后代高度负责的态度和责任，真正下决心把环境污染治理好、把生态环境建设好，努力走向社会主义生态文明新时代，为人民创造良好生产生活环境。”这是向全社会敲响的警钟！以习近平为首的党中央何以执政短短时间就深得民心广获拥戴？除了铁腕反腐、严整法纪等之外，动真格狠抓生态文明建设无疑也是重要的原因。

谈生态文明，其次要了解“文明”的含义。在我国，“文明”最早见于古书《周易》所言“见龙在田，天下文明”。英文文明写作civilization，系出自拉丁语civilis，此词与civis(市民)和civitas(都市)关联，含有都市对文明形成具有重要作用之意。关于文明的解释，有如下几种经典论说：英国考古学家柴尔德（G.Childe）认为，都市是文明的基本要素，即主张文明产生于都市的形成，所以他将从原始文化向文明的演进称之为“都市革命”，在他看来，都市不仅是文明的特征，而且是文明的创造体。人类学家朱利安•斯图尔德（Julian Steward）也持与柴尔德近似的文明都市观点，他认为文明是一个历史的过程，其形成经历了如下几个阶段：世界几大古代文明虽然发生于不同的地区和不同的时间，然而都经历了大致类似的发展阶段，那就是狩猎采集期、初期农耕期、形成期、地方开花期和征服期。人类随着农耕的开始而定居，生产剩余，人口增长，出现了制陶和纺织，由于财富的积累而产生贫富差距，形成了社会阶层，促进了职业分化，权利逐渐集中，都市随之形成。恩格斯（Engels）的文明主张有所不同，他在《家庭、私有制和国家的起源》一书中指出“国家是文明社会的概括……文明时代的基础是一个阶级对另一个阶级的剥削”。上述文明的依据标志不尽相同，而在视文明为“后原始社会（农村公社和部落社会）的社会文化形态”这一实质性的见解上却无异议。我国学者宋蜀华和吴楚克据此认为，“国家的出现是原始社会的终结文明社会的开端，可以说文明是较高的文化发展阶段。”此外，马塞尔•莫斯（Marcel Mauss）在其所著《论技术、技艺与文明》（*Techniques, Technology and Civilization*）一书中有对文明的专篇论述，他把文明看作是“一种超社会体系”，他指出哲学家、语言学家、政治家对文明有不同的认知，有的人将文明视为一个完美的国家形态，有的认为人类文明是抽象的、未来的，有的则把西方文明视为唯一的文明。

上述文明的解释，主要着眼于古代文明的起源和特征，把文明看作是人类社会从原始、蒙昧、野蛮时代脱胎而出的后原始社会的都市和国家的社会文化形态。不过，在现实社会中通常所说的文明，大多与西方文明的古典意义相去甚远。例如当下社会常见的话语："建设社会主义精神文明和物质文明""提高全民的文明素质""从农业文明到工业文明"等等，就是不同于古典文明定义的现代文明概念。如果从现实社会对文明概念的应用来看，我以为理解文明大概有以下几点值得注意：其一，文明已经不再被完全视为某一特定历史阶段的唯一的特定的典型文化，而是在整个人类发展的历史中，在不同的时空中形成、更替的具有不同性质的典型的文化。其二，文明不是一个绝对的由低级向高级发展的进化的概念，文明可以随着社会进化而新生，也可以随着社会进化而颠覆、消亡和取代。其三，文明是一个相对的概念，是相对于"野蛮""原始""落后""封闭""愚昧"等所使用的概念。其四，文明并非是大国家大民族或先进国家先进民族的"专利"，文明具有多样性，既有纵向的多样性，还有横向的多样性。各种文明之间存在着相互影响、相互交融的关系。其五，在当代社会生活中，文明被赋予了更多的世俗性，人们对它的理解和应用往往还偏重于"道德修养和价值判断"，即将"文明"视为超脱于愚昧野蛮落后之上的人类的思想意识、行为方式和社会文化经济形态。

那么，什么是生态文明呢？人类生态学者周鸿在其所著的《走近生态文明》一书中是这样定义和解释生态文明的："生态文明是创造新的生态文化与环境协同共进、和谐发展的社会文明形态，是人类摒弃了农业文明阶段不合理的土地利用方式和工业文明阶段以牺牲环境为代价的生产方式、生活方式和思维方式的人类高级文明。生态文明是社会文明与支撑文明的环境高度和谐的文明，是高效的循环经济、社会公正、生态和谐相统一的新型社会。在生态文明社会，人人享有生态民主、生态福利、生态公正、生态正义和生态义务，社会能提供可持续发展的生态安全保障。"周鸿定义的生态文明，是指从农业社会和工业社会脱胎而出的"社会文明形态""人类高级文明"和各种因素和谐统一的"新型社会"。周鸿的定义代表了自然科学界许多学者的看法，目前社会提倡的生态文明，所指的多半就是这种理想的后工业社会的"高度和谐、公正、安全、可持续的文明"。

上述生态文明的定义，乃是对工业社会深刻反思后得出的生态文明观，是一种前瞻性的生态文明观。然而问题在于，生态文明是否完全是以往历史的“摒弃”和未来社会的“创造”？不然。以人类学的观点观之，文化是人类在历史长河中不断适应、探索、创造、积累、传承的过程，是动态流变的事象；文化如此，文明自然也如此，作为人类文明组成部分的生态文明当然也无例外，它并非无源之水，而是源远流长。也即，生态文明并非当代的发明，也不是后工业时代的专利，而是古已有之。姜春云主编的《中国生态演变与治理方略》一书里有一句很重要的话：“自有人类文明史以来，一切文明的共同基础是生态文明。”在大约300万年漫长的石器时代人类赖以生存的狩猎采集经济里，在数千年青铜和铁器时代人类发明创造的农耕、畜牧、渔捞等生活方式中，就蕴含着丰富多样的生态文明。生态文明在不同的族群和不同的历史时空中不断地起源、生长、传承、演变和发展，周而复始，衍生进化，成为人类文明史的重要组成部分。因此，说生态文明，还需着眼于整个人类的历史，而从人类学的角度考虑，我以为生态文明可做如下定义：生态文明是人类文明的重要组成部分，是不同时代人类认知自然、适应和顺应自然规律、合理利用自然资源、维护人类与生态环境和谐共生的知识、技术、教育、伦理、道德、信仰、法制的综合文化生态体系。

培养了大批优秀生态文明和环境史学者的民族史学家林超民教授

曹：刚才您说：“文化是人类在历史长河中不断适应、探索、创造、积累、传承的过程，是动态流变的事象”“在大约300万年漫长的石器时代人类赖以生存的狩猎采集经济里，在数千年青铜和铁器时代人类发明创造的农耕、畜牧、渔捞等生活方式中，就蕴含着丰富多样的生态文明。”将原始社会和“生态文明”联系在一起，许多人会感到意外。

尹：你知道文化人类学的理论中有“古典进化论”和“文化中心主义”的概念，在持有这种理论和立场的人看来，原始社会即所谓“未开化社会”是没有文明和生态文明可言的。采集狩猎民巢居穴处，茹毛饮血，赤身裸体，原始野蛮，生存状态与动物没有多大区别，由于不会从事农业和畜牧业，食物直接从大自然掠夺、攫取，严重破坏自然，生存艰难而寿命极短——这曾经是人们对采集狩猎部落社会深信不疑的看法。然而人类学家的看法却不太一样，他们在30多年前颠覆了这一近乎“天经地义”的观点。1965年75位人类学家齐聚芝加哥，参加以“狩猎民”为题的研讨会。他们仔细检阅了当时对全球尚存的部落觅食者或狩猎采集者的研究结果，揭示出的事实表明他们生活稳定，满足于现状而且生态合理。部落觅食者一直控制着自然资源，健康状况相对较好，具有较长寿命，同时他们能使自己的需求维持在一定水平，这些需要能在不危害环境的前提下充分而持久地得到满足，所以美国人类学家马歇尔•萨林斯（Marshall Sahlins）把这种文化称之为“原初的丰裕社会”。在研讨会结束时，与会者一致认为狩猎生活方式占了人类文化跨度的99%，是目前人类已经获取的最为成功和持久的适应。所谓“原初的丰裕社会”之说，当然不可能覆盖所有的采集狩猎民族的所有生活状况，不过却非空穴来风，中国西南少数民族的许多田野资料也能支持此说。在20世纪50年代由国家组织进行调查编辑出版的“中国少数民族社会历史调查资料丛刊”中，就不乏独龙族、布朗族、景颇族、拉祜族、佤族、黎族等丰富采集狩猎生活的记录。我在20世纪80年代初期对云南西南山地民族的田野调查以及90年代杨六金对莽人的调查等都证实了这一结论的可靠性。过去许多山地民族的肉食来源主要依赖狩猎，“吃野味”可谓家常便饭，采集食物的种类多达上百种，其丰富的程度是局外人难以想象的。采集狩猎社会为什么大都能够保持“丰裕”的状况？实行有效的适应策略无疑是重要的原因，他们的适应即使不能过誉为“目前人类已经获取的最为成功和持久的适应”，也可以称之为在特定的历史条件下自觉的能动的适应。大量研究业已说明，采集狩猎民具有异常敏感的万物有灵观念，对于大自然极度地敬畏，他们视动植物为共生的生命体，在获取植物或动物的同时，他们会产生内疚和负罪感，面对各种异常的自然现象和灾害，会联想和自省自身的行为，并频繁举行祭祀神灵的仪式，借以洗赎采集狩猎残害动植物生命的“罪恶”。更值得注意的是，由于没有追求奢侈和积累财富的欲望，所以对自然资源的“攫取”危害较小，这一点客观上符合中国传统文化尊崇的“天人合一”“道法自然”“知足常足，只止不殆”“建素抱朴，少私欲”“去甚、去奢、去泰”的理念和行为。他们经常迁徙，分散居住，客观上起到防止一地资源过度利用造成对生态系统的破坏。他们集体从事生计活动，平均分配食物，不过多获取和保存，不私占资源，不追求财富积累，没有贫富之分，权利均等，社会公平。因此，一向被认为“尚未跨出原始社会门栏”的采集狩猎民，其实是最亲近自然的具有朴素的生态文明的人类。

活跃在生态文明和环境史研究领域的周琼教授

曹：从对待自然的态度来看，工业社会和采集狩猎社会确实不可同日而语。

尹：工业社会具有巨大的优越性，那就是它创造了神话般高度发达的科学技术和物质文明。然而另一方面，其对生态环境的负面影响却也暴露出了空前的野蛮。表现于下：第一，蔑视自然，以自然的主宰和征服者自居；第二，崇拜金钱财富，追求豪华奢侈，对自然资源索求无度；第三，凭借高度发达的科学技术疯狂掠夺自然资源，不惜杀鸡取卵、竭泽而渔；第四，毁灭性地消耗不可再生资源；第五，滥用化学，污染环境；第六，高耗能高排放，造成地球温室效应等。回顾人类历史，未开化的原始社会经历了漫漫数百万年，然而原始人对地球的影响却微乎其微，而工业社会才短短数百年，就弄得地球面目全非，千疮百孔，使人类濒临重重危机甚至绝境。面对如此严酷的现实，人类难道不应该深刻反思吗！

曹：采集狩猎社会具有朴素的生态文明，畜牧和农耕社会又有怎样的生态文明呢？

尹：在人类发展史上，畜牧业和农业几乎是同时出现的“孪生兄弟”，采集孕育了农业，狩猎则进化出畜牧。在森林地带，畜牧始终伴随农业而发展，两者合而为一，畜牧产生的粪便和肉乳成为农耕社会坚实的不可或缺的能量支撑。在干旱草原地带，畜牧形成独立的经济形态，它的分布横跨东亚、中亚、西亚，东非、西非以及西藏高原和南美安第斯山高地等地域，与湿润森林农耕地带并列，是人类最重要的经济形态之一。早期的畜牧业，不论何地，皆为游牧形态，即“居无定所，逐水草而居”。游牧每年移动于夏、冬季草场或更广阔的地域之间，这种畜牧方式，可以躲避灾害，可以让草场自然恢复，是对草地循环和可持续利用的策略，是畜牧民生态智慧的高度体现。不过，对于游牧而言，仅看到其循环利用的生态意义还远远不够，游牧社会还有更多的内涵：例如畜牧民对牲畜、草原、绿洲、沙漠、气候、水等的丰富的认知知识，将狩猎、采集、农作、贸易等作为辅助生计的策略，其部落社会极强的管理、协调、组织的机制和功能，萨满教等体现天人合一的观念等。畜牧社会上述生计方式、社会组织和宗教信仰等的生态内涵，即为畜牧社会的生态文明。类似于游牧，以循环利用的方式努力保护自然资源，从而实现可持续利用和发展的生计方式是刀耕火种。刀耕火种轮歇农业，是森林民族对神灵生态环境的适应方式，是森林民族生态智慧的集中表现。学者们通常认为，刀耕火种经济是采集狩猎进化之后的人类社会发展阶段，它被认为是“人类征服自然过程中的一个大的飞跃”，它使得所谓“人类单纯地向大自然‘攫取’‘掠夺’转变为依赖自然的食物生产”。的确，刀

文化遗产、民俗学家杨德鋆教授

耕火种农业实现了植物的驯化和栽培，并由此带来了人类经验、知识和技术等的一系列的变化和革命，同时开创了人与自然关系的新纪元。根据我的研究，刀耕火种并非是单纯的农业，而是兼营采集、狩猎的整合体。我曾将这一整合体称之为“刀耕火种人类生态系统”，并将该系统的多层结构用“生态系统树”予以形象、整体地表示。从“刀耕火种人类生态系统”的结构和功能不难看出，刀耕火种社会具有远高于采集狩猎的适应性和生态文明。刀耕火种社会除了兼容采集狩猎社会生态文明的全部内涵之外，还有如下诸多发展：一是自然观方面，在浓郁的自然崇拜之上，增加了一系列农耕神灵祭祀仪式；二是社会组织方面，产生了代表和体现部落民权益并进行有效管理的长老或头人制度；三是资源占有和公平方面，土地和自然资源为氏族或村寨公有，人们按需分配，利益均等，和谐互助；四是资源管理和可持续利用方面，实行轮歇耕作、轮作栽培、因地制宜、控制聚落规模等制度和措施，以实现对森林土地等资源的循环和可持续利用；五是信息交换方面，与低地灌溉农耕社会建立、保持着生态互补的物质能量的流动交换关系。历史上，许多地区由于人口增长，导致土地资源短缺，结果不得不改变粗放的农业形态而从事集约灌溉农业。刀耕火种农业向灌溉农业转换，便是这样的进化。灌溉农业社会无论在生产工具、生产技术、肥料、园艺、交通运输、谷物加工、食物制作等方面还是在社会组织、政治制度、法律体系、宗教、艺术等方面，均有长足的创造。以精耕细作闻名于世的中国江南的灌溉农业堪称传统集约农业的典型代表，被人们誉为人间奇迹的云南哀牢山的壮丽梯田农业则为山地集约农业的典范。灌溉农业很大程度上传承着敬畏、顺应、维护自然的传统知识，同时为了土地利用效益的最大化而不懈努力，结果创造了由高度发达的水利系统、精耕细作的技术体系、农畜结合的互补高产系统、崇尚天人合一共生的自然观相整合的独特的灌溉农业社会的生态文明。

曹：强调传统社会的生态文明有何意义呢？

尹：我们强调以往传统社会的生态文明，并不是厚古薄今，以古非今，并非要否定时代的进步和发展。应该知道，由低级向高级进化，乃是人类社会和文明不可否认的发展规律。然而问题在于，文化、文明的进化发展，只有继承才能弘扬，没有继承，就会成为无根之木无源之水而枯萎变异。从采集狩猎、刀耕火种火耕到灌溉农业，可以说是从火的文明向水的文明、从森林文明向土地文明、从粗放文明向集约文明、从部落文明向国家文明的转换和发展。这种转换和发展，有其内在的生态变迁的脉络，有着传承、嬗变、包容的“血缘”关系。遗憾的是，这种文明演替的“脉络”和“血缘”关系，却在工业社会的发展中断裂、淘汰和消解了。强调以往传统社会的生态文明，不是为了标新立异，也不是为学术而搞得学术游戏，而是具有很强的现实意义和利用价值。这里举几个例子：

圣境文化。典型者如藏族的神山、神湖信仰，彝族撒尼人的密枝林（神林）信仰等。这些民族的每个区域、每个村寨，都有神山、神湖、神林的划分配置，因为神圣，所以严禁随便进入，更不敢有少许破坏，人们顶礼膜拜，敬畏有加，遵守禁忌，自觉保护，世代相传。这种由信仰、习惯法规和民众高度自律形成的圣境文化，充分体现了人们对自然的敬畏和热爱。此类“圣境”类似于当代的自然保护区，而其内涵又远非当代的自然保护区可以相提并论，实为应该珍视、维护和因地制宜地加以借鉴、活用、推广的生态文明的宝贵遗产。

习惯法。在各民族各地域成文或不成文的习惯法中，环境和资源保护往往是其重要的内容。例如基诺族，昔日村寨周边除了神林之外还有水源林、护寨林和风景林，它们也和神林一样被严加保护。颇具特点的是，这些森林的监管保护不是由长老负责，而是由村寨中的少年组织负责。按照约定俗成的规定，不管是谁，哪怕只是折断森林中的一根树枝，也要处罚，处罚方式别具一格，根据破坏程度，使之缴纳不同野兽脚掌大小分量的烟、茶和米。折断树枝树叶便如此，如果随意砍伐树木那就不是烟茶酒米可以解决的问题了。基诺族从小知法和执法，实属优良传统。基诺族等无文字民族有习惯法，有文字民族的记载就更为丰富了。例如云南乡间虽然经历了不断的破坏，然而至今仍留存着不少护林护水等生态环境保护的石碑和文书，贵州清水江流域现存明清时期侗族、苗族等森林保护和木材交易等的文书多达10余万份。法规起自民间，与今日自上而下的法律政策相比，自有其特殊的功效。

资源认知。原住民最熟悉他们世世代代居住的自然环境，最懂得自然资源的利用和保护，这应是普通的常识。例如菲律宾棉兰老岛的哈努诺族能识别1625个不同的植物种类，利用植物多达1524种，其中食用植物500余种，栽培和保护植物约500种，物质文化利用约750种，并有上千种被用于超自然的目的（信仰、药用等）。1980年代初我和其他几位学者调查基诺族的采集植物，一个多月的时间，便收集到该族日常利用的野生植物400余种，栽培植物中陆稻一项就多达74种。最近有学者研究新平傣族的常用植物（食物、物质和超自然利用），田野采集标本种类亦多达约400种。不同地域原住民的自然资源知识及其保护利用的经验智慧，是远离自然的工业社会不可想象的，也是现代科学所严重缺失的，如能加以重视利用，定能极大地丰富现有的生态科学知识。

循环经济。循环经济作为挽救高耗高能不可持续的工业经济的一剂治理良方，时下受到普遍的推崇，乃至于被认为是现代科学技术的发现和发明，其实，循环经济古已盛行，农耕社会能够持续数千年，很大程度上就是得益于循环经济的认知和利用。热带山地民族的刀耕火种和温带畜牧民族的游牧就是典型的循环经济。现在尚保留着传统农牧业的地区，其支撑的机理一定是资源的循环利用。例如贵州西南侗族现行的传统稻作农业，靠的就是稻鱼鸭循环共生系统；闻名遐迩的云南元阳哈尼族等的梯田农业，则是一种巧妙的水肥循环利用系统。此类民间世代传承的具有极高科学价值和生态效益的传统知识，并不需要高投入高成本的实验开发，只需正确认识其价值，避免盲目取代

生态文明研究专家、环境史家王利华教授

破坏，精心维护适当改良就好。

和谐共生。傣族谚语云“没有树就没有水、没有水就没有田、没有田就没有人”，侗族谚语云“无山就无树、无树就无水、无水就无田、无田不养人”，寥寥数语便揭示了人类与山和森林的共生关系。我国西南山地民族多呈垂直分布，高低地民族处于不同的生态位，适应不同的自然环境利用不同的自然资源经营不同的生计，共享公共资源，各自为生互通有无，多民族何以能避免资源等的纷争而和谐相处？因为他们懂得只有人类的和谐才有人与自然的和谐，所以他们的人类起源传说大都有各民族是同祖同源弟兄的故事，例如云南许多民族崇拜葫芦，因为据说是葫芦孕育诞生了不同民族兄弟的缘故。无论过去、现在还是未来，人与人、人与自然的和谐共生都是终极追求的目标，所谓生态文明，其核心的内涵就在于此。

据上可知，在各地域、各民族的传统知识的宝库中，尚存在大量富有生命力的文化生态资源，其价值和效益是一般科学技术无法取代的，值得重视、挖掘、传承和开发。

曹：最近学术界有哪些学科在关注生态文明的研究？

尹：最近30年来，针对工业社会的不可持续性，学界展开的关于生态文明的研究大致有四种取向。第一种可以称之为后工业社会的生态文明观，这是从科学技术以及相关的政治、政策、法律等的角度出发的研究和追求，基于工业社会高耗、高碳的特点，提倡建设“后工业时代”或“后碳时代”的生态文明。前述周鸿生态文明的论述即属此类，如胡锦涛总书记在党的十七大报告中就指出：“建设生态文明，基本形成节约能源资源和保护生态环境的产业结构、增长方式、消费模式。循环经济形成较大规模，可再生产能源比重显著上升。主要污染物排放得到有效控制，生态环境质量得到明显改善。生态文明观念在全社会牢固树立。”第二种是历史生态观，其研究的目光不是投向未来的“后碳时代”而是“前碳时代”，其探讨的不是“信息时代”的生态文明，而是前工业时代的生态文明。根据历史文献的记载，整理、研究农耕社会的天人合一观念以及相关生态实践，以期以史为鉴，古为今用。这方面的研究已经有不少成果，例如出自许多学科背景的“生态文化”研究即属此类，此外，最近30年国内外兴起的环境史研究亦十分令人瞩目。第三种为宗教哲学生态观，和历史生态观一样，此亦为现实引发的历史生态研究，不过其关注的对象则集中于古代宗教、哲学。此类研究发足于西方学界，基督教、伊斯兰教、佛教以及我国古代儒学和道家的世界观和生态观均深受国内外学者关注。第四种是民族生态观或称传统知识生态观，此为生态人类学、民族生态学等学科的方向。学者们以世界各地的原住民或世居民族的传统知识即生态认知、观念、智慧、行为、实践等作为研究对象，通过田野调查研究，发掘活生生存在于民间的丰富多彩的人与自然和谐共生的传统知识，彰显其宝贵的价值和功能，欲为当代生态危机开具独特的治理良方。

上述四种研究取向，相辅相成，殊途同归，目的均在于当代生态文明的建设。第一种深刻反思现世弊端，它的实现有赖于政治、体制、制度、法律的变革完善以及科学技术的进步，任重道远，为长远追求的目标。第二种和第三种意在继承和发扬古代社会和宗教哲学的生态文化遗产，当代自然观和价值观的重建以及如何处理人与自然的关系，确有必要从古代闪光的生态哲理、思想、智慧和经验中汲取营养。第四种为不同地域不同族群适应不同环境、承袭历史植根故土、因地制宜行之有效的传统知识研究，它既具学术性，又具应用性，尤其对于中国这样一个文化和生态多样性十分突出的国度，活态的传统知识的传承无疑更显重要。

曹：上面尹老师就生态文明的概念、内涵、历史积淀等谈了许多精辟的观点，请再谈一谈从文化人类学的角度探讨生态文明建设着重点应该放在哪些方面？

尹：前面说过，党的十八大报告指出：“建设生态文明，是关系人民福祉、关乎民族未来的长远大计。”建设生态文明，“必须树立尊重自然、顺应自然、保护自然的生态文明理念，把生态文明建设放在突出地位，融入经济建设、政治建设、文化建设、社会建设各方面和全过程，努力建设美丽中国，实现中华民族永续发展”。同时要“坚持节约资源和保护环境的基本国策，坚持节约优先、保护优先、自然恢复为主的方针，着力推进绿色发展、循环发展、低碳发展，形成节约资源和保护环境的空间格局、产业结构、生产方式、生活方式”。生态文明的培育，涉及社会各个领域，需要全体国民的积极行动，也需要理论界和学术界的努力研究和宣传。而从人类学的角度讨论生态文明，以下几点认识也许是不可或缺的。

第一，文化适应是生态文明的重要视点。

从文化人类学的角度来看，生态文明是人类文明的重要组成部分，是人类在历史长河中认知、利用、维护自然的经验、智慧、技术、科学、伦理、道德、制度、法律、宗教、信仰的综合体现。人类学自诞生之日起，便把目光投到人类与自然的关系，即人类创造的不同的生态文明之上，并由此产生出多种生态解释的理论：抑或认为自然环境是影响人类生存方式的决定因素；抑或认为自然环境对于人类的生存方式并不具有决定性的作用，然而却存在着不同程度影响的可能性；抑或又主张文化决定论，认为在人与自然的关系中文化起着主导的作用；而目前主流的看法，则是把人类的生存方式即人类文化看作是对自然环境适应的工具或过程，这就是生态人类学的文化适应论。以适应看待人类与自然环境的关系，是对极端的人类中心主义和自然中心主义的否定，它包含两层意义：一是认为人类也和其他生物一样，是自然界的一个生物物种，人类不可能超越自然而生存，也不可以凌驾于自然

参加生态文明研讨会的学者留影

之上为所欲为，而只能顺应自然的规律，在特定的生态系统中进行生活所需的能量循环和物质交换；二是人类与其他生物不同，人类能够认知自然，能够传承和积累有关自然的经验和知识，并且能够把经验和知识转化为利用自然、与自然和谐共生的有效工具。两层含义，构成了人类适应的理论核心。通常所说的人类对于自然环境的适应，包含三个范畴，一是遗传适应，二是生理适应，三是文化适应。大量研究表明，上述三种适应在人类的适应性中虽然都有体现，然而无论各地各族群，占主导地位的并非是遗传和生理的适应，而是文化适应。即便是在严重依赖自然环境生存的族群中，例如北极的爱斯基摩人等，他们对严酷自然环境的适应显示，遗传适应和生理适应均十分微弱，主要的适应方式，仍然是文化的策略——调动各种文化手段应对生境的策略。说到文化适应，通常又可以分为三个层面进行考察：一是人类向大自然获取食物等自然资源的智慧、知识和技术，例如渔猎、畜牧、农耕、采矿等生计方式；二是建立在物质生产方式上的社会组织、管理制度、法规和行为准则等；三是出于对大自然的亲近、热爱、敬畏、感恩而形成的禁忌、崇拜、信仰，乃至宗教。考察世界各地的人类社会，无论是从事采集狩猎还是从事畜牧业，无论是实行粗放农耕还是实行集约农业，都是人类对于特定生境的文化适应形态。这也就是不同的社会何以会形成不同生态文明的原因。不过，世界历史说明，工业社会在初始发展阶段却是一个例外，由于科学技术的发达使得改造自然的能力极大加强，于是一反历史常态，企图超越自然而主宰自然，盲目崇尚科技文明而蔑视生态文明，变适应为改造，放弃了尊重、顺应、保护自然的生态文明理念，结果导致灾难、危机，社会不可持续发展。这从反面有力地说明了生态文明的不可或缺，作为生态文明根基的文化适应的重要性。

第二，文化多样性是生态文明的丰富内涵。

在这个地球上，无论是自然还是文化，其最突出的特征之一，就是多样性。文明和生态文明也不例外，没有多样性的视野，就谈不上对文明和生态文明的理解。生态文明的多样性，可从两方面来看。

首先，生态文明的演进是一个历史悠久的过程，有着纵向的丰富的多样性。现在社会流行着一种看法，认为文明的进化是这样的一个系列：农耕文明——工业文明——生态文明。即认为生态文明是从工业文明脱胎而出的“先进”的文明形态，是后工业时代或后碳时代的社会形态。此看法不妥。上文说过，生态文明是文明的重要组成部分，而非一种独立的文明形态；“生态”与“农耕”“工业”不属同一范畴，有农耕社会，工业社会，而不会出现单纯的生态社会。另一方面，生态文明作为文明的一部分，古已有之，而非工业社会面临生态危机的今天才产生、才建设。历史悠久深厚的积累，可以为当今社会生态文明的培育提供有益的借鉴、有用的资源。重视传统资源，重视传承和发展，有可能事半功倍、卓有成效。

其次，生态文明是一种多元并存的状态，有着横向的丰富的多样性。世界上存在着众多的族群及其文化，我国有56个民族，东南亚地区有几百个族群，全世界族群多达数千，文化可谓千姿百态。地球上从极地到赤道，从高地到平原，地貌多变，气候复杂，自然环境千差万别。千姿百态的族群文化和千差万别的自然环境相互作用，自然会形成异彩纷呈的生态文明。从这样的认识出发，有两点值得注意：一是应该尊重众多并存的生态文明，应该充分认识文明差异的价值和意义，而不能以一种所谓“先进”的生态文明一统天下，去评判、取代和改造其他的文明。仅以我国最小的两个民族西南怒江峡谷的独龙族和东北大兴安岭的鄂伦春族为例，两个民族都只有数千人，不到汉族人口的百万分之一，然而他们在适应各自特殊的自然环境的历史过程中，均创造了能与自然和谐共生的独特的生态文明。如果我们不承认其文明、蔑视其文明，执意采用发达地区或大民族的生态文明去彻底取代其文明的话，结果必然事与愿违、适得其反，不仅不可能实现移植文明的目的，而且将导致他们传统文明的破坏，使其整个文化系统和生态系统陷于混乱、造成不可修复的恶劣后果。纵观历史和现实，这样的事例已不在少数，教训十分深刻。二是应该看到，文明是相互影响、相互学习、相互渗透、相互融合的，生态文明也同样，一个民族良好生态文明的育成，往往是兼收并蓄的结果。例如中华民族的生态文明，乃是多民族长期融合共生的结晶；在东亚一些国家的生态文明中，不难看到儒家学说的深刻影响。文明的兴衰，是历史发展的规律，中国文明也不例外。我们常为“中国文明是世界上唯一没有中断的文明”而自豪，然而面对现实却不得不承认，我国正面临着深刻的生态文明的危机。这种由野蛮工业社会阶段制造的危机，我们其实不是始作俑者，而是步人后尘，盲目发展，重蹈覆辙。如果我们在发展工业化之初，便能清醒地认识国情，坚持优良文化传统，总结发达国家所走弯路的教训，理智地吸取借鉴他们的经验，超前提出适合中国国情的和谐发展的战略并切实付诸实践的话，那么情况就大不一样了。亡羊补牢，亦未为晚。历史上许多国家曾经虚心学习中国文明，今天我们建设生态文明，也应虚心向发达国家学习，学习其文明的精华，以丰富自我文明的内涵、提升自我文明的品质。

再次，和谐共生是生态文明的核心理念。

生态文明讲究人与自然的和谐共生，而人与人的和谐则是人与自然和谐的保障。费孝通先生曾用16个字概括人类学的思想精髓，那就是“各美其美，美人之美，美美与共，天下大同”。费先生的16字箴言，是对人类和文化中心主义、霸权主义、利己主义、拜金主义等的否定，它提倡在处理国际、族际和人际关系方面应该秉持相互尊重和包容的态度，追求人类和世界和谐发展共同繁荣。然而令人遗憾的是，在当今社会，“共美大同”的理念并未受到重视。例如国际关系，某些强国奉行大国主义强权政治，欺负弱国穷国小国，或巧取豪夺、肆意掠夺他国的自然资源，或嫁祸于人、把高污染企业和垃圾废物转移倾销到第三世界，或为了自身的利益粗暴干涉他国内政、甚至发动侵略战争，以致许多地区战乱频仍、满目疮痍、生灵涂炭。又如国家的治理，某些为政者以上帝自居、不懂得尊重人民、无视民众的权益、独断专行、滥用权力、贪污腐败，或为私欲或为政绩，往往胆大妄为，盲目建设、野蛮发展、粗暴开发，结果导致国家自然资源严重破坏，人民财产生活深受伤害。再如企业，一些企业特别是大型垄断企业，金钱至上，贪娄骄横，为了追逐利润而不择手段，翻云覆雨，为所欲为，视资源所有者和原住民为草芥，圈地占林霸草场，开矿设厂建大坝，他们动作到哪里，浩劫和动乱就被带到哪里，成为生态灾难和社会动乱的制造者。以上种种乱象，主要原因就在于不懂得或不屑于“各美其美，美人之美，美美与共”的道理。所以当下生态文明的培育，不能仅就生态危机说修复，仅就环境破坏说治理，即不能只讲科学技术而不讲文化，只注重现象而忽视根源。此外，无论何种文明，均植根于对客观世界的精神感悟、观念、理想和信仰；而在全球化的时代，无论何种文明，都必须充分体现公平、正义、民主并建立和完善相关的法制；有了理想和信仰、正义和法制，才会形成高尚的伦理道德和良好的行为规范。

最后，再强调几句。生态文明建设，是在当代特殊的语境中产生的特殊的话语。这一特殊的话语今天之所以受到特殊的重视，是因为它干系到人类和地球的安全和生命。生态文明的建设，乃是积渐所致的过程，是传承和发展优良传统的结果，而不是凭空的创造，空中楼阁的憧憬。既然如此，所以当代生态文明的建设，不能只局限于现代科学技术的运用和相关政策法规的制定和实施，还需要学习人类上万年适应自然的历史，正视和包容现实世界文化的多样性，汲取不同文化传统知识的精华。而且，欲追求人与自然的和谐，首先必须维护人与人、社会与社会的和谐，必须消除一切形式的文化中心主义。在工业化、全球化的时代，生态、政治、法治、教育、道德、伦理、信仰、制度、物质、科技等各类文明密切关联，相互制约，相互影响，没有相关因素的高度文明，就不会有生态文明。所以，要让生态文明在祖国大地生根开花结果，还需要综合治理，协同奋进，唯其如此，才是当代生态文明建设的可行之道。这就是文化人类学生态文明建设的视角，一种兼收并蓄、整体观照的生态文明观。

曹：听老师讲后深受启发，非常感谢！

（此文原为云南大学生态环境人类学研究中心通讯资料。）

万物并作吾复观——谈生态人类学

采访者：中国社会科学院民族研究所研究员艾菊红

时　间：2017年7月

地　点：昆明

艾菊红（以下简称艾）：尹老师，今天想就生态人类学向您请教几个问题。我在写《傣族水文化研究》这本书的时候，用到了斯图尔德的文化适应和文化核心理论。您觉得他的理论至今仍然是生态人类学的基本理论吗？

尹绍亭（以下简称尹）：众所周知，斯图尔德是文化生态学的开创者。在这一理论形成之前，对于文化与环境关系的解释，要么是比较简单粗糙的环境决定论，要么是“弱化”的环境决定论——可能论，即环境对文化的发展规定了某种可能和限制。决定论和可能论的缺陷显而易见，那就是无法解释人类文化的多样性。我在1986年曾经写过一篇《试论云南民族地理》的论文发表在贵院的《地理研究》上，这方面你们研究室主任管彦波研究员是开创者，他的大著《民族地理学》在该领域具有里程碑意义。记得写那篇文章的时候感到十分困惑：在一个相似的地理环境中，具有非常显著的同一性的文化是不争的事实，而如果因此定论文化是由地理环境所决定，显然又不切合实际。例如同样是在西双版纳、红河等山地环境生存的民族，他们之间既有类似的文化，然而不同民族间的文化差异也十分突出，即有的文化明显与环境关系密切，而有的文化却难以直接从环境找到生成的原因，这种状况欲以环境决定论和环境可能论进行分析是行不通。斯图尔德的文化生态学很大程度上弥补了环境决定论和可能论的缺陷，给予人与环境关系一种全新的解释。斯图尔德认为，一些文化的特征是在逐步适应生态环境的过程中形成的，在一个特定的生态环境中，有些环境因素对某些文化具有决定性的影响，而对另外一些文化可能影响较小，特定的环境因素会形成特殊的文化特征。斯图尔德引入生态学的“适应”概念，并揭示了人类适应的本质——“文化适应”，这是一个非常重要的发现。“文化适应”从本质上揭示了人类与自然的关系，那就是环境和人类是相互影响相互作用的关系。环境是人类生存的基础，人类的进化，就是一个不断认识环境、利用环境、改造环境、调适人类与环境关系的过程。自从文化生态学产生半个多世纪以来，文化适应的原理一直为学界认同和沿用，将来也不会过时。斯图尔德文化生态学的另一个概念叫“文化核心”。斯图尔德认识到，任何一种文化，有的文化特征受环境因素的直接影响很大，有的影响较弱，于是他把受环境影响大的文化特征称之为“文化核心”。我们知道，任何一种文化，受环境直接影响和影响最大的文化特征就是生计方式中的食物生产技术以及与之紧密相关的文化群，斯图尔德注意到了这一点，所以特别使用了“文化核心”这个概念。你研究傣族水文化参照应用了“文化核心”概念，我想你是希望重点强调傣族水资源认知利用的智慧和知识的价值。不过，学界对斯图尔德文化生态学的“文化核心”概念是有争议的。“文化核心”的关键问题是边界，这个边界实际上很难确定。边界扩大了不行，扩大了就不成其为“核心”；太收缩也不行，范围收缩的太小，关系密切的一些文化特征被排除在外也不恰当。由于存在精准界定的困难，所以我认为对文化“文化核心”概念只能参考借鉴，精准的使用存在困难。

斯图尔德的文化生态学传入我国并被广泛应用，是在20世纪90年代以后，晚了国际学界大约30年。我在20世纪80年代初做云南刀耕火种调查研究的时候，国门刚刚打开，还看不到任何文化生态学的著作，从很少的信息里得知西方有斯图尔德和文化生态学，但不知其究竟。我在毫无借鉴的情况下摸索应用了“文化适应”和“文化生态系统”理论方法进行研究，可以说是自己的“创造”。当然“创造”也并非空穴来风，源于两个方面的启发十分重要：一是读生态学的书，那时自然科学方面生态学的研究已成气候，从生态学学习到“适应”和“系统”的概念，于是便尝试把它引入我们的研究之中；二是在田野中苦苦探索、从主位的角度深入思考，努力探索当地民族的观念，学习他们的知识，终于感悟到“适应”和“系统”的意义。我是走过不少弯路的人，我的例子说明学术交流是多么的重要，如果那时国际交流的渠道畅通，可以读到斯图尔德的著作，就不会摸索那么长的时间，浪费那么多的精力。你们的时代不同了，一进入这个领域便可享受到“爆炸”的资料和信息。对于你们而言，不愁没有资讯，愁的是如何选择、批评和应用。

艾：您在介绍刀耕火种研究时谈到了从生态学获得了四点认识，一是生物与环境的关系；二是刀耕火种是一种复杂的人类生态系统；三是刀耕火种在无外界干扰的情况下，取决于人口、森林、土地和资源的关系；四是生态系统理论是生态人类学的重要分析工具。当时您采用了生态系统论，认为系统内的各种结构要素相互依存、相互作用，系统的调适机制是维持系统结构平衡和良性循环的保障。请问，生态系统理论在人类学的研究中可以作为一个普遍的方法论使用吗？

尹：当年我研究刀耕火种，目的比较明确：一是要解释清楚刀耕火种究竟是什么。当时在进化论的影响下，对刀耕火种的偏见比较大，认识混乱，有必要说清楚这个问题。二是理论，进化论说不通，希望以一种新的理论视角去考察、解释。三是方法，没有好的研究方法不可能有好的成果，所以需要创新，采用系统论方法进行研究就是一种新尝试。在田野中，通过对刀耕火种所有要素的调查，感觉到它是一个复杂的文化生态系统，如果仅从某一个角度、某一个因素、某一个方面进行研究，那就像盲人摸象，把握不住整体。所有要素都是系统的组成部分，都与其他要素相互联系相互作用，都有其特殊的功能，只有全面观照分析，才能正确认识系统的结构、运行原理、调适机制和动态演变过程。我在拙著《人与森林——生态人类学视野中的刀耕火种》里曾将刀耕火种文化生态系统形象地表现为“刀耕火种文化系统树”。仔细看一看“系统树”就可以明白，刀耕火种包括了若干子系统，每个子系统又包含着若干要素。在相互作用的过程中，只要有一个要素发生衰变，就会影响子系统的平衡，一旦子系统的平衡发生紊乱，整个系统的平衡就难以维持。系统要素的衰变，既可能是缓慢变化的内因积累的结果，也可能是外来压力导致的破坏。而当系统出现失衡，系统本身会做出调适，外界往往也会有相应的反应。这种网络状复杂的动态关系，便是当代刀耕火种文化生态系统所呈现的极其丰富的内涵。这样进行的系统论的分析研究，与简单教条的进化论的批评显然是不能相提并论的。

系统论的方法，我认为是一种适用性很广的研究方法，人类学也不例外。你研究傣族稻作文化和水文化，这个方法就很有用。不过这里需要说明，我说的“文化生态系统”和“系统论方法”，不仅与自然科学的“生态系统”和“系统论”有区别，而且与国外创立生态人类学的“生态系统学派”也不完全一样。继斯图尔德之后，20世纪六七十年代人类学开始引入生态学的“生态系统”概念，其代表人物罗伊·A.拉帕波特（Roy A. Rappaport）曾这样定义生态系统：在生物圈的某个划定范围里的全部生命物质和无生命物质之间联系密切，并进行着物质的交换。这是依据生态学原理所做的定义，他的核心是“物质交换”。根据此定义，同为该学派重要人物的埃伦认为，为了理解一个系统如何运作就需要弄清楚它的各个组成部分所进行的物质交换如何达到平衡，又是如何通过称作“体内平衡”这个过程实现稳定的。这就要求生态人类学家对相关的生命物质和无生命物质的物质交换尽可能进行定量的研究。生态系统学派开辟了与社会学和文化人类学的传统方法不同的研究方法，并产生过诸如拉帕波特的《献给祖先的猪——新几内亚人生态中的仪式》（*Pigs for the Ancestors:Ritual in the Ecology of a New Guinea People*）等那样的经典著作，当然同时也受到诸多质疑和批评。过分偏向生态学，过分追求物质交换的定量研究，忽视文化的分析，与其称之为“生态人类学”不如叫作“人类生态学”更为合适。就我个人的经验，我认为欲在田野中对文化事象进行准确的定量研究，不仅不可能，而且也并非十分必要。有鉴于此，所以我采用的只是“生态系统”的概念和原理，强调的是各要素密切联系相互影响的机理，探讨的是各种变化的原因和后果，希望获得的是文化的解释和演变过程的认识，而非具体的科学的结论。

艾：那么，对于变迁过程中的文化也能运用系统论方法进行分析吗？

尹：我以为是可以的。还是以你熟悉的傣族来说吧。在1980年代以前，我们按系统论方法，完全可以建构出一个独特的傣族水稻文化生态系统，这个系统的结构主要由丰富的稻子品种、耕作技术、水利灌溉、社会组织、观念信仰、农耕礼仪等子系统组成。但是随着时代变迁和外来影响增大，现在这个文化生态系统发生了很大变化，绝大多数傣族农村传统的水稻文化生态系统实际上已经变成了以香蕉和橡胶种植为中心的文化生态系统。过去认为稻作文化是傣族的文化核心，现在呢，文化核心已变成了橡胶和香蕉种植生计方式了。橡胶和香蕉种植与原来的稻作种植有本质的不同，但是这并不排斥它同样具有的“系统”的属性。作为一个“系统”，我们很容易找到其基本的结构要素：栽培品种、土地利用、栽培技术、生产加工技术、生产组织以及市场交易等。由于橡胶和香蕉种植产业成为主要生计形态的时间不长，仅为30年左右，所以虽然这种改变对于傣族的家庭财富观念等的影响已经日益显现，然而在宗教信仰方面传统文化依然占有主导地位。也就是说，现在的“橡胶香蕉种植文化生态系统”实际上是一个“新旧杂交”的系统，它还处在不断发育、调适的过程中。这种状态，使用系统论方法进行分析研究，无疑也是十分适宜的。

艾：因为多年对傣族进行研究，从感情上来说，我非常喜欢原来傣族的稻作文化生态体系。但是现在发生了改变，这也是任何人都无法阻挡的。那么新的文化生态体系如何在新的生计方式的改变下重新构建，这是我一直在思考的问题，因此想就这方面来听听您的意见。

傣族研究专家罗廷振先生

尹：是啊，作为人类学者，由于对传统

文化的价值具有非同一般的认识，所以“怀旧”情结也非同一般的强烈。我和你一样，对西双版纳昔日的雨林山寨、田园牧歌、淳朴风情无比怀念！然而也正如你说，变化是潮流，无法阻挡。不过，我们虽然怀念过去，但是也特别能够理解正在发生的变化和当地民族的感受。30年前，社会各界对那里的刀耕火种深感忧虑，一边倒地批评打压，认为再不能让这种“原始社会生产力”延续下去。现在绝大多数当地民族引种了橡胶，好不容易“消灭了”刀耕火种，摆脱了“原始落后”，开始脱贫了，不料种植橡胶又产生了新的环境问题，诸如天然林大量消失，许多地方热带雨林景观荡然无存，生物多样性显著减少，河流干涸，气候变暖，水土流失加剧，空气污染等。因为如此，所以现在的橡胶种植颇类似当年的刀耕火种，又成为外部各界厌恶批评的对象。不过光靠批评是不能解决问题的，当橡胶已经成为当地民族的“摇钱树”，使他们初步尝到“小康”的滋味，已经影响到他们生活的方方面面之后，要让他们大面积退胶还林甚至取缔，那是绝对不现实的。试想，对于傣族等的年轻人来说，是愿意回到以往的生活方式，栽种稻谷，缺少现金，居住简陋黑暗的茅草房，骑水牛赶马车，还是愿意种植橡胶香蕉，大把地赚钱，住电器化砖混大房子，看电视玩手机，开拖拉机开汽车？结论不言而喻。不过，现行系统的缺陷是不容忽视的，调适、改良已经提上重要议事日程。西双版纳今后的演变，可能会出现两种并存的发展模式。第一种是橡胶香蕉文化生态系统的改良模式，即通过政策、规划、管理、科技等方面的探索、优化和创新，使得橡胶香蕉文化生态系统尽可能消除负面因素，逐步健全和完善。这就需要两方面的努力：在生态方面，首先最好能够恢复神林、神山、水源林、护寨林、风景林等传统的圣境和生态保护区，优化规划，严格实施，把橡胶和橡胶的种植面积减少到适度的范围内，重视农作物多样性和生物多样性的恢复，同时加强加快目前有关方面正在进行的“环境友好型胶园”等的研究和推广，解决好种植和加工过程中对环境的污染；在文化方面，由于新的文化生态系统明显缺失适应当地环境和社会的文化结构和机制，所以特别需要努力保护传承各民族优秀的传统文化，尤其必须保护传承好伦理、道德、信仰、礼仪等传统核心文化。第二种是建构复合生计文化生态系统。随着社会的发展，市场和文化的调节功能将日益强化，单一的生计形态是不可持续的，必然要向复合生计形态演变。从西双版纳现在的情况看，一种新的复合生计文化生态系统已经初见端倪，那就是以“稻作、经济作物、外出务工、旅游”四个经济支柱组成的复合生计文化生态系统。这种新的系统也和橡胶香蕉文化生态系统一样，需要努力保护传承各民族优秀的传统文化，尤其必须保护传承好伦理、道德、信仰、礼仪等传统核心文化，只有这样，系统才会有健全的结构和功能，才能实现良性循环和可持续发展。

艾：您是国内最早做民族文化生态村的人。20世纪90年代到21世纪初生态村的建设在全国比较盛行，但总体发展情况都不是太好，您在一篇访谈中也提到说原因很复杂，您认为主要的原因在哪里？

尹：原因很复杂。乡村文化生态的修复、重建与复兴，是一个系统工程，涉及方方面面，而且广大乡村还处在贫困之中，吃饱穿暖依然是许多乡村的首要目标，所以文化生态村那样理想的“美丽乡村”的建设是不可指望一蹴而就的。我们从20世纪90年代中期开始做文化生态村建设项目，十多年下来，五个试点村情况各异。有的基础差，矛盾干扰较多，习惯了对政府的依赖，建设困难较大，成果难以持续；有的虽然同样基础差，但是有好的带头人，在建设过程中村民的文化自觉显著提高，虽然硬件建设效果不显著，产业发展成果不突出，然而文化生态保护意识已深入人心，潜移默化地体现于日常生活之中；有的在资源调查研究、生态环境整治和基础文化建设初显成效之时，经营管理权被转卖给了企业，后来按商业模式被“打造”成为旅游小镇，成为受到省里充分肯定的文化产业发展的典型模式；有的在我们专家组的引导下，始终坚持村民主导建设的方针，在做好文化保护传承和生态环境优化美化的基础上，自力更生，努力发展旅游业，成为著名的乡村旅游胜地，达到了脱贫致富的目标。从上可知，五个试点村的发展是很不平衡的，不同的角度有不同的评价，既不能全部肯定，也不能说“总体情况都不太好”。评判这个项目的标准，我认为恐怕主要还不是在具体的建设成果上，作为社会科学的研究，包括应用研究，我认为它的前瞻性、引领性、超前的理念、创新的思维才是最有意义和价值的。提出建设民族文化生态村，那是20年前的事，那时我们呼吁进行乡村文化生态保护传承和探寻新形势下中国乡村的发展途径，并付诸实践，可以说是开拓性的敢为人先的理念和举措。现在不同了，传统民族文化村、历史文化名村名镇、特色小镇、特色旅游小镇、民族团结村、生态民俗村、民俗旅游村等名目繁多的乡村重建、活化、营造、振兴已成为热潮，从中央到地方各级政府都在积极作为，社会、民间的参与也空前热烈，新颖、独特的创意、规划、设计、示范大量涌现，在世界许多国家乡村严重空巢一片萧条的情势下，中国乡村的复兴势头可谓一枝独秀，令人振奋。不过如果冷静看待，时下的乡村建设、打造、活化也存在诸多问题，例如缺乏顶层设计，各行其是，重开发而轻保护，重旅游轻文化，追求浮华轻视内涵，同质化严重等现象就十分突出，急需加强统筹，制定法规，严格管理，提高品质，以避免形成新的破坏。另外，绝大多数农村还十分贫困，根本无缘于“美丽”“特色”“民俗”“历史文化”等的“建设”“打造”“活化”，这些农村更需要人们的关注。最近在电视节目上听到习近平总书记所讲的一句话很受启发。过去一提长江经济带，重点就集中在如何打造经济带、如何建设开发之上，但是习总书记在考察重庆等地时明确指出，长江沿岸要保护不要开发，母亲河保护是第一位的。这句话对于乡村建设，尤其是历史文化名村、名镇的建设，同样非常重要，应该牢记。

艾：那么您认为乡村建设良性发展的可能路径在哪里？

尹：这个问题其实大家都在探讨，观点看法颇多，而且各个领域都在积极实践并推出自己认为理想的示范样板。从人类学、民族学的角度考虑，以下几点一直是我们特别强调的：第一，无论做何种名目的乡村建设，首先都必须进行深入详细的调查，全面掌握该地的历史文化生态资料，明白这个村镇的价值所在。如果根本不懂当地的历史文化生态，就盲目开发，必然会带来破坏。第二，应该摆正外来投资开发者与当地民众的关系，要知道当地民众才是真正的主体，是历史文化生态资源的拥有者，他们的愿望、诉求以及知情权、参与权等正当权益应该得到充分的理解和尊重。乡村建设如果只是按照外来投资者的意志进行“打造”，缺失主人翁的参与，那么再好的目标也不会落到实处，任何建设成果都将不可持续。第三，乡村是农民的乡村，是当地人世世代代生息繁衍的家园，乡村民众在乡村建设事业中应该具有主体地位，而不能都被转化为土地出让者和打工仔。如何鼓励乡村民众自力更生、奋发图强，如何发挥服务功能而不是主宰替代功能，是各级政府应当认真思考的问题。第四，乡村建设的终极目标应该是造福于当地民众及其子孙后代，任何名目的乡村建设都应该把这个目标摆在第一位。以上四点，未必能得到所有方面的认同，但是我以为这是基本的原则。

艾：当地人如何在文化生态村的建设中做自己的主人确实是一个重要问题。比如丽江整个古城的居民都被置换出去了。我2010年去滇西北泸沽湖的时候，已经有村民把自己的客栈承包出去，这次再去，看到几乎所有的村民都把自己家的客栈承包给了外地人。当地人自愿把自己的资产承包给商家，可以“不劳而获”，这个问题怎么解决？对于政府和商家我们可以批评和建议，但是我们不能制约当地人自己的选择，怎么办？

尹：是啊，这种情况在云南、在全国都不少见，而且越来越盛行。我们建设民族文化村，非常重视的一条，就是要精心培育村民的文化自觉，增强村民的主人翁意识，强调自力更生奋发图强。如果乡村建设、乡村旅游的“打造”“开发”只是为了达到追求经济效益的目标，只是一味地宣传灌输金钱至上、脱贫致富的观念，而不把传承优良文化传统和维护崇高道德信仰始终置于首要地位的话，那么路子肯定会走偏，肯定会出现种种意想不到的负面效果，这已经为许多事例所证明。我们的试点村中有一个名叫仙人洞的村子，经过十多年的建设和发展，现在该村已经成为闻名遐迩的著名的旅游胜地。现在村里全部人家已经脱贫，大多人家的旅游年收入都在20万元以上，少数人家多达百万元以上。尽管如此，村民没有一家对外出租经营权，始终拒绝外来者高利诱惑的承租，而且表示今后也不会那样做，要保持仙人洞撒尼人民风民俗的纯洁性，要让仙人洞村永远成为仙人洞人当家作主的美好家园。现在仙人洞村不仅是著名的乡村旅游示范村，脱贫奔小康的典范，而且还是全国创建文明村镇工作先进村、文明村镇示范单位、省级和国家级的精神文明村等等，收获了许多荣誉。仙人洞村的事例也许能够说明一点问题吧。

艾：乡村建设确实还有许多问题值得探讨。这方面的著作除了你们写的文化生态村的著作外，还不多见。

尹：关于云南民族文化生态村的总结，还很不充分，迄今为止出版了《民族文化生态村——云南试点报告》、“民族文化生态村——当代中国应用人类学的开拓”丛书（6卷本）以及未公开出版的《云南民族文化生态村暨地域文化论坛》等。更多的见于各类媒体不同时期的报道。

艾：在当下剧烈变迁的时代，您觉得生态人类学今后的研究应该从哪些方面入手和着眼？要解决的问题有哪些？

尹：当下学界对于生态人类学的看法大致存在两种不同的观点——“困境论”和“挑战论”。

“困境论”认为，在全球化的背景下，世界变小了，昔日与世隔绝的“世外桃源”大都成为“传说中的故事”。生态和社会环境发生了巨大变化，民族文化急遽变迁，文化和生态多样性迅速消失，传统知识濒临消亡，传统典型的研究领域和研究资源已经难以寻觅，田野中很难再看到完美的“文化适应”案例，而“文化不适应”的案例却随处可见。前工业社会一旦被工业社会所取代，生态人类学也就走到尽头了。这种观点是否有道理？应该说有一定的道理。传统生态人类学理想的研究对象，就是采集渔猎社会和农耕社会中封闭和较为封闭的环境和族群，只有在那样的环境之中，才能凸显人类与环境资源最为直接、最为密切的关系，也只有在那样的环境之中，才会产生最为原始、最为独特、最为丰富的环境资源利用的知识和智慧，还有与之相应的各种社会组织形式和万物有灵观念及其禁忌崇拜的种种仪式。

而且，也只有在与外界交换极少的封闭和半封闭的社会中，才有可能进行生态系统的某些物质交换的定量的研究。

相对于“困境论”，我倾向于“挑战论”。“挑战论”认同世界的变化和传统生态人类学研究面临的“困境”，然而并不同意悲观的论调，面对一个充满变数、日新月异的世界，我认为生态人类学也应与时俱进，顺应时代潮流，不断开拓与创新。生态人类学研究人类文化与环境的相互关系，从来都是一个动态演变的过程。生态环境变化了，打破了封闭，变得复杂而开放，并不意味着人类与生态环境关系的终止，恰恰相反，这种关系反而会以更为错综复杂的形式、多样化的演进方向向前延伸。这样的势态与其说是

相关著作

"困境"，不如说是"机遇""挑战"更为合适。新的复杂生境的产生，要求人类做出相应的新的复杂的反应。欲认识和阐释这样的人类与生境的新的复杂的多样化的互动势态及其过程，沿袭照搬传统的理论方法已经显得力不从心，努力创建新的研究理论和方法已势在必行，生态人类学因此将有可能迈上一个新的台阶。事实上我国学界也是朝着这样的方向发展的。例如新形势下传统知识的研究。时下传统知识正处于迅速消亡的状态，一些学者对此表示悲观而无所作为，然而也有学者在其间发现了巨大的研究空间，他们肩负历史使命，对我国55个少数民族的传统知识进行全面系统地调查、搜集、抢救、发掘、整理，建立数据库，进而探索建立相应的传统知识产权保护和利用惠益分配的法律体系，在国际学界发挥了示范作用，产生了良好的影响。众所周知，从事这项宏伟事业的乃是中央民族大学民族生态学家薛达元教授的团队。同样，吉首大学的杨庭硕、罗康隆教授团队近年来也致力于少数民族传统知识的调查研究，也获得了丰硕的成果。尤为难得的是，他们在如何转化利用传统知识方面也进行了艰苦探索，并取得了令人瞩目的成果。又如新形势下智库作用的发挥。新疆师范大学的崔延虎、迪木拉提团队，数十年的不懈研究成就了他们作为新疆文化生态智库的地位。在新形势下，他们所积累的知识和信息不仅没有过时，反而日益显现出其重要宝贵的价值。多年来他们一直被外来的社会科学包括自然科学的研究者视为绕不开的咨询专家，而他们更主要的贡献，则是经常性的对于该区各级政府相关部门决策

生态人类学家秋道智弥教授

民族生态学家薛达元教授

生态人类学家杨庭硕教授

生态人类学家崔延虎教授（右一）

所需的咨询建言。生态人类学如何在新时期的开发建设中发挥智库作用，他们树立了榜样。再如中国科学院昆明植物研究所裴盛基先生的民族植物学团队，该团队成员几乎遍布全国，他们对各民族的传统植物利用知识、传统农业的技术与知识、生物和文化多样性传统知识、社区资源管理利用的传统知识、神山神林等圣境文化等的研究，早已享誉世界。近年来该团队除了继续以往的研究之外，又加强了少数民族传统植物药物的研究和开发，产生了新的影响。除了以上几个代表性的事例之外，我想目前生态人类学还可以在环境人类学、政治生态学、生态法学、生态文明建设等领域大有作为。此外，加强与环境社会学、生态环境史、民族地理、人类生态学等学科的交流与合作，开展跨学科的研究也是新颖的课题。最近我们编了一套“生态人类学丛书”，大致可以体现生态人类学研究的一些新领域、新课题。该丛书由我和何明教授主编，受云南大学“211工程”民族学重点学科建设项目资助，为云南省哲学社会科学创新团队云南省民族文化多样性田野调查、云南省西南边疆民族文化传承传播与产业化协同创新中心建设项

民族生态学家崔明昆教授

目，由北京知识产权出版社出版。迄今为止，丛书出版了12册。如果情况允许，丛书还将继续编下去。总之，新时期生态人类学的研究空间依然巨大，有待我们去发掘、开拓、收获。

艾：谢谢尹老师百忙之中拨冗接受我的采访，所讲内容十分精彩，深受启发教益，再次感谢！

（此文原载《三峡论坛》（三峡文学·理论版）2018年第1期，题目为《生态人类学漫谈——尹绍亭教授采访记》，收入本文集有所修订并改换了题目。）

咬定青山不放松——谈刀耕火种

采访者：河海大学社会学系

耿言虎博士

时　间：2014年11月

地　点：昆明

【采访者导言】生态人类学是人类学的一门重要分支。扎根于中国田野中的生态人类学家们用独特的视角解读生态与文化及其互动关系。尹绍亭教授是改革开放后国内最早从事生态人类学研究的著名学者。20世纪80年代，在全国对当代刀耕火种农业一边倒的批判声音中，尹教授在大量的调查基础上，用文化适应的观点阐释刀耕火种，并运用文化生态系统的方法进行研究，指出当代的刀耕火种农业是原住民对生态环境适应的生计方式，揭示了其盛行和延续的文化生态原因，总结了刀耕火种丰富的传统知识和生态智慧，为农业文明和生态文明的传承、为学界和社会正确认识刀耕火种、为政府决策提供了有益的参考。紧扣时代脉搏，开拓创新，是尹教授30多年学术生涯的一贯追求。在刀耕火种研究的基础上，立足于生态人类学，并拓展跨学科的研究，在生态与文化多样性研究、文化生态村建设、生态环境史研究等方面，尹教授亦锐意探索，取得了丰硕的成果，产生了广泛的影响。这篇采访，大致反映了尹教授的学术经历、治学思想、理论方法、研究特色以及孜孜以求、严谨踏实的学者风范。

耿言虎（以下简称耿）：我的导师陈阿江教授是环境生态学专家，导师重视跨学科的研究，近年来积极推动与相近学科的交流与合作。此次委派我专程来昆拜见尹教授，承蒙您抽时间接受我的采访，并安排在这么一个雅致的地方接待我，十分感谢！

尹绍亭（以下简称尹）：欢迎你专程来昆明见我。此地是昆明市中心的名胜翠湖公园，我们坐的这里叫湖心亭拾翠院茶楼，喝的是云南普洱红茶，环境不错吧。

耿：南京老是雾霾阴天，昆明却蓝天澄碧，阳光和煦，不可同日而语。先请教一个问题，我们知道您从事生态人类学的研究是从研究刀耕火种开始的，请问刀耕火种这个名称是怎么来的？

尹：刀耕火种，是我30多年前开始研究的课题，现在你们年轻学者还感兴趣，我很高兴，乐意“老调重弹”，与你交流。刀耕火种我国古代叫“火耕”“畲田”，明清之后西南史料广泛使用“刀耕火种”，延续至今。日本农民过去也从事刀耕火种，日语叫“焼畑”。英语有两个名称，一是“Swidden”，意为火耕，一是“shifting agriculture”，意为轮歇农业。但是轮歇农业不是太确切，轮歇是指循环耕种，循环耕种有两种情况，一是森林地的砍烧轮歇，即刀耕火种，一是没有森林的旱地的轮歇，那就不是刀耕火种，即刀耕火种是轮歇农业，而轮歇农业不完全是刀耕火种。学术界还有不少人把刀耕火种叫作“游耕”，也不准确，为什么？因为在从事刀耕火种的民族里面，有的确实是居无定所不断迁徙，土地耕种随人之迁徙而变动，那可以叫作“游耕”；而大多数多刀耕火种民族却是祖祖辈辈定居于一地，循环开垦林地进行耕种，那是“轮歇”而不能叫作“游耕”，轮歇和游耕是两个概念，不能想当然的混为一谈。刀耕火种是一个形象通俗的叫法，农史学界讲耕作有“刀耕”“锄耕”“犁耕”的分类，“刀耕”意为使用刀斧砍伐树木，“火种”是把砍伐晒干的树木焚烧成灰然后播种。“刀耕火种”表达的意思比较明确，又是传统习惯叫法，所以我认为可以沿用。古代江南也盛行刀耕火种，后来发展到“刀耕而水耨”，把火耕与灌溉结合在一起了。不仅江南，古代我国南方广大地区都盛行过刀耕火种，只是随着人口不断增加，人均土地面积不断减少，无法再实行轮歇耕种，所以才逐步向集约农业转变，发展为精耕细作的灌溉农业。云南和海南等热带、亚热带地区情况不同，一方面光热降水充足，森林生长速度快，砍烧后森林恢复得快，有利于循环利用；二是地处边远，人少地多，所以这种古老的轮歇制得以长期良性循环，并不断发展，这就是云南和海南等地刀耕火种长盛不衰的原因。

耿：20世纪80年代在对刀耕火种全国一片的批评声音中，您为什么选择研究此课题？

尹：说来话长，选择这个课题，首先，是现实需要。20世纪七八十年代，由于发达国家跨国企业对木材的贪婪需求，亚洲、非洲以及南美洲等地区的热带雨林遭受严重破坏，造成全球重大环境问题。在我国，在经历了历次运动特别是“文革”十年动乱之后，森林严重破坏导致的生态恶化状况凸显出来，“文革”结束，与国际相呼应，环境问题成为热点。在此背景下，西南山地民族千百年来从事的刀耕火种突然成为众矢之的，被认为是“破坏森林的罪魁祸首”“原始陋习、残余”，遭到史无前例的口诛笔伐，引发了人们的强烈关心。时任中国社会科学院副院长的于光远先生十分关注，多次发表意见：“毁林开荒这种现象一定要很快地制止。对于这种情况大家都很着急。研究工作应该走在实践的前面。我觉得我们社会科学界，特别是云南社会科学界在这个问题上有重大责任，应该把这个问题的研究当作一个紧急的工作来抓……看到西双版纳毁林开荒的严重情况，对这方面的研究一定要‘快’！”社会对刀耕火种的存在感到忧心。面对这样的形势，作为云南学子，虽然初出茅庐、才疏学浅，然而也深感问题重大，有责任参与研究，回馈社会的期望。就是在这样的背景下，步入了这一领域。

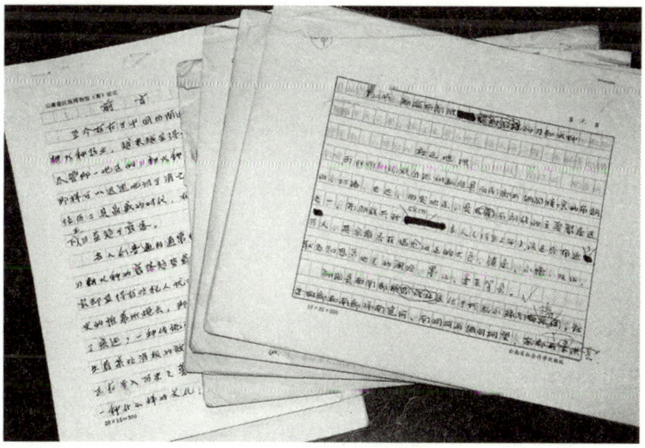

《一个充满争议的文化生态体系——云南刀耕火种研究》手稿

其次，选择研究刀耕火种，与我当时求学的学习环境不无关系。80年代初期我以在职的身份考入云南社会科学院研究生部读硕士研究生，该研究生部的老师们都是长期从事科研的专家学者，大都参加过五六十年代的民族大调查，积累深厚，成果丰硕。授课除了本院的老师，还聘请院外著名的老师上课，如考古学、语言学、历史学、东南亚研究等专业的老师，都是学界名流。老师们强调勤奋笃实、兼收并蓄、重视田野、勇于创新的治学精神，对于我选择研究方向有很大的影响。

最后，选择刀耕火种，恐怕还与我少年时代的经历有关。我的家乡在云南西部腾冲，小学读书在县城，假期经常去乡下姑妈家，每天与小朋友们上山采集野果、下扣子捉野鸡、在小沟和小河里捉鱼，享受大自然恩惠的那份快乐，终生难忘。认识刀耕火种，也是那个时候。家里水田不够，有一次表哥带我和侄子侄女上山，找了一片森林，把树砍倒，然后回家，我问表哥为什么砍树，他说过两三个月再来烧树，然后种谷子，这叫“火烧地”。第二次接触刀耕火种运气不佳，吃了皮肉之苦。其时腾冲残留着在灌木草地里进行刀耕火种的农业形态：用锄头翻挖土垡，以土垡堆垒直径两米左右的圆形土包，内烧树根杂草牛粪，经过一段时间的焚烧，土垡被烧成灰状，土壤肥沃了，草籽害虫也悉尽烧死，对农作物的生长十分有利。一次学校组织郊游，举行抢夺红旗的竞赛，红旗插在山顶，自山脚到山顶要经过一片布满土堆的火烧地，为了抢时间，我没有绕行土堆，想跑直线，于是一脚踹入内部炽热燃烧的土堆，顿时疼痛难当，拔出脚来脚皮已被烧坏，而且马上鼓起不少水泡，很是吓人。那次烧伤治疗了很长时间，后来好了，不过却留下了一脚刀耕火种的“斑斑花纹”。少年时代与大自然和刀耕火种亲密接触的经历，让人刻骨铭心。二十几年后居然研究起刀耕火种来，算是与之有不解之缘吧。

耿：您研究刀耕火种有哪些理论视角和调查方法的思考？

尹：首先，说理论吧。那时候可参考的理论有下面几种。

理论一，当时国内民族研究统一奉行的理论是进化论。该理论认为，人类社会的发展史，是五种社会形态（原始社会、奴隶社会、封建社会、资本主义社会，社会主义社会）依次进化的历史，生产力与生产关系、经济基础与上层建筑的矛盾运动是社会发展的原动力。按照进化论的观点，每一种社会形态都有其特定的生产力和生产关系，古老的采集狩猎刀耕火种经济，就是原始社会的生产力。这就是进化论对刀耕火种的定性。由于是原始社会的落后的生产力，所以毫无疑义必须彻底改造、禁止、取代。进化论作为当时的理论经典，所有研究（包括我在内）都自觉以之为指导，然而面对刀耕火种的现实，却感到十分困惑和难以解释：其一，中华人民共和国成立以后，生产关系已经完成了社会主义改造，而“原始社会生产力”刀耕火种为何无法消灭，而且竟然长期延续？这与“生产力决定生产关系”的原理好像不符；其二，在滇西南地区，同在社会主义制度下，低地民族从事的是集约的水田灌溉农业，而多数山地民族却选择进行刀耕火种，原因何在？其二，为禁止和消灭刀耕火种，政府和社会采取了种种措施，然而收效甚微，何故？其四，多数自然科学者和民族学者的“调查研究”，几乎都是人云亦云，先有定论然后搜罗需要的资料去论述刀耕火种“原始社会生产力”的“原始落后”，这显然违背了实事求是、调查研究然后才有结论的逻辑。

理论二，农业史的进化论。该理论认为，农业的进化经历了从原始刀耕农业到锄耕农业再到犁耕农业的进化过程，云南山地民族的刀耕火种作为“不知锄、犁”的原始“刀耕”，是佐证农史进化规律的绝佳的“活化石”。这一此理论也有疑点：众所周知，新石器时代的原始刀耕火种最突出的特征，是使用石刀、石斧等原始生产工具，而当代山地民族的刀耕火种不仅使用铁刀，还同时使用铁锄、牛犁，而且有的民族还同时耕种水田。稍微深入了解，会发现这种农业更多的技术含量，例如其栽培作物种类及品种之多、栽培技术之复杂，就远远超乎想象。所以，将当代的刀耕火种与石器时代的刀耕火种混为一谈是不妥当的，视为“活化石”

《云南刀耕火种志》

显然不能成立。

理论三，经济文化类型论或称“社会文化类型”理论。1950年代中国大陆的民族研究曾深受苏联民族学的影响，“经济文化类型”即为其时中苏合作研究的成果。“经济文化类型”理论主要着眼于生计和物质文化差异，将东亚各民族的生计形态划分为三种类型：第一是狩猎、采集和捕鱼起主导作用的类型（渔猎采集经济文化类型）；第二是以锄掘（徒手耕）农业或动物饲养为主的类型（畜牧经济文化类型）；第三是以犁耕（耕耘）农业为主的类型（农耕经济文化类型）。除上述分类之外，对于“在解放时保留原始公社制末期及其残余的少数民族或其支系的鄂温克、鄂伦春、独龙、怒、傈僳、佤、德昂、布朗、景颇、基诺等”，依照地理和经济特点，再划分为南方原始农业经济刀耕火种（游耕）类型和北方渔猎采集经济类型。经济文化类型、文化区域、生态文化区分类的研究，都讲文化的空间分布，显然有人文地理学的印迹，而其源头还可以追溯到威斯勒（C.Wissler）和克鲁伯（A.L.Kroeber）的文化区域(Culture Area)理论。该理论以社会经济发展阶段进化的差别即生产力发展水平的差异表现以及自然地理条件解释文化类型及其空间分布，综合了进化论和文化区域理论的观点。此理论的不足在于只注意文化的类型和空间分布，而不深究文化类型形成的内在原理与机制，它适宜于描述历史上的传统的文化空间，而不适宜进行当代复杂的文化变迁的研究。

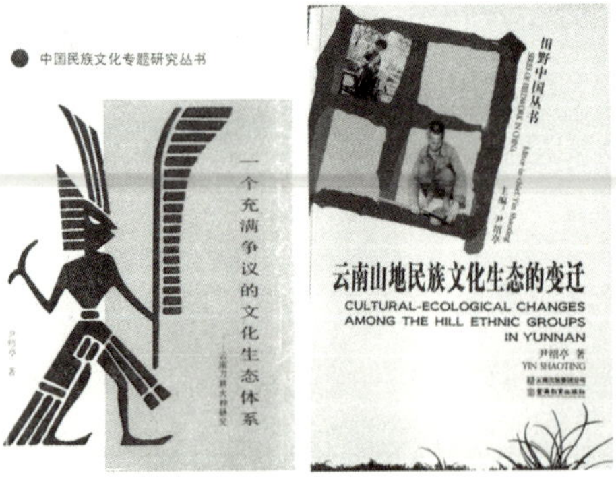

《一个充满争议的文化生态体系》《云南山地民族文化生态的变迁》

上述三种理论，虽然盛行，然而都有缺陷，难于参照运用，那么国外的理论又如何呢？

先看日本。80年代初期，日本学者捷足先登，来云南考察者较多，他们带来了一个与云南关系密切的日本文化源流理论——照叶树林文化论。该理论认为在亚洲包括

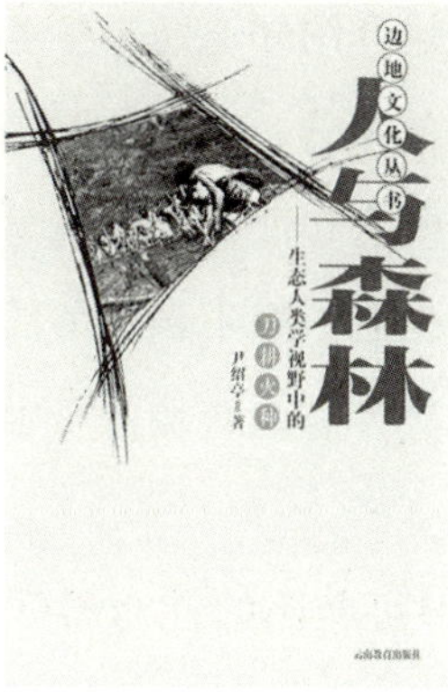

《人与森林——生态人类学视野中的刀耕火种》

《远去的山火——人类学视野中的刀耕火种》

日本在内的中低纬度地带，也即地理上说的照叶树林地带，存在着较多相同的文化要素，统称为照叶树林文化，其文化的中心就在云南及其周边。刀耕火种是照叶树林文化的重要文化内涵之一，是该文化古老的基层文化。这一理论将刀耕火种作为古老的农耕文化进行研究，没有涉及当代刀耕火种是什么、和环境的关系以及为何持续存在等现实问题，所以与我国现实研究的境况不同，研究取向存在差异。不过，其时日本学者对日本和世界刀耕火种的田野调查研究已经相当充分，资料收集的广度和深度居于世界前列。代表性的研究者如著名学者佐佐木高明先生，他不仅深入调查研究了日本的刀耕火种，还调查了东南亚、南亚、南美等地的刀耕火种，著述丰硕，堪称大家。1984年佐佐木高明先生一行访问云南，有幸前往拜见，先生知我对刀耕火种有兴趣，多所鼓励，并言“等你的调查资料装满一箱，我请你去日本研究”。如上所述，由于研究取向不同，所以我没有沿袭日本学者们关于探寻日本文化源流的照叶树林文化论及其刀耕火种研究的观点，不过通过阅读他们的著作，深感他们田野调查的深入扎实，资料收集的细致入微，治学态度的一丝不苟，这些都使我深受启发和影响。

再看美国等西方国家的理论。20世纪80年代初期，来中国进行学术交流的西方的学者还比较少，西方的书籍看不到，信息查询很困难。一些杂志如《民族译丛》等开始介绍国外人类学、民族学的理论，然而介绍性的短文看后很不过瘾，只知皮毛，不得要领。譬如通过介绍知道西方学者早在40年代就提出了文化生态学（Cultural Ecology）的概念，70年代又拓展为生态人类学（Ecological Anthropology），这些概念和理论究竟是怎么一回事，可否参照应用，能否解决问题？没有详细的信息，看不到相关的文献资料，两眼一抹黑，只有遗憾。那里像现在你们年轻学者，查找古今中外的资料毫不费力，社会变化确实太大了。

从上可知，当时研究刀耕火种，欲选择可参照的社会科学理论是很困难的。不过，也并非完全没有门路。其时讨论刀耕火种的核心是生态环境问题，不管是什么学科背景的研究，都主要聚焦于生态环境问题之上，所以社会科学的研究要具备科学性，要与其他学科进行对话，最基本的一点，是必须掌握生态学的知识。国外文化生态学和生态人类学的文献难以找到，而生态学的参考书却很容易寻觅，书店和图书馆里都有。通过学习生态学的知识，学会运用生态学的原理进行思考，再结合初步的田野调查进行分析，一段时间以后，思路突然豁然开朗，终于找到了研究刀耕火种的途径，并摸索出一种较为理想的理论框架。其实，西方的生态人类学理论，也是借鉴和运用了生态学的生态系统理论才发展和完善起来的。苦苦寻觅，终于找到了可能通达的途径，确有“梦里寻他千百遍，蓦然回首，却在灯火阑珊处”之感。那时候学习生态学，结合田野思考，获得了四点认识，对整个研究起了至关重要的作用。

认识一，生态学讲生物与自然环境的关系，是适应的关系，那么适应也应该是人类与自然环境的最基本的关系。如果我们以适应的观点看待刀耕火种，还原其基本的功能，那么刀耕火种其实是山地民族解决吃饭问题的生计形态，是他们的生存方式，它就是一种特殊的农业，而非形而上的“陋习”。俗话说“靠山吃山、靠水吃水”，生活于山地森林之中，森林是最便于利用的资源，刀耕火种就是山地民族对森林生态环境的适应方式。这样认识刀耕火种，这样的定性，现在看来再普通不过了，而在当时却是颠覆性的新观点。

认识二，很多人断言刀耕火种是“砍到烧光、毁林开荒”，如果运用生态学的原理进行分析，就会发现刀耕火种并不那么简单，而是一个复杂的人类生态系统。刀耕火种作为一种食物生产方式，一种山地森林农业形态，也和其他农业一样，是一个对自然生态系统进行干预、控制，使其根据人类的需要进行能量转换和物质循环的人类生态系统。在森林生态系统中，森林作为“生产者”是其生态系统中积极的因素。森林的树木、藤蔓、灌丛等植物的叶绿素，在太阳光能的作用下，通过光合作用，把从环境中吸收的水分、二氧化碳和无机盐类制造成为初级产品——碳水化合物，以维持和促进自身的生长。在一个未经人类利用的森林生态系统中，其“消费者”是生存于生态系统中的各类动物和大量腐生或寄生的菌类。在刀耕火种人类生态系统中，人类是“多级消费者”，人类一方面通过采集和渔猎手段获取各类动植物食物，一方面通过砍伐和焚烧植物，使其变为物质代谢材料无机盐类，即把固定于植物中的太阳能转化投入土壤，然后播种农作物，农作物吸收无机盐类进行光合作用而茁壮生长，实现了太阳能的多次转化，森林生态系统于是成为人类利用的农业生态系统。刀耕火种人类生态系统的“生产者”和“消费者”之间的物质循环、能量转换，体现了人类适应、认知、利用自然的智慧。

认识三，刀耕火种人类生态系统的平衡，在无外界干扰和影响的情况下，取决于人口和森林土地资源的关系，人口少森林土地多，就能良性循环，可持续利用，人口多森林土地少，就会失去平衡，不可持续，导致人类生存危机和生态环境破坏。根据我个人调查测算，在云南西南热带亚热带山地，人地关系的比例至少需保持在1：24这一水平之上，即人均所有林地必须在24亩以上，刀耕火种人类生态系统才能良性循环。当代人口爆炸，不具备这个条件了，刀耕火种自然消亡；如果还具备这个条件，就有可能盛行刀耕火种。排开其他因素，单纯从人地关系的角度看，刀耕火种的兴衰与社会形态是没有关系的。

认识四，生态系统理论是生态学的重要分析工具，也是刀耕火种研究的重要的方法论。生态系统理论认为，系统由组成其结构的众多要素构成，各种要素相互依存，相互作用，系统内在的调适机制是维持系统结构平衡和良性循环的保障；而如果一种或几种系统要素发生不可逆转的变化，且使得系统的调节机制失去调适功能的话，那么系统的循环和稳定就会受到破坏，系统就将分崩离析乃至消亡。生态系统的动态的整体的认识论，既有益于我对刀耕火种文化生态内涵的把握和其“生命过程”的探索，又对开发刀耕火种的研究方法大有帮助，可以说是统领我的整个研究的“纲”。

其次,谈谈研究方法。

理论的准备有了眉目，根据理论实证的需要，同时结合生态系统的动态的整体的认识论，我的研究采用了“纵横交错，点面结合，系统分析”的研究方法。

所谓“纵横交错”，“纵”是历史的梳理，“横”是田野调查。历史梳理靠文献，田野之前，先做文献的搜集和研究。查阅资料，阅读迄今为止我国尤其是云南有关刀耕火种的文献，并参考东南亚、南亚和日本的研究，摘录要点制作卡片。通过案头工作，掌握了刀耕火种的历史概况，当代各学科研究刀耕火种的视角和观点，以及20世纪五六十年代中国民族大调查的若干比较有参考价值的田野调查资料。文献研究不可缺少，但是问题不少。由于对少数民族心存偏见，所以几乎所有关于刀耕火种的古代历史记载均非常简单，少有较为翔实的调查。20世纪五六十年代的调查资料，涉及社会组织、土地制度、轮歇方式、生产工具、作物产量等，有较高的参考利用价值，不过深度和广度不够，只能作为进一步调查的线索和依据。所以要真切了解刀耕火种的生态文化内涵，要验证自己的理论假设，还得靠自己

《文化生态与物质文化·论文篇》

深入田野，去做耐心、长期的田野调查。

所谓“点面结合”，“点”为定点深入调查，“面”是不同民族跨文化的比较调查研究。我最早进行刀耕火种调查的田野点是西双版纳基诺族集聚的基诺山，那是从做硕士论文开始。导师是民族学家杜玉亭，杜先生起初让我去做勐海县的民族研究，初步调查后感觉该县民族多，文化复杂，难以驾驭，提出是否缩小范围，改做景洪县基诺山基诺族和橄榄坝傣族的比较研究，经杜先生同意又去了景洪。调查后还是感觉题目大，可能做不好，于是再次提出改做刀耕火种的想法，杜先生欣然应允，认为此课题做好了极有价值。当时一些前辈学者对我的选题并不看好，有的认为太敏感，最好不要涉及，有的认为做原始落后的东西意义不大，不合时代潮流等等，然而杜先生独具慧眼，热情支持。原因何在？众所周知，杜先生曾在多个学术领域做过开拓性的研究，其中对基诺族的研究用力最深，其基诺族的田野调查从1958年至今从未间断，跟踪延续了50余年，是公认的基诺族研究的第一人，对基诺族文化的感情极为深厚，深知基诺族刀耕火种文化的价值，所以毫不犹疑地同意了我的选题和选点。从事田野调查，选点是关键。比较了原先去过的拉祜族、哈尼族、瑶族等村寨，结果定在了基诺山，应是明智之举。一来基诺族的刀耕火种文化十分丰富，非常典型；二来基诺山是导师长期研究的田野点，基诺族将他视为长老，十分尊敬，作为他的学生，基诺族一见如故，比较信任，不当外人，可以少走弯路，减少了许多麻烦。其时基诺山有45个村寨，初步调查之后，我选择了三个海拔高度不同的村寨——雅诺寨、巴亚中寨、巴卡小寨——作为调查点。基诺族的调查间断性进行了三年，参与体验了一年到头的生产生活周期，获取了较为丰富的基诺族的传统知识，研究的思路、观点、理论、方法更加明确。期间发表了数篇论文，硕士论文《基诺族刀耕火种的民族生态学研究》通过答辩后先后发表于《农业考古》《云南国土研究》杂志，并作为1987年在西双版纳召开的“亚洲热带农田与森林国际研讨会”会议论文在大会上做了主题报告。对基诺族的刀耕火种有了较全面的认识之后，从1987年年底开始，步入了“面”的调查。此后又间断性地花了三年的时间，先后调查了怒江和独龙江峡谷的独龙族、怒族、傈僳族、墨勒人（白族支系），德宏地区的景颇族、傈僳族、德昂族，临沧和思茅地区的佤族、拉祜族、哈尼族，西双版纳地区的布朗族、哈尼族、瑶族、苗族、克木人，收集了可供比较研究的详细资料，达到了全面把握云南西南部刀耕火种的实态、不同民族和地域的差异以及类型划分的目的。

所谓“系统研究”，即上面所言生态系统动态的整体的分析方法。通观刀耕火种，其每一个要素，要素与要素之间，都具有相互联系、相互依存的关系，即皆为不同层次结构的网络的系统的关系。运用系统研究的方法，第一步可以把刀耕火种分为不同层次的若干小系统和子系统。如环境子系统、技术子系统、产出子系统、辅助生计子系统、社会控制子系统、商品交换子系统等，每个子系统又包括若干小系统，例如技术子系统包括生产工具、土地分类、耕作技术、轮歇方式、栽培作物、作物收获、食物加工等小系统。有了清晰的系统概念，田野调查即可有目的、有计划地进行：首先逐一调查每一个小系统，然后调查子系统，最后进行整个系统的分析与整合。在第一步调查研究的基础上，进而考察在系统内外因素的影响下，系统各要素的变化及其引发的相互关系的变化，从而揭示系统动态演变的过程，即文化的变迁。

耿：我的硕士论文也是在云南做的田野调查，开始遇到许多困难，难以适应。

尹：是啊。导师当时主持云南社会科学院的工作，并兼任民族学研究所的所长，他给当时所里的年轻学者确定方向，一个人研究一个民族，而且必须进行一年以上的田野调查。他对年轻学者和学生要求十分严格，不允许随便离开田野回昆明。初到村寨确实很辛苦，不习惯，要洗澡，想吃什么，就跑到景洪去。有急事回昆明，办完事情马上回去，生怕见到导师挨批评。我在村寨别的不怕，就怕跳蚤，往往还没进村，身上就痒起来了。每天都是一身疙瘩，奇痒无比，晚上尤其难熬，想了很多办法，如涂抹风油精、万金油，喷洒灭害灵，让家里做一个布口袋光身钻进去，都没用。没办法，只好忍。数年之后，发生了变化，情况好转，跳蚤对我可能厌烦了，没兴趣了，不再叮咬，大概是产生了“抗体”的缘故吧，最大的困扰解决了，后来去调查再无皮肉受苦之忧。田野调查虽然辛苦，然而也乐趣无穷。与村民一起砍树烧地，播种收获，常有意想不到的发现；夜晚和主人家及串门者围坐在火塘边，有的聊天，有的弹弦，有的织布，温暖清幽，恍若隔世；参与采集、狩猎、渔捞，痛快刺激，经常可以享受山珍美味；节日庆典、宗教祭祀，更有难得一遇的各种活动带给的欢乐和震撼。闲来无事，有时和村民朋友到山里风景绝好之处，躺倒呆望悠悠蓝天白云，耳边是风吹空谷的回响，间或传来清越的鸟鸣，如今每当忆起那般情景，总有无比的留恋和感慨！

耿：刀耕火种农业中具有哪些生态智慧，刀耕火种的生态智慧对我们有何启发？

尹：说刀耕火种的生态智慧，首先要说以刀耕火种为生的人。初到田野，很快就领教了山民们的智慧。因为敏感，压力大，报道批评太多，所以每当前来采访调查的记者、学者向他们提问刀耕火种，山民们都十分警惕，甚至反感。或装憨卖傻，一声不吭；或敷衍搪塞、东拉西扯；或干脆拒绝，拂袖而去；或笑脸相迎，取出一些计划生育、粮食产量、牲畜存栏、土地纠纷等统计资料，供他们参考、抄录，虚与周旋。有的为了摆脱纠缠，一本正

1985年在西双版纳勐腊哈尼族村寨调查

经地谎称我们这里早已消灭了刀耕火种，你们要调查可到某某民族某某地方去。然而私下与我交谈却又是另一种态度，或说："我们并不是要刀耕火种万岁，但是不搞刀耕火种我们吃什么，真是饱汉不知饿汉饥。"或言："他们说刀耕火是'砍到烧光，毁林开荒'，他们给晓得刀耕火种从选地到粮食进仓工序多达九十几道。"或说："他们说我们是破坏生态的'罪魁祸首'，我们祖祖辈辈刀耕火种，到现在仍然是青山绿水，到底是谁在破坏生态？"等等。相处久了，你会发现他们的生产经验、动植物知识的丰富简直难以想象，不得不佩服，尤其是村寨的头人们，简直就是生态智慧和传统文化的化身。

说刀耕火种的启发，大致有以下几点：

其一，通过刀耕火种研究，深切感受到文化多样性认识的重要。世界上生态环境千差万别，民族多种多样，文化自然形形色色。人类学重视文化差异，强调不同文化的价值，强调尊重文化的多样性，意义重大。就说当代的刀耕火种，如果用文化中心主义的观点来看，肯定原始落后，而如果用文化多样性的观点来看，就不是那么一回事了。问题不难明白，例如汉族的精耕细作农业为高度集约的农业形态，可谓传统农业的精华之一，但是如果强行将其运用到热带森林地区，那么很可能"水土不服"，别的不说，当地的森林资源肯定会遭受破坏。上升到大文化，也是这个道理。例如中国有中国的文化，美国有美国的文化，国情不同，欲以美国的文化模式取代中国的文化模式，那是绝对不行的。文化就应该"各美其美，美人之美，美美与共，和而不同"。据说有人曾批评我研究刀耕火种是"极端的文化相对论"。20世纪80年代，对待刀耕火种民族及其文化，完全是文化中心主义偏激的观点，听不到起码的文化相对论的声音，我讲了一点理

烧山（许云华摄）

解尊重他者文化的话，讲了一点文化适应，反映了山地民族的一点心声，肯定了他们的一些传统知识，就成为“极端”了，可笑之至！批评者如果不是无知，就是一个“极端”的文化中心主义者，实在不可理喻。

其二，通过刀耕火种研究，使我们对人与自然的关系有了更为清晰的认识。

人与自然的关系，是一个古老的话题。历史上曾经出现过环境决定论、环境可能论、文化决定论、技术决定论等，认识不统一，所以产生了人类中心主义和环境中心主义等的论争。时至今日，在这个问题上，不管你有什么样的认识，什么样的观点，你首先得明确一个简单的事实：人类是自然界中的一个生物物种，其基本的属性依然是生物属性而非其他。既然是生物，根据生物进化论和生态学原理，人与自然的关系就是适应的关系，相互依存的关系，共生的关系。在此基础上，我们还得明确另一个简单的事实，即人类又是不同于所有其他生物的具有文化创造和传承能力的社会文化动物，所以人类对自然的适应除了遗传和生理的适应之外，主要还是文化适应。文化适应，可以说是人类与自然关系的高度概括。在刀耕火种社会里，人类的生物属性和文化适应表现得十分清晰：人们几乎完全依赖森林以及森林中的各种动植物而生存，然而不论是获取野生植物为食的采集，还是捕获野生动物为食的狩猎，抑或是把森林转化为农作物的刀耕火种，均非本能的行为方式，而都是文化手段的运用；人们高度依赖森林和森林中的动植物资源生存，尽管自然资源十分丰富，然而人们却不敢随意烂杀烂采，他们熟悉动植物的生长规律，为了长久地利用，他们懂得节制和保护，所以有种种禁忌，自觉约束竭泽而渔、杀鸡取卵的行为。刀耕火种民朴素的自然认知和相应的行为准则，值得我们反思和学习。

其三，研究刀耕火种，可以丰富生态文明建设的内涵。讲生态文明，不同学科有不同的话语。一些自然科学家认为生态文明是工业社会之后的一种社会形态，这样的观点显然有问题。首先，我们讲农耕社会、畜牧社会、工业社会，是以生计形态或称经济形态作为尺度来划分社会的，而生态文明并不是经济和生计，而是上层建筑、意识形态。即生态文明并不是独立的社会形态，它跟农耕社会、畜牧社会、工业社会不是同一范畴，两者不存在进化对接的基础。所以说工业社会之后会出现一个生态文明社会，是牛头不对马嘴。其次，从人类学的角度看，生态文明作为人类文明的组成部分，并非今日才产生，而是早就存在于人类历史当中。我们不应割断历史，当代有生态文明，古代也有生态文明，而且两者不是孤立存在，而是一脉相承，现代生态文明形成，多半是以往社会生态文明的积累、借鉴、继承和发展，而非凭空产生。大量的研究业已说明，中国五千年的历史，曾创造积累了光辉灿烂的生态文明，世界上其他国家和民族也一样。云南各民族，包括山地民族在内，均有独特的生态智慧和丰富生态经验，都是中华生态文明的共同创造者。

其四，通过刀耕火种研究，我们认识到传统知识的宝贵。传统知识是个宝，这是人们越来越明确的共识。工业社会产生了种种生态环境问题，依靠科学技术去解决，这是治标，建立全社会都自觉维护和遵守的生态伦理和道德，并辅以完善的法律，这是治本。关于生态伦理道德，很多学者把眼光投向了传统，去发掘整理儒家、道家、佛家和中华悠久历史中的传统知识。传统知识不仅存在于历史当中，还存在于现实生活当中，存在于没有文字记载的少数民族当中，需要我们去调查，去抢救。例如基诺族，他们的知识、经验没有文字记录，但是相当丰富。我们曾经花了三个月的时间去调查基诺族的植物利用，不完全的统计，80年代基诺族的栽培作物仅陆稻品种就有74种，常用的食物、药物、宗教等植物种类多达400多种。其他如生态环境保护、土地分类利用、轮歇轮作技术、天象气候识别等，都是农学家书本上找不到的宝贵知识。再说独龙族，表面看他们的刀耕火种很原始，然而他们以水冬瓜树进行轮歇和轮作的经验技术却是当今最

收获（许云华摄）

为推崇的“粮林轮作”农业模式。在休闲地中栽种水冬瓜树，或者和农作物混作水冬瓜树，以提高土壤肥力并缩短土地休闲期，避免使用化肥和农药，说它是安全的生态有机农业，一点也不为过。栽种水冬瓜树的轮歇耕作技术，不仅独龙族，景颇族、佤族等也有这项技术。国外学者看了我的书，对云南少数民族水冬瓜树的利用特别感兴趣，多次来函要求详细写文章给他们发表，可见其价值。重视传统知识，将其与现代科学技术结合开发，往往会有新的重要的发现与突破。云南的一位农学家，注意到了哈尼族的传统水稻品种的特性以及多个水稻品种间作种植方式具有很强的抵抗病虫害的功效，受到启发，通过实验证实了其科学原理，并据之进行探索，获得了突破性的科研成果，受到了国家的奖励和国际学界的赞誉。这个案例，有力地说明了重视和利用传统知识的重要性。

其五，研究刀耕火种，可以促使我们反思现代生活方式的弊病。当代生态环境的严重破坏，很大程度上归结于人类物欲膨胀、消费无度，所以不惜疯狂掠夺自然资源，恣意破坏生态环境。美国人类学家萨林斯有“原初丰裕社会”之说，所谓“原初丰裕”，并非绝对意义上的丰裕，而是说原始社会的人们没有太多的物质欲望，没有贫富之分，没有攀比，不追求财富积累，只满足于获取基本的生活资料，不过度攫取消耗自然资源，对生态系统的干扰较小，人与自然能够保持平衡的关系。传统的刀耕火种社会，也大多是“丰裕的社会”。人们敬畏自然，信仰万物有灵，不敢随意伤害生物；土地公有，每个家庭每年砍烧森林，只要能生产当年的口粮就行，绝不多砍；他们懂得保留的森林地越多，动植物就越多，采集狩猎资源就越丰富，人们就不愁吃穿。生活的丰裕不仅在于物质，还表现在精神方面。由于不追求财富积累，所以投入生产劳动的时间较少，休闲和娱乐的时间就多，农闲时可以天天进山打猎，晚间或唱歌对歌跳舞，或凝神聆听老者讲述历史、传说、神话、故事，频繁举行的节庆、民俗活动和宗教祭祀，可以尽情享受欢乐和神圣的刺激。我们视为原始的山地民族的生活就是那样的简朴、单纯、闲适、快乐、无忧无虑。自然，山民们原始古朴的生活方式与现代文明差距甚远，农业社会、特别是闭塞的原始的农业社会，是不能与高度发达的工业社会相提并论的，不过山民们敬畏自然、清心寡欲、安贫乐道、遵循传统的生活态度，我想是可以给我们一些启示的。

其六，研究刀耕火种，可以深刻感受到文化变迁的利弊。经过社会变革、政治运动、经济转型、全球化浪潮等一系列强大深刻的冲击和影响，半个世纪以来，云南以及全国的少数民族地区发生了巨大的变化。在社会主义大家庭里，民族平等，少数民族当家做主人，社会、经济、文化、教育、交通、社会保障等各方面成就惊人，实现了跨越式飞速发展。与此同时，一些伴生的问题也值得注意，例如生态环境破坏严重，优秀传统文化大量消失，广大乡村日见萧条，等等。发展伴随负面影响，世界各地概难避免。我跟踪调查云南山地民族30余年，感受颇多。特别想强调的问题是，当今社会发展是硬道理，然而发展不能只讲经济发展，而应该包括社会、文化、教育等全面协调科学可持续的发展。目前传统文化正在以前所未有的速度迅速消亡，抢救已刻不容缓，这样的呼吁虽然不绝于耳，但是情况确实不容乐观，希望全社会予以关注，出谋划策，能够进行有效的保护和传承。

2017年11月考察西双版纳基诺族村寨古茶园

其七，与其六有关，是文化遗产的问题。近年来出现了非物质文化遗产保护热潮，形势喜人，然而也有遗憾，那就是属于社群文化的文艺、工艺类文化遗产居多，而属于基本生活物质生产范畴的文化遗产很少。具体而言，在中国这样一个具有上万年农业历史、农耕文化多样性极其丰富的国度里，农业文化遗产却寥寥无几，实在说不过去。唱歌跳舞是文化遗产，民以食为天的食物生产方式——农业、畜牧业等更应该是文化遗产。南京农业大学曾经有农业遗产研究室，做了大量研究，整理了大量资料，取得了举世瞩目的成果，然而据说如此重要的研究领域却没有受到应有的重视，以致一些研究人员纷纷改行，着实令人遗憾！近几年中国科学院李文华院士和其助手闵庆文研究员大力推动农业文化遗产研究和遗产申报事业，情况有所好转，国际粮农组织十分支持，国内影响也在逐步扩大，最近听说农业非物质文化遗产终于跻身于国家非遗名目之中了。我曾呼吁将刀耕火种作为农业非物质文化遗产进行整理申报，但我深知目前是不会有人响应的，要让人们理解认同，是很困难的，需要时间。然而问题是，如果有那么一天人们真正意识到它的价值希望将其申报为遗产之时，恐怕为时已晚，刀耕火种连同懂它的人早已不在人世，无从整理抢救了。值得庆幸的是，近年来北京中央民族大学生命环境科学学院的薛达元教授带领他的团队正在做一个重大项目——建立中国各地各民族的传统知识数据库。此项目做得十分及时，意义不可估量，实属“利在当代功在千秋”的功德事业。

耿：刀耕火种农业现在消失了，您认为消失的主要的原因是什么？

尹：刀耕火种的消亡有一个过程，是诸多因素综合作用的结果，主要原因有三。一是人口增长人地关系发生变化导致刀耕火种轮歇系统崩溃。前面谈过，在云南西南部山地，如果要维持刀耕火种系统正常运行，那么轮歇周期最短得有7年，而要保证7年的轮歇周期人均所有林地必须达到至少21亩以上。传统刀耕火种的轮歇周期一般都很长，景颇族通常为10年，基诺族是13年，更长的20—30年。轮歇周期越长，地力越好，杂草越少，农作物产量越高。如果人均林地面积太少，轮歇周期太短，休闲地森林不能恢复，杂草从生，地力退化，不仅农作物栽种困难，采集狩猎也要大受影响。然而从历史发展的角度看，人口增长是不可阻止的趋势，为了缓解日益严重的林地危机，刀耕火种民不得不寻求应对措施，例如利用多种农作物进行轮作，或者混作间作速生树进行粮林轮作等，就是缓解人地矛盾、延续地力的好方法。不过这些措施的作用是有限的，如果人口压力太大，林地严重短缺，那就不得不放弃刀耕火种，取而代之，就只能固定耕地，或者开发水田。在调查过程中，我们常常看到一些山地民族一方面进行刀耕火种，一方面耕种水田，这就是人地关系演变导致生计方式变化的表现。在云南红河哀牢山区，有世界著名的梯田农业，规模之大，景观之壮观，令人叹为观止。不过人们可曾知道，古代该区的哈尼族、彝族等也都从事刀耕火种，千百年来，从粗放的刀耕火种农业演变为集约的梯田农业，人们一定承受过太多的生存压力，经历了漫长生态变迁的沧桑。

二是国土和林业政策的变化对刀耕火种的影响。从20世纪50年代开始，刀耕火种作为“原始落后生产力”一直被列为重点改造对象，国家陆续出台的土地和林业政策促使刀耕火种不断减少。80年代初，云南省颁布了名为“林业三定”的政策，可谓是刀耕火种的“杀手锏”。所谓“林业三定”，即每个地区、每个村寨均须丈量土地，严格按规定划分国有林、集体林、轮歇地的面积和界限，不容随意改变。“三定”政策的实行，限定了轮歇地，很大程度上杜绝了山地民族随意迁徙、任意占地耕种的可能性。这样一来，一些林地少的村寨，不得不放弃轮歇耕种方式，代之以固定耕种的旱地农业。固定旱作，最大的问题是地力退化和杂草肆虐，为了解决这两大难题，有一段时间，政府相关部门曾大力推行“两化上山”，即鼓励山地民族使用化肥和化学农药，结果短期效果很好，不过问题相继发生，土地板结，人畜中毒，出现了意想不到的严重公害。事实证明，“两化上山”对生态环境的污染破坏和所造成的人畜以及食品安全等问题，远远胜于刀耕火种的弊端。所以，先进的科学技术并非百利而无弊，相比传统生产方式也未必绝对优越，对于食物生产新科技的应用推广，应该十分慎重，必须有足够时间的检

胶林如海

验，一哄而上是十分危险的。

三是市场经济的影响。前面说过，近半个世纪，刀耕火种一直是改造消灭的对象，过去消灭不了，是因为没有取而代之的粮食生产和现金收入的途径。基诺山过去曾经在雅诺寨尝试改革，以经营茶园取代刀耕火种，结果行不通，原因就是没有市场，茶叶卖不出去，解决不了吃饭问题，没办法，只好又恢复老行当。现在不同了，橡胶、茶叶、咖啡、香蕉等经济作物市场需求大而且比较稳定，收入丰厚。种橡胶最先发财的是傣族，看到实实在在的利益，山地民族于是相继仿效，趋之若骛。由于效益好，钱来得快，所以越种越多，想要限制都不行，结果刀耕火种没人干了，绵延了数千年的山火终于熄灭了。近20年来，山地民族生计转型的速度之快、之彻底，远远超出了人们的预期，这就是市场经济的威力。

耿：您做刀耕火种已经30多年前了。如果现在再做的话，有哪些可以做得更好？或者有哪些当时没注意到的东西？

尹：我过去的研究，缺陷和不足显而易见，如果以现在的眼光来审视，还可以在以下方面多下功夫：其一，原先的研究和写作重点放在资源认知、技术体系、社会组织、农耕礼仪、社会变迁等资料的发掘整理之上，而缺乏生动表现山地民族鲜活生活的意识，其结果文字枯燥自不待言，研究的深度自然也不尽人意。其二，对山地民族传统知识的发掘整理较多，而对他们在社会转型过程中的困惑、不适应以及由此产生的种种问题调查研究得不够。其三，上面说过，以种植橡胶等经济作物取代刀耕火种，变化可谓翻天覆地，传统生计文化的彻底解体，新的生计文化的产生完善，又是一个重大的课题。遗憾的是，现在精力不够，不可能去做了，只有寄希望于年轻学者了。

耿：很多原来从事刀耕火种农业的地方现在已经种植橡胶树了。橡胶树的寿命是50年，很多橡胶树寿命到了，一些人呼吁要恢复部分水源林，您认为可以做到吗？

尹：近20多年来，关于西双版纳等地大量种植橡胶，国内外的生态、民族学等学者，几乎是一边倒的口诛笔伐，说它破坏生态。我曾经与多位外国学者前往西双版纳调查，他们对橡胶种植均表遗憾，有的甚至深恶痛绝。这种状况，颇像当年对待刀耕火种，“过街老鼠人人喊打”。面对批评，山地民族难免感到委屈：原先我们搞刀耕火种，你们说原始落后，破坏生态，必须改变；现在我们不搞了，以橡胶种植替代刀耕火种，你们还是不满意，仍然说我们破坏生态，搞得我们前前后后不是人！批评者其实不必过于偏激，我们常说换位思考，如果转换一下角度，设身处地地为人家想一想，那么他们的诉求应该也是有道理的：生态环境重要，人是不是更重要；你们求生存发展，我们也要生存发展，什么都不能搞，我们吃什么！

当然，种植橡胶，是会对生态环境造成影响的。如果贪婪追求经济效益，不重视生态环境保护，违反科学规律，盲目扩大种植面积，连水源林、神山神林和不宜橡胶生长的高地森林都统统开发种植橡胶，那么就会导致严重的后果，生态破坏的灾难就不可避免。在工业社会，在市场经济的热潮中，人们崇尚金钱，追求效益，许多事情，许多发展，十分盲目，只重现实，不顾长远，肆意而为，不计后果，待到问题产生了，严重了，这才恢复理智，想法调整，以图亡羊补牢，结果为时已晚。发展经济是硬道理，种植橡胶等经济作物脱贫致富应该是大好事，关键是应该未雨绸缪，政府需提前充分研究论证，制定颁行具备法律效力的科学规划，并健全监督机制，合理配置雨林、国有林、集体林、水源林、神山神林、农地、橡胶园、茶园和其他热带作物的比例，以求协调和可持续发展。

即如很多专家学者批评的那样，目前橡胶园过度开发所带来的消极生态后果已日益显现，危害日益严重。有鉴于此，政府已经出台了限制过度开发、适当退胶还林的文件。如果措施得当，执行不打折扣，我认为生态环境是可以逐渐修复的。因为热带雨林并非“不可再生资源”，而是可以恢复再生的，只要政策落实到位，消除人为过度的干扰破坏，假以足够的时日，让土地充分休养生息，数十年之后，必然又是植物茂盛、动物富集、鸟语花香，生机盎然的景象。以我之见，只要人们意识到过度开发的危害，采取有力措施，生态修复也许不是最让人担忧的问题，最令人担忧的，其实是传统文化。种植橡胶等热带作物，发展市场经济，不仅彻底改变了传统生计方式，而且在很大程度上颠覆了传统文化。传统文化一旦颠覆，一旦淘汰丢弃，今后欲寻根、恢复、传承将十分困难。一个民族如果丧失了传统文化，名存实亡，再强调自己的民族身份，也只剩表象了。

耿：一项有意义的研究，可以不断延伸开发，您后来的思考和研究有哪些？

尹：在刀耕火种研究的基础上，后来的研究主要有以下几个方面：

其一，云南民族生活技术的研究。前期研究刀耕火种，感到山地民族的采集、狩猎、纺织、服饰、建筑等文化十分精彩、丰富，而且正处于变迁和消失的过程中，急需记录下来，所以化了很多功夫去做调查研究。早在做刀耕火种研究之时，就注意收集这方面的资料，为了做好这一课题，后来又花了几年的时间详细收集云南各民族的生活技术资料，调查范围扩大到云南所有民族。这方面的成果见于1996年后陆续出版的“云南物质文化”丛书，丛书由《农耕卷》（上、下册）、《采集渔猎卷》《生活技术卷》《纺织卷》《服饰工艺卷》组成。由于时间精力有限，个人无法完成全部的写作，所以除了《农耕卷》（上、下册）由我著作之外，其他几卷邀请了国内外几位专家分头写作，我尽量为他们提供资料，大家合作愉快，成果颇受好评，出版后先后荣获“中国图书奖”和“国家图书奖提名奖”。我研究生活技术，依然强调生态人类学的理论观点，这在拙著《农耕卷》（上、下册）里有明确的说明。研究农耕文化，我主要有三点理论思考：一是参照进化论，但不是单线进化论，而是一般进化论，而且不惟进化论；二是文化传播的观点；三是生态人类学的文化适应理论，此为本研究考察分析的重要理论根据。关于第三点，想多说几句。关于人类与自然环境的关系，过去在很大程度上受到人本主义的支配，即认为人类是自然的主宰，人类的生存史，便是与大自然斗争并征服自然的历史。所以，长期以来，生产工具一直被人们当作与大自然斗争的武器和人类征服自然能力的尺度和标志。然而，随着人类活动对自然环境所产生的负面效果的不断显现，面对人类日益严重地陷入自掘的生态泥沼而不能自拔的状况，人本主义的自然观开始受到怀疑和反省。人类不得不正视其主宰意识的谬误和危害，从而觉悟到大自然并非是可以为所欲为的“奴隶”，人类只有尊重和爱护自然，才能保证自身的存在和幸福。既然如此，生产工具“武器论”也就使人感到不那么妥当了。农具是农民的用具，了解农民的看法，对我们认识农具和技术是会有所帮助的。对于农民来说，人们怎么去定义生产工具并不重要，重要的是必须适用，即每一个地区的农具，都必须适宜当地的自然条件、劳动条件和技术选择。这就是生态人类学所主张的生境塑造文化、文化形态（尤其是物质文化和生计文化）是生境适应结果的观点。事实正是如此，为了很好地从事食物生产，人们总是根据不同的生态环境条件选择生计方式并制作与之配套的生产工具。这也就是我们在旱地农业和水田农业中、在山区和平原、在热带和寒带等都能够看到存在不同农具和生产技术的一个重要原因。令人遗憾的是，如此简单朴素的道理往往被搞得很复杂，不同的器物常常被贴上“发展阶段”的标签。仅以云南一些少数民族使用的小手锄为例，那本来是一种适宜在山坡旱地和园地播种、种菜和除草的小巧方便的农具，然而不幸的是，它们总是被视作“原始手锄”和“原始工具残余”而蒙受“不白之冤”。究其症结，那是因为在一些人的头脑中早已存储了先入为主的“观点”，即认为从小到大、从落后到先进乃是不容置疑的规律，所以一旦见到少数民族使用这种小锄头，便情不自禁地把它当作“考古新发现”了。其实，锄头的大小不过是“小有小的派用、大有大的用场”，是因地制宜的产物。因其小便断言其原始，因其大便认为其先进，那是有悖事实的。所以，在农耕文化研究中多一点生态适应的观点，对于开阔研究的视野，对于提高研究的科学性，都是十分有益的。

其二，是博物馆建设。研究山地民族的生活，看到他们的传统文化变化很快，许多东西即将消失或已经消失，非常希望建立博物馆，以抢救收藏展示他们的文化。1989年我从云南社会科学院调到云南民族博物馆筹备处工作，就是为了实现这个愿望。我曾经萌生过创立一座刀耕火种博物馆的想法，如果有条件做，一定很有意义，一定很精彩。当然，我很清楚，以我之力这个梦想是实现不了。在云南民族博物馆工作期间，负责业务方面的工作，开馆之初，我曾设计了一个云南民族生计展厅，全面展示云南各民族的采集、狩猎、农耕等生产生活。后来搞民族文化生态村建设，虽然没有专门的经费，但是我们还是想尽办法先后建立了三个乡村博物馆：景洪市基诺乡巴卡小寨基诺族博物馆、新平县腰街镇南碱村花腰傣文化博物馆、腾冲县和顺乡弯楼子民居博物馆。在乡村建设博物馆，必须充分发动村民参与，课题组成员则不畏艰苦，自始至终全身心投入，克服了种种困难，和村民一道，收集展品，设计布展，并培训村民管理宣传和接待讲解的能力。我们倡导各民族建设自己的博物馆，自觉收藏、保存、展示、传承、发扬自己的民族文化，这样的实践，我感到特别有意义。后来在云南大学又有机会负责主持建立了云南大学伍马瑶人类学博物馆。过去30余年，除了研究教学，我有幸参与领导建设了一个省级博物馆，主持创建了一个大学博物馆和三个乡村博物馆，并尽可能把自己的学术理念融汇于其中。虽然由于资金、管理等等问题的影响，几个博物馆的建设皆不完全尽如人意，然而毕竟尽了最大的努力，一定程度实现了追求的梦想，想来也觉欣慰。

其三，是民族文化生态村建设。民族文化生态村建设，是我在1997年提出一个应用性课题。为什么要做这么一个课题？上面曾经多次说过，多年在田野中行走，深切感受传统文化变化太大，我们担忧，老百姓更担忧，希望我们为他们出主意想办法，支持他们保护自己的文化。作为学者，尽管能力有限，但是觉得义不容辞，应该为民族文化保护传承做点实事。经过很长一段时间的思考，逐渐有了行动的计划，那就是做民族文化生态村，做几个试点，看能否实现预期的理想，发挥示范作用。那么，什么是民族文化生态村呢？我们给了它这样的定义：民族文化村，是在全球化的背景下，在中国进行现代化建设的场景中，力求全面保护和传承优秀的地域文化和民族文化，并努力实现文化与生态环境、社会、经济的协调和可持续发展的中国乡村建设的一种新型模式。具体做法是选择具有地域文化和民族文化特色的村寨，依靠村民的力量和当地政府及专家学者的支持，制定发展目标，通过能力和机制的建设进行文化生态保护，促进经济发展等途径，使之成为乡村文化保护传承与和谐发展的楷模，发挥示范作用，同时促进研究和学术的发展。基于以上思路，我们拟定了民族文化生态村应该努力实现的六个基本目标：第一，具有突出的、典型的、独特而鲜明的民族文化和地域文化；第二，具有朴素、淳美的民俗民风；第三，具有优美、良好的生态环境和人居环境；第四，摆脱贫困，步入小康；第五，形成社会、经济、文化、生态相互和谐和可持续发展的模式；第六，能够发挥示范作用。6个目标是否实现，需从下面9各方面进行检验：第一，村民热爱本地区、本民族的文化，具有较高的文化自觉性；第二，建立由村民管理、利用的文化活动中心；第三，依靠村民发掘、整理其传统知识，并建立传统知识保存、展示和传承的资料馆或展示室；第四，建立行之有效、可持续的文化保护传承制度；第五，依靠村民的力量，改善村寨的基础设施和人居环境；第六，改善传统生计，优化经济结构；第七，有一批适应现代化建设、有较高文化自觉性和有开拓奉献精神、能力强的带头人；第八，有比较健全的、权威的、和谐的世俗和行政的组织保障；第九，有良好的、可持续的管理运行机制。

该课题提出之后，由于切合云南省委省政府“建设云南民族文化大省”的战略决策，所以被定为云南文化大省建设的重点项目写入《云南民族文化大省建设纲要》。1988年，课题调研、培训和能力建设等计划受美国福特基金会的资助，正式开始运作，我们选择了腾冲县和顺乡（汉族）、景洪市巴卡小寨（基诺族）、石林县月湖村和丘北县仙人洞村（彝族撒尼人）、新平县南碱村（傣族）5个村寨作为试点实施计划，2008年课题结束，历时十年。

云南民族文化生态村建设，国内外关注者较多。建设过程中，媒体经常报道，前往参观的各方人士络绎不绝，参观考察者包括东南亚、韩国、日本、印度、美国、英国等国的学者，国内外大学生研究生感兴趣的也不少，有的把文化生态村作为实习基地，有的为写学位论而进行较长期的调查研究。试点村还接待和举办过多次规格很高的培训和会议，重要的如联合国教科文组织（UNESCO）举办的“中、老、泰、越苗族/蒙人服饰制作传统技艺传承”国际研习班的考察，联合国大学组织实施的“中老泰东南亚山地土地资源利用与管理”国际研讨会等。试点村的带头人和文化传承人经常外出参加文化活动，我去欧洲、东亚、东南亚的一些国家以及中国香港、台湾等地区参会作此报告，听众很感兴趣，反应热烈。课题进行期间，不断有成果产出，结题成果“民族文化生态村——当代中国应用人类学的开拓”丛书（6卷本），荣获国家民委首届社会科学优秀成果一等奖，《中国民族报》连续多期大篇幅地进行了介绍。此课题付出很多，收获不少，争议也多。现在人们问到的最多的问题是“文化生态村建设结果如何？”坦率说结果不是太理想，主要有三个问题：第一，项目进行期间成效很好，而在项目结束后有的试点便止步不前甚至退步；第二，几个试点村情况不一样，有的做得较好，有的做的较差；第三，从达标的情况看，有的指标达到了，有的指标达不到。众所周知，中国农村的实际以及内外因素的相互作用与冲突，情况之复杂、问题之多，在书斋里简直无法想象。我们应该承认，由于对现实的复杂与多变缺乏真切的认识，对困难估计不足，所以在民族文化生态村建设之初确实带有较浓厚的理想主义色彩，把目标设定得过高过全。不过，事物有两面性，一方面，建设的成效远未达标；另一方面，从学术研究的角度看收获不少。实践和探索，就在于发现问题，获取真知，总结经验与教训，从而为决策者献计献策，提供参考，同时昭示后人，立此存照，为前车之鉴。最近几年，文化生态的保护被提到政府的重要议事日程，国家非物质文化遗产名录里“传统文化保护村”“文化生态保护试验区”赫然在列，“社会主义新农村建设”“美丽乡村建设”政策不断出台，被赋予浓郁的怀旧、珍惜、期盼、重建等特殊含义的“乡愁”一词已然十分地流行。事实证明，学者们作为先觉先驱，他们的探索、呼吁、宣传、提案、建言等并非纸上谈兵、毫无作用，而能将理论应用于实践，在实践中创新理论贡献于社会，那就更有价值了。总之，能为当今中国的传统文化、文化遗产和生态环境的保护贡献绵薄之力，这是我们的心愿。做此项目，深感道路曲折，前途光明，为理想而努力，应该是值得的。

其四，是生态环境史研究。环境史是近20年来国际上兴起的一个跨学科研究领域，一些学者将国外有影响的著作翻译介绍到国内，引发了国内史学界的兴趣，短短时间，便形成了若干研究中心，取得了可观的研究成果。由于我的刀耕火种研究既有历史的追溯，又有当代变迁过程的呈现，所以亦被史学界环境史的同仁们所看重，多次受邀参加他们的学术研讨会，建立了良好的学术交流关系。无独有偶，从90年代中期开始，日本几个研究机构的学者相继与我合作开展生态环境史研究课题。先是京都大学东南亚研究中心的古川久雄教授，我们多次共同进行田野考察，部分成果结集为古川久雄、尹绍亭主编《民族生态——从金沙江到红河》一书（云南教育出版社，2003）。此后又参与大阪外国语大学校长赤木功教授的“湄公河文化环境相互关系的生态史研究”课题，成果结集为尹绍亭、深尾叶子主编《雨林啊胶林——西双版纳橡胶种植与文化环境相互关系的生态史研究》一书（云南教育出版社，2003）。再后较大团队的研究是参与日本地球环境科学研究所秋道智弥教授主持的日本文部省重大项目“亚洲季风区生态环境史的研究（1945—2005）”，负责子课题“云南季风区生态环境史的研究”，为期6年，组织30余人研究团队对云南进行调查，期间在中日两国举行了6次学术研讨会，出版论文集三册，译著一册：尹绍亭、秋道智弥主编《人类学生态环境史研究》（中国社会科学出版社，2006），秋道智弥、尹绍亭主编《生态与历史——人类学的视角》（云南大学出版社，2007），尹绍亭、窪田顺平主编《中国文化与环境》（第一辑）（云南人民出版社，2010），秋道智弥、市川光雄、大冢柳太郎等著，尹绍亭、范广融译《生态人类学》（云南大学出版社，2006）。上述成果，大多是初步的探索与总结，假以时日，应该能够做出更为规范深入的生态环境史作品。

其五，是培养学生，扶持年轻学者。我于1999年从云南民族博物馆调到云南大学人类学系从教，开设了生态人类学、田野调查研究、中国西南民族研究、博物馆学等课程，并指导本科生进行田野调查和撰写毕业论文。2000年主持申报“民族生态”博士学位授予点获得批准，至2006年出国停止招生，培养了一批博士硕士研究生。为鼓励年轻学者早出、多出成果，同时为了学科建设，近三年来与何明教授共同主编“生态人类学丛书”，迄今为

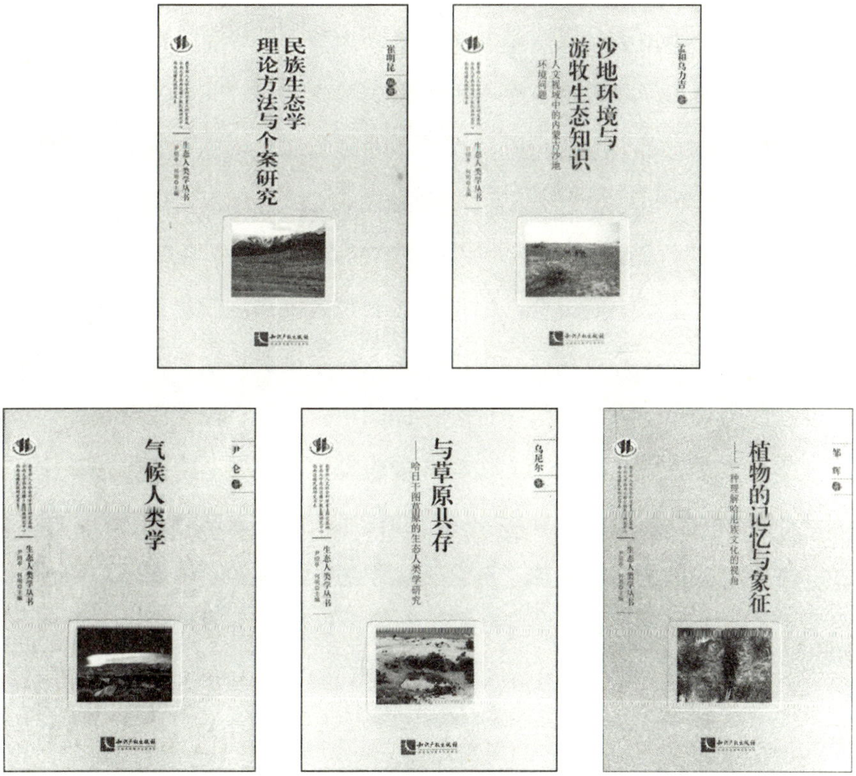

生态人类学丛书

止已出版了12册，分别是李永祥著《泥石流灾害的人类学研究——以云南省新平彝族傣族自治县“8.14特大滑坡泥石流”为例》、郑寒著《自然•文化•权利——对漫湾大坝及大坝之争的人类学考察》、赵文娟著《仪式•消费•生态——云南新平傣族的个案研究》、邹辉著《植物的记忆与象征——一种理解哈尼族文化的视角》、崔明昆著《民族生态学理论方法与个案研究》、乌尼尔著《与草原共存——哈日干图草原的生态人类学研究》、董学荣和吴瑛著《滇池沧桑——千年环境史的视野》、孟和乌力吉著《沙地环境与游牧生态知识——人文视域中的内蒙古沙地环境问题》、徐晓光著《清水江流域传统林业规则的生态人类学解读》，崔海洋和李峰著《侗族传统农耕文化与珠江流域水资源安全》、陈祥军著《回归荒野——准噶尔盆地野马的生态人类学研究》、尹仑著《气候人类学》，丛书尚未完成，还将继续做下去。

其六，是建立学术交流网络。在我国，除了云南大学之外，中央民族大学、吉首大学、中山大学、新疆师范大学、内蒙古大学、广西民族大学、贵州大学、贵州凯里学院等都有生态人类学的教学和研究。为了促进合作与交流。2004年我和吉首大学的杨庭硕教授、新疆师范大学的崔延虎教授共同发起编辑《生态•环境人类学通讯》，《通讯》虽然是非正式出版的小刊物，不过因为是首创，还颇受同行关注，遗憾的是只出了十几期便停刊了。交流的另一种形式是举办研讨会，记得由我和广西民族大学袁鼎生教授牵头，曾先后在桂林、昆明办过两届“中国生态人类学高级论坛”。吉首大学杨庭硕、罗康隆教授也多次主办过研讨会。2009年，与联合国大学合作，促成在云南大学建立了“联合国大学文化与环境研究中国网”，中方参加单位有云南大学、三峡大学、贵州民族学院、广西民族大学、云南省社会科学院。而早在2004年，我的团队就参加了联合国大学组织实施的“中老泰东南亚山地土地资源利用与管理”项目，5年间与泰国、老挝、印度等国学者多次合作考察并以“东南亚大陆山区土地可持续管理网络”之名举行了一系列国际研讨会。

耿：行动很重要。中国的知识分子有行动的传统，比如民国时期的梁漱溟、晏阳初等人从20世纪20年代始便积极倡导乡村建设运动，以探寻中国现代化的道路。

尹：是啊，文化人类学有应用人类学的分支，也叫行动人类学，国内外许多人类学者做了非常好的应用研究，比如社会发展、禁毒和艾滋病的研究，等等。人类学这个学科产生、发展于西方，迄今为止，我们的教学基本上是沿用西方的理论和方法。学习他人是必要的，借鉴是不可缺少的，世界文明是全人类共同创造的。不过，学习不能邯郸学步，亦步亦趋。欣赏、仿效、注释他人的理论，当然可以，但不应该成为风尚。中国人类学民族学面临的任务，我认为一方面学者们应静下心来，多读书，做好田野，理论结合实际，多出好作品，为中华和世界文明大厦添砖加瓦；另一方面要继承中国知识分子经世致用的优良传统，先天下之忧而忧，脚踏实地，面向现实，以本学科特殊的视角，去研究社会发展过程中的种种问题，发挥本学科应有的价值，为社会做贡献。

耿：生态人类学与环境社会学一样，都属于跨学科研究。您认为跨学科研究有哪些需要注意的吗？

尹：跨学科研究是科学研究的需要，是学术研究不可忽视的新趋势。当今世界，不论哪个学科，无论是自然科学还是社会科学，面对的研究对象都不会是单纯的事物，而一定是复杂的事象。单一学科在复杂的事象面前，难免捉襟见肘、力不从心。例如人类学欲研究人与环境的关系，必然涉及生态、环境、资源等领域，如果你缺乏相关自然科学的概念和知识，完全是人文的话语和想象，在自然科学者看来，就很不科学，难免被笑话，所以必须学习生态学，若有可能还应该学习与之有关的地理学、地质学、农学和植物学等。社会科学者学习自然科学，不仅是为了具体研究的需要，而且对理论创新亦十分有益，生态人类学的创立，就是人类学者学习应用生态学的结果。跨学科的研究，除了需要学习其他学科的理论方法之外，更为有效的途径，是组织多学科的队伍共同进行研究。不同学科的学者组成团队，共同考察，密切对话，切磋交流，相互启发，取长补短，无论对研究者还是对研究课题都大有好处。在国际学术界，跨学科的研究早已成为惯例，在我国，囿于我见，云南是较早实行跨学科研究的地方。20世纪80年代初，中国科学院西双版纳热带植物研究所裴盛基研究员的研究团队最早在国内进行民族植物学的调查研究，他们从植物学跨入民族学，开创了跨学科研究的先河；稍晚肇始的云南生态人类学的田野调查研究受到民族植物学的影响，两个学科密切合作，互相促进，成果共享，形成了跨学科研究的良好局面。我们做民族文化生态村建设课题，也自始至终实行跨学科研究方法，课题组成员既有人类学、历史学、社会学、民俗学、经济学等成员，还有建筑学、地理学、服饰设计、博物馆展示、植物学等科研人员参加。你这次不远千里来云南，受你导师陈阿江教授的委托，来采访与你们不是同一专业、并且素昧平生的我，足见你导师的眼光和胸怀。能够打破学科的藩篱，扩大视野，促进不同学科的交流与合作，难能可贵！听你介绍你的导师，感觉是一位执着勤奋并颇具开创性的学者，刚才翻阅你导师所赠大作，他所从事的癌症村调查等课题，可谓人为环境灾难的典型案例，环境社会学如果不关注那样的现实问题，那是说不过去的。中国目前严峻的环境态势，需要有更多像你导师那样具有扎实学养、远见卓识和强烈使命感的学者去深入研究、解决问题。

至于说跨学科研究应该注意的问题，首先，感受较深的还是做学问的态度。常常看到一些文章和著作，包括研究生的论文，其做法，搜罗一些学科的概念和方法，拼凑一些资料，云遮雾罩地论证一番，便谓之曰“跨学科研究”，看似新颖，其实苍白，庞杂而肤浅。症结所在，恐怕是投机取巧的心理作祟。对本学科的理论没有吃透，找不到突破的门径，不愿意下功夫深入调查研究，于是拉来“跨学科”的大旗，东拼西凑，来一个“大拼盘”了事。这样的“跨学科研究”，不是正道，还是少一点比较好。其次，我觉得进行跨学科研究还要注意一个问题，那就是你始终得立足于自身的专业，不能舍本求末。道理很简单，跨学科研究意在互补，你要说好自己的话，而不要越俎代庖过多地去说别人的话，只有每个学科都充分发挥自身的优势，才能形成综合优势，达到理想的效果。最后，要谦虚谨慎，为了做好研究，需要学习其他相关学科的理论方法，不过短期内要熟练掌握一门知识是很困难的，为了避免错误，一定要虚心向合作者求教，决不可夸夸其谈，造成无知无畏的不良影响。

时间关系，今天就谈到这里。今后我们还可以找机会深入交流。

耿：感谢尹老师能够接受我的采访，并且花了那么长的时间讲了那么多精彩内容，使我深受教益，再次衷心感谢！

（此文原载《鄱阳湖学刊》2016年第1期，题目为《生态人类学的本土开拓：刀耕火种研究三十年回眸——尹绍亭教授访谈录》，收入本文集有所修订并改换了题目。）

山光物态弄春晖——谈农业文化遗产等

采访者：云南大学民族学与社会学学院博士研究生崔璨

时　间：2016年1月

地　点：昆明

崔琛（以下简称崔）：尹先生您好！久闻先生大名，很高兴今天有幸认识您，并感谢您接受我的访谈。先生您很早就从事生态人类学以及农耕文化、文化遗产、博物馆等的研究，至今发表了许多有影响力的著作和论文，尤其是您的《人与森林——生态人类学视野中的刀耕火种》《一个充满争议的文化生态体系——云南刀耕火种研究》《云南物质文化•农耕卷》《云南民族文化生态村建设》等中、英、日文的著作和论文已成为这几个领域必引或引用率很高的的参考文献。今天占用您宝贵的时间请教几个问题。

尹绍亭（以下简称尹）：难得你有兴趣从事采访，而且准备了很好的提纲，看来不接受不行。今天你想从何说起？

崔：谢谢尹先生。我的第一个问题是：在人类学的领域，您大半生的经历都在研究西南地区少数民族的刀耕火种。我注意到您的著作《人与森林——生态人类学视野中的刀耕火种》一书在2008年再版时将书名改为《远去的山火——人类学视野中的刀耕火种》，这是否意味着刀耕火种这一生计方式正在消失或已经消失？您如何看待刀耕火种这一文化类型的消失？从农业文化遗产的角度来讲，您认为有必要对刀耕火种进行保护吗？为什么？

尹：刀耕火种已经谈得很多。正如你所说，刀耕火种在许多地方已经消失，少数地方还有零星分布，但已经不成规模。至于如何看待这一文化现象的快速消失，我的认识和态度也随着时间的推移而有所变化。前几年是担忧和遗憾。为什么？原因之一，20世纪80年代中期以前，在尚未找到可以替

刀耕火种播种

代刀耕火种的新的生计形态的时候，许多山地民族的刀耕火种便在种种压力之下迅速变异、消亡，结果给他们的生活造成了严重困难，生态环境加速遭受破坏，变迁中的文化消极因素也随之增多。原因之二，刀耕火种产生至今，历经万年以上。从使用简单的石木器到使用木、竹、铁以及畜力等组合的复杂的农具系统，从无序撂荒游耕到多样化的有序轮歇可持续耕作，从少数作物简单粗放的栽培到数十数百种作物及其品种的混作、间作、轮作，从盲目攫取动植物到农耕采集狩猎的有机结合形成生态互补、产出丰富的利用系统，从小群体简单社会到形成具备社会组织、制度、文学、艺术、伦理、礼仪、信仰、宗教等完整文化体系的复杂社会等，刀耕火种早已成为一种独特的内涵丰富的文化类型。作为和旱地精耕细作农耕以及灌溉水田农耕并驾齐驱的一种重要农业形态或称农耕文化，刀耕火种理应得到人们的重视、珍视，对其蕴含的智慧经验、生态学的原理和实践、独特的技术体系、丰富的知识储备等，理应很好地抢救、发掘、整理、传承、创新、光大。然而事实却不是这样，迄今为止，“原始社会的原始农业残余”依然是它挥之不去的“标签”。“名分”可以不去管它，关键在于当人们还饱受偏见蒙蔽，几乎认识不到它的价值之时，它却已经迅速消失于历史舞台，一座由人类历经万年创造积累的无比丰富无比珍贵的文化遗产宝库，就这样无声无息地烟消云散了，怎能不令人叹息痛心！

不过，近几年我的认识态度发生了变化，不像过去那么悲观了。为什么？首先，许多山地民族已经找到了替代生计，基本上实现了生计文化的转型，尽管随之而来的问题和消极负面因素不少，然而衣食基本无忧了，有的甚至达到了小康，这是最令人鼓舞、值得肯定的大事。这种转变靠的是什么？那就是靠政策、靠市场，靠种植和销售茶叶、橡胶等可以赚取丰厚现金的经济作物。今昔对比，看到山地民族在衣食住行等方面发生的惊人变化，确实为他们感到高兴，这不就是我们从事研究、一直苦苦追求的目标之一吗！其次，刀耕火种虽然依然不被待见，虽然濒临消亡，然而一些事情告诉我，它并没有“死亡”，它还在发挥“余热”，还在萌动发酵，顽强地体现着它的价值。看来不管你愿意不愿意，喜欢不喜欢，自觉不自觉，要想彻底抛弃它、消灭它是不可能的。有例为证，先看国内。事例之一：前不久有农业经济专家对我说，他们发现了一个可以更新地力、维护生态的“法宝”，即在农地和荒地里种植水冬瓜树。我对此感觉十分可笑，这哪里是你们的“发现”，独龙族、景颇族等几百年前就已经利用水冬瓜树从事意在更新地力、缩短耕地休闲期的粮林轮作刀耕火种了。对于刀耕火种的诸多发明，你们从不予承认赞赏，现在好了，说是你们的“发现”！时至今日才被“发现”，虽然太晚，不过毕竟终于被认识被认可，也算是进步吧。这个事例应验了一句话：“是金子总是要发光的。”无独有偶，从报纸上得知，在怒江和独龙江，政府派驻农村的工作队也发现了栽种水冬瓜树的好处，于是制定了一项发展“新措施”，要求每个村寨都要种植面积相当的水冬瓜树林，以改善环境和地力。当地的传统知识能够成为政府主导的行为而被利用，这是求之不得的。事例之二，据媒体报道，为了改变我国土地资源严重退化、毒化的严重状况，农业部近年出台了一项新法规——在全国积极推行土地休耕计划。所谓休耕，不言而喻，源头就在刀耕火种那里，推广实行休耕，其实就是学习刀耕火种、传承刀耕火种经典的轮歇耕作方式。现在强调发展绿色农业、绿色文化，刀耕火种

40年的基诺族田野朋友资切

秉承的轮歇循环可持续利用的宗旨，无疑就是“深绿色”。事例之三，关于刀耕火种农业遗产的抢救，虽然未进入主流，然而已有多个团队在行动。裴盛基先生的团队多年来在刀耕火种农作物多样性和生物多样性方面做了大量的调查研究，获取了诸多成果；杨庭硕教授的团队一直致力于贵州等地区苗族、侗族等的传统农耕的调查研究，他们不仅关注传统知识的发掘整理，而且十分重视传承利用，并已取得了显著成效；薛达元教授的团队最近十年做了一件了不起的工作，他们对我国55个少数民族的传统知识、包括全部刀耕火种民族的传统知识进行了全面系统的调查、搜集、抢救、发掘、整理，建立了数据库，并探索形成了相应的传统知识产权保护和利用惠益分配的法律体系，在国际学界发挥了示范作用，产生了良好的影响。

再看国外。事例之一，在我考察过的日本的诸多农村之中，有的还传承着刀耕火种，有的虽然不再从事了，然而人们依然十分珍视这一农耕文化。我去过一个可以称之为“刀耕火种生态博物馆”的山村，该村规划了专门用于刀耕火种的森林，按季节进行砍树、烧地等一系列生产活动，目的不是为了生产粮食，而是供城市学生和游客参观体验学习。云南有比日本丰富得多的刀耕火种，然而却没有一个实地保留的参观体验学习的基地，这是十分遗憾的。事例之二，也是日本，2016年12月，宫崎县内一个依然传承着传统刀耕火种轮歇农业的社区被世界粮农组织评定为世界农业遗产，这个信息对于我国学界来说也许是不可思议的，然而那却是不容置疑的事实，我感觉特别

30年密切合作从事生态文化调查研究的京都大学教授古川久雄先生

30年密切合作从事山地生态等调查研究的京都大学山田勇教授

佤族刀耕火种调查结识的佤族长老随嘎先生

有意义，令人鼓舞。事例之三，刀耕火种在东南亚、南亚等地，依然是学者们十分关注的研究对象，我的邮箱经常收到相关的信息和约稿的信件。国际上许多学者对刀耕火种研究非常执着，具有很强的使命感，令人敬佩。以上事例充分说明，刀耕火种这一人类创造的伟大的农耕文化所具有的长久的生命力，随着时光的流逝，其精华的价值将越来越显珍贵。有鉴于此，我非常希望有关方面能够做一个专门的刀耕火种数字化博物馆，尽一切可能详尽收集资料，充分发挥其学习教育研究和开发利用的功能，造福当代惠泽子孙。

崔：请问农业遗产在我国情况如何？

尹：众所周知，与非物质文化遗产比较起来，农业文化遗产还是一种较新的世界遗产类型，目前人们对它的认识度还较低。“农业文化遗产”的概念来源于联合国粮农组织（FAO）。按照粮农组织的定义，全球重要农业文化遗产（Globally Important Agricultural Heritage Systems,GIAHS）是“农村与其所处环境长期协同进化和动态适应下所形成的独特的土地利用系统和农业景观，这种系统与景观具有丰富的生物多样性，而且可以满足当地社会经济与文化发展的需要，有利于促进区域可持续发展”。农业文化遗产具有活态性、动态性、适应性、复合性、系统性、战略性、多功能性及可持续性等特点，对于应对人类发展中的一些重大问题，如食物安全与贫困缓解、生物多样性、气候变化、生态补偿、文化多样性等具有重要意义，是一个关乎人类未来的新的遗产类型。我国的农业遗产评审事业是由中国科学院资源环境研究所李文华院士和他的学生闵庆文研究员发起开创的。按照农业文化遗产的定义及其特点的要求，我国的一些农业景观或农业生态系统已经成功申报进入到全球重要农业文化遗产名录，例如浙江的青田稻鱼共生系统，云南的红河哈尼稻作梯田系统、江西的万年稻作文化系统、贵州的从江侗乡稻鱼鸭系统、云南普洱古茶园与茶文化系统、甘肃迭部扎尕那农林牧复合系统、浙江湖州桑基鱼塘系统、山东夏津黄河故道古桑树群、南方山地稻作梯田系统等共计17项。同时，在李文华院士和闵庆文研究员团队卓有成效的推动下，中国政府也启动了中国重要农业文化遗产名录项目，目前共有39项农业景观或农业生态系统入选该名录，如云南漾濞核桃作物复合系统、新疆哈密市哈密瓜栽培与贡瓜文化系统、云南剑川稻麦复种系统、福建福州茉莉花种植与茶文化系统、云南广南八宝稻作生态系统等。我国是世界上历史最为悠久、农业多样性最为丰富的国家，农业遗产研究具有广阔的空间。即如刀耕火种，虽然已经消失或即将消失，然而只要认识到位，要遴选培育样板其实并不困难。

崔：生态人类学这门学科既有丰富的理论积累，又有很强的应用性。在当前生态文明建设的热潮中，生态人类学能否有所作为？

尹：自党的十七大报告中提出"生态文明建设"的号召以来，生态文明就成为我国当今社会中的一个热点话题。在社会各界，包括学术界和理论界都高度关注生态文明的大背景下，生态人类学也不例外。对于这个问题我写过文章。我认为生态文明是人类文明的重要组成部分，是人类在历史长河中认知、利用和保护自然的知识综合体，其中包括生态智慧、技术、伦理、道德、法规、宗教信仰等。从这种意义上来讲，生态文明古已有之，所以我不同意某些学者把生态文明说成是工业文明之后新生的文明，即后工业文明的观点。从生态人类学的视角看生态文明的文化内涵，它至少应该包含文化适应、文化多样性和和谐共生三个方面。关于这三方面的论述，请参照拙文《人类学的生态文明观》（载《中南民族大学学报》，2013年第2期）和《从人类学看生态文明》（载《中国社会科学报》A05版，2013年5月31日），这里不赘述。今年4月曾参加由《中央民族大学学报》主编贾仲益教授主办的民族地区生态文明建设理论与实践研讨会我在会上做了《建设西部生态文明圈构想》的报告，这是新的思考，尚不成熟，这里简单说其要点，供你参考并希望引来讨论。

西部是我国乃至世界上的一个特殊区域，其独特性主要表现在以下几个方面：一是区域范围广大，面积占到全国的三分之二以上。二是地貌、气候、生态的复杂性和多样性十分突出。在我国的三级阶梯地貌中，西部以第一和第二级阶梯地域为主，同时拥有第三级阶梯。在一级阶梯中，高耸的世界屋脊青藏高原大部分为冰川雪原，形成中国乃至东亚的“水塔”，是我国主要江河长江、黄河以及国际河流雅鲁藏布江、怒江、澜沧江、元江的发源地和水源涵养区。三是从文化方面看，西部具有极其丰富多彩的文化禀赋，堪称民族文化多样性的宝库。按地域文化粗略划分，有黄土高原华夏文化区、北方草原游牧文化区、天山南北绿洲文化区、青藏高原农牧文化区、川鄂湘巴蜀文化区、云贵高原滇黔文化区和岭南文化区等；按民族划分，西部45个民族文化各具特色，至少有近百类主要的民族文化类型。四是从对外交通交流方面看，西部是我国与中亚西亚东南亚交通的辐射中心。历史上西部有三条重要国际通道：一条是穿越大西北一直延伸至欧洲地中海沿岸的古丝绸之路，另一条是贯通黄土高原和青藏高原通往尼泊尔、印度等国的唐蕃古道，第三条是穿越西南云贵高原远达东南亚和南亚的“南方丝绸之路”。西部可以说是国家实施“一带一路”倡议的重心地带。五是西部是世界各种文明、文化的交汇地，自古中原汉文化、古欧洲地中海文化、古阿拉伯文化、古印度文化、中亚文化皆汇集于此，佛教、伊斯兰教、基督教三大外来宗教最早盛行于西部并通过西部传向东部。六是西部虽然是自然生态多样性的富集区，然而也是我国生态环境最为脆弱的地区。中国有七大生态环境脆弱区，其中有五个分布在西部：北方半干旱—半湿润区、西北干旱区、西南山地区、西南石灰岩山地区、青藏高原区，占我国生态环境脆弱区总面积的80%以上。

鉴于上述西部生态环境和民族文化的特殊性，我提出构建西部生态文明圈的设想。建设西部生态文明圈意义重大，概括而言有如下几点：其一，建设西部生态文明圈，可以避免重蹈西方工业文明的老路，有利于西部乃至整

30年一直保持刀耕火种等合作研究的立教大学白坂蕃教授

和联合国大学梁罗辉教授、清迈大学卡诺克教授合作进行东南亚山地调查研究

个中国的生态环境保护。其二，建设西部生态文明圈，充分发挥西部生态屏障的功能，是可持续发展的重要保障。其三，建设西部生态文明圈，促进东西部生态文明互动互补，有利于促进我国整体生态文明的建设。其四，建设西部生态文明圈，是造福西部45个民族子孙万代的大事。

建设西部生态文明圈，我认为必须采取如下措施：第一，通过顶层设计，整合资源，科学论证，把西部生态圈建设坐为国策，进行规划和打造；第二，通过发掘各民族传统生态文化，融合现代生态理念和科学技术，创造新型绿色文化内涵；第三，牢固树立科学发展观，打造绿色经济，坚持走绿色发展之路，杜绝各种形式的资源掠夺和环境污染；第四，充分发扬民主，给予民众充分行使参与和监督生态环境保护和合理资源利用的权利；第五，制定完善生态环境、自然资源保护的法律体系，形成严密持久的法律法规保障。能够实现上述五条，西部生态文明圈的建设便有希望了。

崔：感谢先生关于生态文明建设以及西部生态文明圈构建的独到见解。具体到实践方面，环保也是生态文明建设的一个重要的组成部分。随着环保运动在全球范围内如火如荼地展开，我国的环保运动也越来越频繁，我们发现环保已经不仅仅是一种公众意识了，近几年已经发展成为一种集体行为的社会运动，其中坚力量不乏青年与知识分子。请问先生，您对我国目前的这些环保运动有何看法？您对参与环保运动中坚力量的青年群体持怎样的态度？能否对我国的公民参与环保事业提一些建议？

尹： 这是一个很好也是一个很大的问题，我这里只能简要地谈谈我对这一问题的看法，仅供参考。

生态人类学关注文化与自然的关系，早期的文化生态学主要关注那些小规模较为封闭的社区中的人与自然与环境的关系问题，例如狩猎采集人群对环境的适应，尤其是对环境中食物的利用方式等文化适应问题。20世纪中期以后，生态人类学的发展出现了一个新的发展趋势，即从文化生态学向环境人类学的转变。这一转变的发生与人类所面临的环境问题日趋严峻不无关系。20世纪60年代，美国生态学家雷切尔•卡尔逊（Rachel Carson）的《寂静的春天》（*Silent Spring*）一书的出版了，唤醒了公众的环境保护意识。这通常被认为是现代环境保护运动开始的标志，为此，雷切尔•卡尔逊被誉为现代环境保护运动的先驱。在当代环保运动的兴起同时，生态人类学也将其关注传统社区中文化与环境的关系的问题转向关注当代社会的环境问题，并由此形成了环境人类学。环境人类学重点关注权力与环境，关注因权利不公、利益冲突、盲目发展所导致的自然环境、资源遭受破坏等悲剧式的世事沧桑，与此相关的当代生态环境保护运动也必然会进入我们的视野。在谈看法和建议前，我想先明确一下我们讨论的乃是民间性质的环保运动，而非国家主导的环保运动。

在我国，要使民间环保运动健康持久地发展，我以为以下几点认识非常重要。首先，民间环保运动的产生和形成体现了公众环境意识的提升，是社会进步的体现。试想一下，在旧中国，社会动荡，民不聊生，何谈公众的环境意识，即便在改革开放前，主旋律倡导的是阶级和政治斗争，谁提环境问题可能被扣上“阶级敌人”的帽子。改革开放以后，国家加强了民主建设，中央政府对环保问题日益重视，国际交流影响扩大，民间环保运动逐渐形成，民间环保组织得以生存和发展。其次，要保证民间环保运动正能量的发挥，应该积极鼓励公众参与，而要实现公众的有效参与，那就必须保证公众的环境知情权和环境监督权。“环境知情权”是指政府相关部门应该让公众及时充分地了解环境现状况，尤其是环境遭受破坏污染等情况；“环境监督权”是指公众对于破坏生态环境的行为具有行使充分监督的权利。知情权和监督权，从深层次的意义上来讲，是关系到社会主义民主建设的大事。最后，公众参与，具有知情权和监督权，这是一个方面；另一方面，参与的公众，也应担当环境保护的权利和义务，这是作为环保运动中坚力量的年轻群体尤其需要注意的。众所周知，生态环境的破坏大多是人为原因引发和造成的，社会公众中的每一个成员对此都负有一定的责任，都应该承担相应的义务，这就是我们经常强调的“保护环境，人人有责”。现在国家大力提倡生态文明，公众如何养成爱护环境的良好习惯，努力实践低碳生活，不随手乱扔垃圾随地吐痰，做好垃圾分类，节约用水用电，节约粮食，把生活中的这些“小事”视为权利和义务，这就是实实在在的公众参与。最后，还要强调的是，开展或参与民间环保运动，应该依法行事，这方面基本法规有《中华人民共和国环境保护法》和2015年公布的《环境保护公众参与办法》。只有依法行使权力和作为，才能使民间环保运动正常有序健康有效持续地发展和兴盛。

崔：谢谢尹先生对民间环保运动和环保公众参与的精辟见解。下面要提的问题与一个美丽的地方有关，这就是热带雨林。中国的热带雨林以西双版纳的最为典型，那里生活着众多的少数民族，是您30多年前开始田野调查的地区。作为晚辈，我的博士论文田野点也在西双版纳，我对西双版纳的变迁特别感兴趣。现在谈到西双版纳变迁时一个绕不开的话题就是大量天然雨林被人工台地茶林和橡胶林所取代造成的环境问题。我读过您的著作《雨林啊胶林——西双版纳橡胶种植与文化环境相互关系的生态史研究》。在书中，您把西双版纳橡胶的种植过程看成是一部“饶有兴趣，引人入胜”的生态史。在此，想请您谈谈这部生态史中所反映的橡胶树种植对当地生态环境和少数民族文化的影响。

尹：谈到西双版纳的生态和文化变迁历史，除《雨林啊胶林——西双版纳橡胶种植与文化环境相互关系的生态史研究》之外，还可以参考我和秋道智弥教授主编的《人类学生态环境史研究》（中国社会科学出版社，

2006）、《生态与历史——人类学的视觉》（云南大学出版社，2007）等。至于橡胶影响的问题，也讲过写过很多了。这里想说的是，如果从生态史的角度看，西双版纳橡胶种植60余年，只是一个新的社会历史阶段中的一个新的人与自然故事的“序曲”，是一种由多重内外因素激发产生的创新生计方式或称文化变迁，在今后的发展过程中这种外来生计文化是否能够持续满足当地经济发展的要求，能否成为社会和谐的基础，能否有效克服其对生态环境和生物多样性的危害，能否发挥促进当地各民族进行文化传承发展创造的正能量等，还不十分清楚，还是一个谜，还需要长期的观察。我们可以和应该做的事情，就是整体观照，深入调查，认真记录与分析，多从他者的角度，提出问题，并寻求解决问题的途径。

受聘中国农业遗产专家组成员

崔：我有一个也可以视为生态人类学的问题想请教，我的博士论文是做西双版纳傣族的传统养老文化的研究，也就是养老与民族文化的关系研究。田野调查中发现，当地傣族对“老”的理解有着自己的独特认知，它与主流社会“老年人”的定义以及其他民族的相关概念存在较大的差别。有趣的是，在傣族社会中存在着一套我将其称之为为“老年礼”的“成老”仪式。傣族这种对“老”的认知是否可以看成是一种地方性知识？如果可以，它的意义何在？

尹：说到地方性知识，这是生态人类学特别关注的话题。你把当地人的“老人”的概念看成是一种地方性知识，很有意义。以往我们讲地方性知识，就没有考虑到这一点。当今社会，“老”已成为热门“显学”，我虽然不熟悉此领域，然而也做过这方面的几个课题。昆明医科大学的张开宁教授，近年来致力于“养老”研究，请我参加，他非常希望在此项研究中能够体现人类学的理论和观点。我按照他的要求，写了文章，重点强调了在制定和推行各级政府“养老”政策的过程中，必须多做深入调查，注意文化多样性，即必须认识和研究不同文化的“老”和“养老”的认知、伦理道德等观念体系和行为方式。如果能够促进不同民族的养老文化与国家的养老政策的有机结合，那对于各民族地区的养老事业是非常有益的。养老的一个重要问题是老年健康，这方面我们做过教育部的重点课题，题目是“疾病与文化关系的研究”。我们选择了多个少数民族社区，按人类学的方法进行调查研究和比较，发现了若干社区民间医疗的“地方性知识”。此外，我们还与日本地球环境研究所和京都大学合作进行过一个跨学科的老年疾病与自然环境关系的研究。参与者有来自医学、人类学、社会学等学科的专家学者。调查的地点和民族一是选择高海拔的云南省香格里拉地区的藏族，二是选择低海拔的景洪市的傣族。调查对象为藏族和傣族典型社区60岁以上老人各200多人，方法一是医学的问诊和血液等的检查，二是问卷调查，三是文献资料的调查，四是饮食和日常活动等的调查。结果发现低海拔热带地区的老年傣族和高海拔地区的老年藏族的多发疾病的差别，科学地揭示了两个地区老年疾病与自然环境的关系。上述研究也许对你会有所帮助吧。至于你发现的傣族的“成老”仪式，很新颖，以往的研究大多是少年的“成年礼”，“成老礼”似乎没人注意过，至少我没看过这方面的文章。期待着你的精彩研究。

崔：感谢先生让我们分享了您的学术经历与成果，再次谢谢先生！

（此文原载《原生态民族文化学刊》2017年第4期，题目为《从刀耕火种到生态文明——对生态人类学家尹绍亭教授的访谈》，收入本文集有所修订并改换了题目。）

踏遍青山人未老

——开拓者的足迹

采访者：上海大学社会学院副教授

　　　　马丹丹博士

时　间：2016年5月

地　点：昆明

2017年夏天采访尹绍亭老师，感受最深的一点是他的开创经历，他曾经负责创建了云南社会科学院社会学研究所、云南民族博物馆、云南大学人类学系、云南大学伍马瑶人类学博物馆、云南大学影视人类学实验室、云南民族文化生态村。如此丰富的开创经历实属少见。访谈尹绍亭老师的文章，就笔者所见，主要有如下几种：其一是《阅尽山林求学问——人类学学者访谈之四十五》，访谈人陆萍（《广西民族大学学报》，2007年第3期）。其二是《全社会行动，共同建设民族文化生态村》等五篇访谈文章，访谈人《中国民族报》记者（《中国民族报》2009年3月20日，4月10日、17日，5月8日、29日）。其三是《大器晚成——云南大学尹绍亭教授访谈录》，访谈人是徐杰舜（《民族论坛》，2014年第1期）。其四是《生态人类学的本土开拓：刀耕火种研究三十年回眸——尹绍亭教授访谈录》，访谈人是耿言虎（《鄱阳湖学刊》，2016年第1期）。这四位作者从不同的角度对尹绍亭进行了治学、自传和学科建设等方面的访谈。第一篇侧重从尹绍亭的成长经历来看他的治学历程和生态人类学思想背后的社会交往。第二篇侧重尹绍亭从事文化遗产保护的理论和实践。第三篇侧重尹绍亭有关人类学、民族学学科建设的思路和想法。第四篇侧重尹绍亭对生态人类学的具体见解、学理脉络以及应用人类学方面的作为。在访谈尹绍亭老师之前，我没有做基本的文献准备工作。回去后整理资料，发现我的访谈，只能在已经发表的四篇访谈中某些一语概括的“话”里面披露“没有说出”的细节。这些细节对学科史

与学生们经常聚会、交流

还是学术史而言均不过是“边角料”。那天上午来到尹老师在滇池新区的住宅做客，中午，尹老师和师母请我到他家附近的一家上海餐馆吃饭。这场景恍若昨日。反复揣摩这些访谈资料，我问自己，对尹绍亭老师增加了哪些了解？略有欣慰的是，初次和尹老师接触，我猜测他在田野当中和生活中一样，是不折不扣的绅士风范。这一猜测从不多的尹老师的田野留影中得到了印证。这种印象来自马林诺夫斯基，他在田野当中，根深蒂固的中产阶级的价值和道德心性把他折磨坏了，然而置身于原住民群体，他的着装、行为打上了他在文明社会的阶级烙印，他用服装把自己紧紧包裹起来，他的胃对食物有着强大的防御意志，他用文明的躯体与蛮人社会隔离起来，他所做的事业是建立科学的民族志范式，他用原始人的文化来抨击中产阶级维护的伪善的父权文明。虽然马林诺夫斯基的自我与田野命题因矛盾百出而迷雾重重，我从内心还是对这种士绅阶级的自律精神深深憧憬。时光变化真快。当人类学者在田野中习惯穿着短裤、凉鞋走村串巷，和当地人喝得酩酊大醉，朴素、民主、自在的穿着、言行早已改变了现代人类学在草创时期流露的焦虑、拘谨和严肃。直到见到尹绍亭老师，我好像才看到马林诺夫斯基时代的古典派人物从书里走下来。不过尹绍亭不同于过去那个时代的地方是他这种待人接物的礼貌与规矩，这恐怕主要与其家庭出身有关，此外与日本等外国学者长期交往的影响亦不无关系吧。他谙熟日语，翻译了《稻米之路》《生态人类学》等著作，随着他的刀耕火种研究成果的问世，渐渐地打开了他与日本学术圈交流交往的实际合作与互访。他的生态人类学研究首先在日本学术界产生影响，然后再传播到欧美国家。在这方面，尹绍亭老师给我讲述了较多的交往故事与趣事。

第二个印象是尹绍亭老师对学问十分执着，迷恋于遥远的异乡田野，他尽量远离官场和复杂的人际关系，遇到矛盾，他尽可能回避、折中、调和，以不扰乱自己的追求，同时尽可能为同事和他负责的机构创造平静和谐的工作研究平台。这种为人处事的“致中和”脾性伴随他长期的学术经历，在他的履历中，竟然有好几次辞职的境遇。他擅长“从无到有”的创造性工作，他不习惯也不喜欢处处为人际关系操心的行政角色。也许是少年的坎坷与成长的压抑，使得他倾向于遇到权力与自由的冲突时选择退却，但是学科使命却总是落在他的身上，让他在复杂的状况中整合团队，做一些实实在在的事情，推动学科建设的健康发展。回想他继王筑生担任人类学与社会工作系的系主任后，开始担任作为独立的人类学系系主任的过程，经历颇为独特。他“隐”于田野（隐与尹谐音），又以应用人类学“入世”，不愿涉足也沾染了“官僚体制”习气的学术管理岗位，只是在时任云南大学副校长林超民教授的多次诚恳邀请之下以及学界挚友的敦促，他才改变了“独善其身”专心学术的想法，自动放弃行政级别，应聘担任了云南大学人类学系系主任。在尹绍亭老师这里，我遭遇到学科史与学术史之间难以调和矛盾

40年交往的基诺族长老白佳林、沙车

的困惑。我回想起庄孔韶老师在福鼎会议的间歇对我说过的话，他建议我舍弃学科史，专心治学，处理人物与作品的关系。即使无法回避，也可以把学科史处理为背景。我现在才理解了庄师的这份心意。学科史梳理发挥的作用不仅仅是提供理论背景，它与学术史相互交织，同样为学术史提供了行动框架。访谈尹绍亭使我感到，他与庄孔韶有着相似的看法，不过，他认为虽然做学科史尤其是当代学科史比较困难，甚至会出力不讨好，但是此项工作的重要性不言而喻，仍然需要有人去做。他举例曾经工作过的日本国立民族学博物馆，那是日本人类学民族学的研究重镇，前几年该馆指派一位教授撰写该馆30年的馆史，馆史其实就是该馆的学科史，写作历经数年，几易其稿，期间多次评审所获质疑、责难、批评之多，是作者原先意想不到的，作者付出了很多，结果并不是所有馆员都满意，但是为该馆留下了一段历史，功不可没，应该说是很值得的。

世界人类学与民族学大会在云南大学召开之时，尹绍亭还是愿意谈学科建设的，但是到了2014年徐杰舜老师访谈他的时候，他就不愿意再多谈学科建设的话题。2016年的访谈则完全围绕生态人类学的治学之路展开。不愿意多谈学科建设的地位，同时又表露出自己对学科建设的期待与想法，看似矛盾，其实能够理解，尹老师对我说得最多的一句话是：“我们是学者。”这位人类学前辈没有跌宕起伏的情绪却充满感染力的人格魅力，深深地打动我。引发我思考的是，究竟应该怎样写尹绍亭老师，作为云南大学人类学初访当中人物访谈的最后一位，撤销之前的人类学系的发展应该在尹绍亭这里有了一个较为圆满的交代。从厦门大学到云南大学，我走过了不同的山水，也走访了不同的学者，东南与西南的文化差异似乎在接触和交往的细节中渐渐地显现。何明老师散发的热忱干练的气质、院长办公室勤奋工作的热火朝天，超民老师带有云南口音的普通话、不拘一格降人才、为人物作传的口述史功底透露了历经沙场的泼辣和洗练，尹老师高大的北方男子身材、不为风雨所动摇的“文如竹”人格，一个个发光的贝壳串起了我的“云南印象”。初访下来的感受是西南的学术生态曾经复杂而艰难，在这块土地耕耘不辍的人类学者和田野工作者孕育出一个较为统一的行动理念：以田野调查为根本的实践道路。无论是林超民，还是王筑生、尹绍亭、何明等人，在人类学的实践指向上均有其一致性，所不同的是实践的理念与实践的方法。正是由于秉持这一田野传统，云南大学的人类学、民族学保持了它的理论生命力与理论批判力。不同的实践理念与方法，也给人类学的学科发展注入了不同的思想，进而呈现出多样化的实践道路。应该在断裂与连续的辩证关系中关注云南大学人类学恢复三十年来走过的这条实验性色彩浓厚的学科道路。其中，争议是矛盾的焦点。有些做法引起争议，批评的声音如屡不绝。如何看待争议？学科史如何处理民族志理论与方法的断裂？这些问题拷问着我，书写的负荷也越来越疑虑不安、以加速度的物理运动方式加紧了书写的窒息。这迫使我不得不搜集更多的资料，尽可能寻访当事人，以事实为表述依据，并且学会针砭事实，形成自己的观点。还有一个问题，书写学科史，涉及人类学的地域格局，例如云南，尹老师表达过对一本冠之以学术史的著作的批评："同事告知北京出了一本本领域的学术史，书中所谈学者以北京为中心，外地学者极少，云南学者仅一人。我告诉他，此类书如此狭隘偏颇，不值一提了。"这种失重指出一个书写者的倾向：为谁而写。以我个人之力，我只打算选择不同地域的三到四个高校作为案例，来书写学科史。这种做法显然有取巧的成分，案例的局限性首先就摆在面前。回顾王建民老师等人所写的《中国民族学史》（下卷），王建民老师用高超的史家技法来书写客观的、全局性学科史的演进。我只能望其项背。以己之力，尽可能探索当代民族志成果呈现的学科思潮动向、发现略有新意的当代人类学学科史贡献。民族志评价体系的形成与学科思潮的判断息息相关。学科思潮是权力、资源、人物、作品四因素的综合体现，既是物质现实，又是精神活动。与其论证有中国特色的中国人类学的种种特点，不如以民族志依托的土地为基础，恢复民族志生产与消费的关系链条。高校的人类学学科点是一个体制化的平台，可能会更细致地呈现多元的学科场景。无法避免的是选择的倾向性，用尹老师的话，这也可以归结为点和面的关系。案例研究完成后，下一阶段可以考虑人类学整体格局的调查，覆盖其他省份。

一、社会学研究所

尹绍亭师从杜玉亭老师攻读硕士，毕业后留在云南省社会科学院负责筹建社会学所。社会学刚刚处在百废待兴之时，研究所成立之初非常有生气，一批年轻人聚集在一起，思想敏锐，还专门前往北京请教费孝通先生。费孝通对他们提及云南三村的研究，希望以回访的方式将云南三村的研究继续下去，确立社会学研究所的研究方向。当时来不及做，2003年，北京大学与云南民族大学合作以博士论文的形式才得以实现。不过尹绍亭对村落研究也有自己的看法。

就在这批青年学者专注学科理论建设之时，就在社会学所风生水起的时候，在接受徐杰舜的访谈中，他说道："院领导从省政府的需要出发，要求社会学所将社会发展战略作为研究重点，战略研究非我专长，一时难以适应，恐有负领导的重托，一年后遂萌生了离职的念头。"

作为研究所负责人，又是草创，事务性工作太多，当然，为了学科建设，牺牲个人专业也并非不值得。然而问题是如果研究所不能厘清发展方向、找准学术定位和立身之所，不能尊重所员各自的专长和兴趣，一味跟风于临时需要，那么这个研究所在学界就不可能发挥应有的作用，长此以往，这批风华正茂的所员精英们很可能会像彗星一般，昙花一现，淹没于平淡庸碌之中。有鉴于此，加之厌烦太多的会议与应付，尹绍亭心绪不安，觉得不能再这样下去，于是找到院领导提出辞

考察法国农村

任请求，没有得到答复，情急之下便在所内指定了代理者，然后一走田野了之。自己想怎么干就怎么干，不顾尊重领导，不顾组织程序，尹绍亭现在回想此事觉得不免莽撞，实属太过任性。院领导当时颇为恼火，认为是罕见的无组织无纪律事件。领导不高兴了，见面居然面带怒容，事情似乎很严重，不过尹绍亭反觉解脱，“无官一身轻”，且无欲则刚，他认为领导印象好坏对不想当官的学者来说其实是不重要的。几十年过去了，当年的领导也早就释然了，尹绍亭不过就是年轻人要性子，且人各有志，一心想做学问，事实证明也并不是坏事，现在大家“一笑泯恩仇”，人生小插曲，一切都在笑谈中了。尹绍亭说：“这里谈这段经历，不是要表示清高，而是想说一个道理：任何事情贵在坚持和积累。从个人来说，如果朝三暮四、随波逐流、东顾西盼、浅尝辄止，那是成不了气候的。即使主观不愿如此，客观上造成断裂，负面影响也很难消除，例如我辈被‘文化大革命’耽误了十余年，留下的终身缺憾难以弥补。从学科发展看，20世纪50年代以后中国人类学民族学中断了20余年，其后遗症至今依然十分显著。令人遗憾的是时至今日这样的状况并未完全杜绝，类似的“新常态”依然延续。例如很多学者为了争取作为业绩评估不可或缺的各级政府的科研基金而经常改变研究方向；更为糟糕的是，院校所系亦如行政部门，领导频繁更换，新人上台后为突出形象大都处心积虑破旧立新，不屑于优良学术传统的继承，不屑于已有优势学科的发扬，只想以自己为中心另搞一套，如此学术生态，学科怎能良性发展！”

二、民博十年

在接受徐杰舜的访谈中，尹绍亭说：“1989年，汪宁生先生在云南民族学院做历史系主任，筹划发展民族学，希望调我去做副系主任；无独有偶，此时云南省民族事务委员会准备筹建云南民族博物馆，我选择去了博物馆。”

最初汪宁生找到尹绍亭的时候，他同意到民院。汪宁生让人事处先后去了三个商调函。不料后来他改变了主意，决定去云南民族博物馆筹备处，向汪先生表示歉意，汪先生表示理解。在云南民族博物馆工作期间，尹绍亭先担任筹备组副组长，建馆后任副馆长，在民博10年间，所做工作值得一提的主要有以下几项：

一是筹备期间的工作。尹绍亭认为，作为人类学民族学学科建设，博物馆占有重要地位，我国老一辈学者大都很重视博物馆事业，而且非常重视在田野中收集实物资料。相比之下，现在的学者此方面的意识就很淡薄，关注博物馆和民族文物研究的很少，好像那不是我们学科的事，而是文物部门和博物馆学界的事。这样的认识和态度，实际上在很大程度上削弱了人类学民族学的文化服务功能和社会影响。现在我们经常抱怨人类学民族学不受重视，抱怨人类学不是一级学科，我认为一个重要的原因就是我们在普及人类学知识方面做得很不够，没有积极地全方位地去展现人类学的社会服务功能，这是值得反思的。例如日本的国立民族学博物馆，设有以五大洲为研究对象的五个研究部，有人类学者近百人，可谓当之无愧的学术研究中心，对于政府和社会而言，该馆国际水平的学术研究当然重要，而该馆作为大众利用的文化设施，作为大众吸取人类学知识、提高文化素养的教堂，作为文化消费和文化旅游消遣的好去处，同样意义重大。人类学研究与人类学普及是相辅相成的，人类学教学研究机构与人类学博物馆等宣教机构也是相辅相成的关系，所以不止日本，法国、加拿大、美国、墨西哥等国都有高水平国家级的人类学民族学博物馆。我国目前的状况，除了学术界，社会上了解人类学的人少之又少，中国民族博物馆搞了几十年还在筹备，人员换了几代，至今没有建馆，该学科社会认知度之低，于此可见一斑。目前为了争取人类学一级学科，学界众多学者大声疾呼，不遗余力，而中国民族博物馆申办被冷冻数十年，人类学者们却冷眼旁观，好像事不关己，学界如此偏狭，实在令人费解。云南民族博物馆亦经历过如此命运，筹建之初，阻力很大，困难重重。多数人认为已经有了云南博物馆就没有必要再建民族博物馆，话虽如此说，背后的原因却是压根儿看不上少数民族文化。尹绍亭作为筹建者之一，参加了不少会议，做了许多联络工作，参加了申请、评估、调研、立项全过程。经过云南民委几届领导和筹备组的努力，1993年终于建成了当时我国第一座省级民族博物馆。

二是文物和展示品征集。数年之中，带领年轻馆员征集了大量民族文物和展示品。

三是国际交流。负责建立了与美国日本等国相关机构的交流关系，打开了局面，交流卓有成效。

四是负责争取到日本四千余万日元的无偿援助。

五是展示内容的制定。在展示设计的过程中，馆长等一直主张欲依据古典进化论进行五种社会形态展示，尹绍亭不同意此方案，经过耐心说服，后来改为全方位文化专题展。尹绍亭负责修改审定所有展题的展示提纲。

六是在重要关头坚决维护博物馆博物馆体制不变。云南民博建成之后，干扰不时发生，最严重的一次是在1997年。其时云南省委负责宣传和旅游的某领导提出拟将民族博物馆与云南民族村合并，欲把博物馆作为民族村的附属机构，由民族村负责管理运作。此事交由云南省计委负责征集意见办理，尹绍亭代表民博参加计委会议，发表了反对意见，会后主持会议的计委副主任请他到办公室单独谈话，再次征求他的意见，听后表示了理解。此副主任是他研究生的同科师弟，所以尊重他的意见，后来合并方案被搁置下来，民博终于避免了被改制放逐的严重危机。

考察日本乡村

在接受徐杰舜的访谈中，尹绍亭说道："在民博十年也算是我的黄金时期吧，除了博物馆筹建和业务管理工作，还主持了一些很有价值的科研项目，建立了一些稳固的国内外学术交流关系，产出了一些重要成果，而且出国访问了几年。"在接受《今日民族》原主编陆萍的访谈中，他谈了此期间与日本学者的交往。1990年，时任日本国立民族学博物馆馆长的佐佐木高明教授曾因为尹绍亭研究刀耕火种邀请他去合作研究。在那里工作了半年。后来他又先后受聘到日本京都大学东南亚研究中心、东京外国语大学亚非言语文化研究所和东京立教大学担任客座教授，在日工作了近4年。这些机构的一些教授，曾与尹绍亭一起进行过合作研究和田野调查。在徐杰舜访谈时，他说道："1993年在日本京都大学任客员教授，抽时间写了《云南物质文化·农耕卷》（上、下册）。1999年，此书日文版在日本出版。2011年我受邀访问法国汉学中心，在那里看到中心主任案头摆着拙著，他们就是通过此书知道我的。"在日期间，他还应立教大学白坂蕃教授的约请，写了一本书稿，由该教授翻译在日出版，名为《雲南の燒田——人類生態學的研究》。另外，他的著作《人与森林——生态人类学视野中的刀耕火种》也是1995年在日本写成的。为什么又写这本书？还得从他的第一本著作说起。1990年，云南人民出版社出版了他的《一个充满争议的文化生态体系——云南刀耕火种研究》，一位曾在瑞典驻中国大使馆工作过的瑞典籍美国学者马思中写信给他，希望将此书翻译成英文出版。1994年，美国福特基金会驻北京和越南的代表到昆明见尹绍亭，说东南亚半岛几个国家还没有像他这样系统研究刀耕火种的著作，表示可以支持翻译并在美国出版他的著作供国外参考，条件是出版之后要向

在法国诺曼底作报告

世界各地相关机构赠送图书。尹绍亭想到了马思中，于是推荐了其时在美国康奈尔大学任教、现为该校人类学教授的马思中担任翻译，并说明如果要向国外赠送著作，那么最好不要在美国出版，那里书太贵，要送那么多书成本太过昂贵。福特基金会同意了他的意见。而为了呈现更为满意的著作，1995年尹绍亭在东京外国语大学工作期间，抽时间重写著作，每写一章便寄往美国给马思中教授翻译。后来由于马思中受聘瑞典东方博物馆馆长，工作太忙，所以一直拖到2002年才翻译完成出版，书名为《PEOPLE AND FORESTS——Yunnan Swidden Agriculture in Human-Ecological Perspective》。

三、云大人类学系和人类学博物馆

众所周知，云大是我国人类学民族学的重镇，抗战时期，老一辈学者很多曾在云南生活工作，留下了丰富学术遗产。中华人民共和国建立之后的很长一段时间，该学科名义上不存在了。改革开放后，一些学校又陆续恢复该学科，云南大学于1987年由林超民副校长主持在历史系内恢复人类学专业，于1996年成立人类学与社会工作系，由王筑生教授担任系主任，钱宁教授担任系副主任。1999年人类学与社会工作分开，独立成系，尹绍亭老师任人类学系系主任，翟明安教授任副主任，人类学系进入良好发展时期。

在接受徐杰舜的访谈中，他谈论自己在人类学系的工作：“我做人类学系主任，主要抓两点，一是教学，一是突出我们的学科优势。那一时期，是我校人类学学生最多、质量最好的时期，也是生态人类学、象征人类学、女性人类学、影视人类学和经济人类学这些优势学科发展势头特别好的时期。2000年我们获得国家一级学科，2002年获得国家重点学科。”

在较早接受《今日民族》原主编陆萍的访谈中，他将学科建设方面的工作放在第五位，第一位是生态人类学和物质文化领域的探索。在访谈中，他对自己从事的学科建设工作只字不提，较多地谈了自己对人类学、民族学的学科愿景和建议。

在接受耿言虎的访谈中，他对培养学生进行了较多的介绍。“我于1999年从云南民族博物馆调到云南大学人类学系从教。开设了生态人类学、田野调查研究、中国西南民族研究、博物馆学等课程，并指导本科生进行田野调查和撰写毕业论文。2000年主持申报民族生态博士学位授予点获得批准，至2006年出国停止招生，培养了一批博士、硕士研究生。为鼓励年轻学者早出、多出成果，同时为了学科建设，近三年来与何明教授共同主编‘生态人类学丛书’，丛书尚未完成，还将继续做下去。”

在接受徐杰舜的访谈中，他说：“2005年我离开人类学系去筹建人类学博物馆，两年后人类学系取消。令人遗憾！”

建设人类学博物馆，是云南大学几代学人的愿望。之所以能够立项建设，多半仰赖了林超民教授的努力。林教授向海外著名爱国人士伍马瑶夫妇争取到建馆资金，学校再予以经费配套，云大伍马瑶人类学博物馆才得以建成。2003年尹绍亭担任博物馆馆长主持筹建工作，关于博物馆的工作，他对记者陆萍有着详细的叙述：“2003年云南大学筹建人类学博物馆和影视人类学实验室。此两项白手起家的事业又落到我的肩上。于是辞去人类学系主任职务。带领一批学者全身心地投入了这两项事业。经过两年多的努力，于2006年5月初步建成开馆。作为大学的博物馆，虽然规模较小，然而由于将博物馆与影视室相结合，数字化程度高，影视资料丰富，形成了特色；而更有意义的是，我们将校馆与6个民族文化生态村相整合。形成了一个城乡、动静相结合的‘1+6’的人类学博物馆模式。”尹绍亭设计的伍马瑶人类学博物馆原为五个展厅，但是由于经费太少，只有150万，所以第一期只实现了三个。

关于211工程影视人类学实验室，尹绍亭主持建立了三个数据库。他说：“作为高校的专业人类学博物馆，我们还力求对中国人类学的发展和学科的建设有所贡献，为此创建了三个数据库：一是中国人类学家数据库，目前已采访拍摄了以宋蜀华等老一辈学者为首的约60部影视片；二是影视人类学数据库，迄今已收集了近千部中外人类学影视片；三是非物质文化遗产数据库，现已调查拍摄了民间艺人及其技艺专题片约60部。这些工作虽然尚处于起步阶段，然而却实现了几代人类学家的夙愿，做了他们想做而没能做的事情。”

这里需要补充徐菡对自己参与东亚影视人类学研究所和影视人类学实验室的工作介绍，从她的执行情况可以间接地了解尹绍亭作为系主任的学科新思路。在接受郭净的访谈中，她回忆道：“实际上东亚所是附属在人类学系下面。那时项目快近尾声了，刘永青也在做这方面的工作，但那时很艰难，我来以后基本交给我了。尹老师叫我做的第一件事，就是把我们的毕业证拿到手（中德项目第二期培训班），叫我去办这个事情。……后来林超民老师找了关系，人家才同意发给我们中英文的有正式编号的毕业证书。如果没有，就只是一个普通培训班。……第二件事，尹老师想把影视人类学申报成硕士点，叫我和张海去办。……那件事我们弄了很长时间，报上去了，但不晓得哪样结果，就不了了之了。尹老师还是比较有远见的，问题可能出在我们差中间的一拨人，我们这些人太年轻了，东亚所的成绩又太多了，就差几个带头的人，需要一个梯队。这件事情就这种完了。完了马上又发生一件事情，就是2004年中国影视人类学国际会议，它每个城市开一届，到我们毕业的第二年就轮到在昆明开，这也是德方和中方合作的一个要求，尹老师让我们筹备这个会议。当时请了好多机构，我们负责发邀请函，记得那次会议庄孔韶带着他的《虎日》来放映，但好像也没有哪样成果保留下来。包括芭芭拉和好几个教授的发言都没有资料留下来。这件事情完了，影视人类学实验室开始建立了。……尹老师又叫他们去做著名人类学家的访谈，我都参与了，我跟张海拍过王敬骝老师、马曜老师。尹老师还叫我们翻译影视人类学的著作，喊刘永青牵头。……还有一件事是拍非物质文化，张海他们去拍了一批，拍出来以后他们没人剪，我去帮他们剪片子，剪了一个《瓦猫》，但听说那个片子烂在电脑里了。……这批东西成了影视人类学实验室最早的资料。”［《云南纪录影像口述史（第一卷）》，云南人民出版社2013年版，第268—269页］

值得注意的是，2009—2011年左右，何明牵头组织“非物质文化遗产的田野图像”课题，产出了《丙中洛阿怒民歌》（何林、王爱华合著、拍摄）等一批作品。2011年徐菡从英国访学归来，“何明老师问我格有兴趣，参加拍普洱的非物质文化遗产，要出碟子跟书，影像这边喊我来负责。拍了三个事情：普洱茶、芦笙舞、拉祜族的《牡帕密帕》”。［《云南纪录影像口述史（第一卷）》，第272页］从中可以看到，何明任民族研究院院长以来，传承并延续了尹绍亭老师的一部分人类学设想，例如非物质文化遗产的抢救工作，尤其是成果转化方面，课题或者项目资源发挥了积极的支持作用。

在我访谈尹绍亭老师的时候，他补充了一个细节：当时他组织全国著名人类学家的访谈。一行人到北京访问、拍摄老一辈人类学家，中国社会科学院不是太愿意接待，有些人类学、民族学家的片子没有拍成。中央民族大学给予了大力支持。就这样用不多的经费拍摄了近60部访谈片。云大“211”工程验收，杨圣敏是专家组成员，看了影视人类学实验室等成果，对尹老师说：“尹老师做了很多工作，影视人类学我们想做的没有做成的，你们做成了。”

关于云南大学人类学系被撤销的问题，尹绍亭回答徐杰舜老师仅仅用四个字：“非常遗憾！”其实他远远不止遗憾，他很清楚撤系造成的损失，他认为撤系使优势学科遭受挫折，对学校来说也是一个不小的损害。后来人类学又恢复招收本科生，然而一旦遭遇断裂，元气大伤，要恢复至鼎盛状况，肯定十分困难了。

分别之际，我问尹老师，你对人类学当下的处境有何看法？尹老师回答我：“第一，人类学、民族学前辈的学术遗产需要很好传承发展。第二，应加强对人类学民族学的宣传，强化人类学民族学在新时期国家战略研究中的作用。第三，要突出学科本土化意识，逐渐改变‘唯西方论’的状况。”三点意见，深深地烙印在我的心头。

（此文发表于《中央民族大学学报》（哲学社会科学版）2016年第6期，题目为《“生态艺术”与“逃避艺术”：尹绍亭、斯科特关于刀耕火种的“对话”》。）

名高青史万年香

——缅怀伯父尹明德

采访者：浙江绍兴学院副教授

袁建伟博士

时　间：2005年10月

地　点：昆明

袁建伟（以下简称袁）：尹老师，在读您的硕士研究生期间，时值美国缅甸研究会主席伊利诺伊州大学资深人类学教授F. K. 莱曼(F. K. Lehman)携夫人来云南大学访问，承蒙您的关爱，指派我做他的助手，并让我陪同他前往中缅边界的端丽进行田野调查，对我的学业帮助很大。在陪同莱曼教授的过程中，他多次提到您的伯父尹明德先生，他对尹明德先生十分景仰和推崇，说大凡研究民国时期中缅地区的西方人类学者，都很重视尹明德先生的著作。他还说，有一位法国人类学家很不像话，他写云南一看就知道是用了尹明德先生的调查资料，但是没有注明出处，应该揭露批评。

尹绍亭（以下简称尹）：莱曼教授跟我也谈过他对尹明德先生的赞赏和敬佩，还向我了解了一些情况，说如果有精力，他还想写文章向西方学界介绍伯父。不过他毕竟是80岁的老先生了，那次来云南一年，临别时说还要再来，结果来不了。很好的一位学者，值得尊敬。至于说批评法国学者，那位先生说不定早已去见马克思去了，与人为善好，那时研究云南的外国人很少，有人关注云南也算是好事吧。

袁：我后来为了写硕士论文去缅甸曼德勒等地调查，年纪稍微大一点的云南华侨都知道尹明德先生。

尹：伯父为世人所知，主要不是在学术方面，而是在中缅界务方面。

袁：尹明德先生作为中缅边界勘察和界务谈判的重要人物，应该纪念和宣传，让人们缅怀和铭记。

20世纪30年代在国民政府外交部任职时的尹明德

尹：2012年，我们做了一件值得欣慰的事情，在家乡梁河县建立了“尹明德先生纪念馆”。提出建立纪念馆的人是时任梁河县县长的方文信先生，方县长是梁河本地人，傣族，早先毕业于西南民族大学历史系，爱家乡，有文化。梁河县原属腾冲县，所以伯父既被认为是腾冲人也是梁河人，不仅伯父，老家在梁河县九保街的李根源先生也是如此。腾冲为著名历史文化名城，县城有国殇墓园、抗战展览馆、李根源纪念馆、艾思奇故居等遗迹名胜，历史文化氛围十分浓郁。在国殇墓园和李根源纪念馆里，有伯父简单的事迹介绍。方县长认为伯父对国家贡献大，家乡人应引以为自豪，但是梁河数十年没有宣传，不应该，所以极力主张在梁河县建立一个尹明德纪念馆。梁河县是国家级贫困县，财政十分困难，有时连政府机关工作人员的工资都难以及时发放，然而就是在这样的情况下，县委宣传部和文化局还是筹集了十几万元经费用于筹建纪念馆。馆址选在县城傣族土司府靠后的一个小院落内，面积不大。梁河县委县政府的举措，使我们十分感动，为了节约资金，伯父长子尹绍源、四子尹绍平和我承担了纪念馆陈列的资料收集和展示设计工作。大哥尹绍源解放初期参加人民解放军，复员后一直从事党政工作，先后担任昆明机床厂厂长办公室主任、厂工会主席、昆明市总工会主席，与伯父在一起生活的时间最长，收藏伯父的资料最多，文章写得好，陈列展示大纲的起草自然非大哥莫属。四哥尹绍平是著名摄影家，又是《求实》等杂志的资深记者，对家乡的发展十分关心，做了不少工作，与梁河县委、县政府一干领导早就熟识，除了收集展示照片等资料之外，建馆的联系商谈及工作安排等事务均由其负责统筹协调。我熟悉博物馆业务，协助两位堂哥修订文字，审定方案，并挑选了原为我馆馆员的胡仕海负责陈列的形式设计和制作。通过两个多月紧张的工作，终于在2012年4月泼水节之前完成了布展和开馆的所有准备工作。

袁：这位方县长很有见识，十分难得，他为梁河县做了一件大好事。

尹：确实如此。他工作繁忙，但是据说非常喜欢读书，而且喜欢与文化人交往聊天。记得开馆之前，我与四哥再次前往梁河，方县长请客。那是泼水节前一天，按习俗傣族群众要上山采花。席间方县长来了雅兴，吟诗一句："花分明暗，但喜有缘相会"。众人听后摇头晃脑想对下句，方县长摆摆手说，不要你们对，要尹绍亭老师对。我考虑了一会，然后对道"水无亲疏，只为智者而乐"，意思一是扣紧泼水节，二是隐喻为官之道，方县长听后很是赞赏。对仗并不工整，后来也想不出更好的句子，回到昆明请书画家张励民先生书写为对联，装裱后寄送给他。天有不测风云，纪念馆筹建期间，大哥尹绍源因病突然去世，去年方县长也因患抑郁症意外撒手人寰，他们的音容笑貌尚在眼前，令人唏嘘痛心！

袁：纪念馆建成，可以告慰尹绍源先生，也是方县长留给后人的纪念了。请问尹老师，尹明德先生出身于什么样的家庭？他的青少年时期是怎样度过的？

尹：伯父名明德，字泽新，号光南。清光绪二十年（1894年）7月12日出生于云南省腾冲县河西乡的孟连村（今属梁河县）。我家祖上原籍南京应天府，明初随军入滇，始居腾冲缅箐，后迁河西孟连村。祖父尹占甲，字苑林，自幼聪颖慧敏，读书超群，于清光绪年间先后任总练、团总、县议事会议员等职，不辞劳苦，兴利除弊，为民排难解忧，深得乡邻敬重。祖父生有一女三子，姑妈尹润云，大伯父尹明德，二伯父尹峻德（字述尧），父亲尹文德（字了来）排行第二。祖父十分重视教育，常谆谆告诫三子："方今强邻副处，国势不张，尔曹应努力求学报国，勿虚度此生也。"光绪二十七年（1901年），时年7岁的

1957年尹明德先生与李根源先生合影于北京

伯父入私塾读“老书”，打下了良好的国学基础。1911年，辛亥革命爆发，在同乡李根源先生（尹明德为李根源妹夫，尹明德妻李根英为李根源堂妹）的鼓励下，伯父毅然离家只身赴省城昆明求学。当年伯父来昆明，完全是徒步行走，翻山越岭，要走一个月，记得20世纪60年代，我从腾冲到昆明，乘客车要5天，现在腾冲到昆明，乘飞机只需45分钟，真是“换了人间”啊！

袁：尹明德先生到昆明读的是什么学校？

尹：伯父到昆明之后先入云南省立高等学堂附设的法文专修班补习，1912年春考入云南省立第一中学。适值民国初年，教育界一片改革景象，学校中三迤青年汇集，教师中不少是赴法、日留学归国的青年学者，学校充满了生机与活力。1915年中学毕业，1916年回乡任教。1917年，23岁的伯父为了寻求新知，东渡日本留学。1918年5月，在东京经过一年的补习准备报考正式学校之时，国内发生了北洋军阀段祺瑞与日本订立卖国军事密约事件，伯父参加了留日学生的爱国罢学行动，并回国抗争，他目睹日本军国主义对中国的欺凌，对日本深感厌恶，再也不愿回到日本。1918年夏末，伯父考入国立北京工业学校机织系学习，毕业后又进入国立北京工业大学研究班继续深造，至1925年6月毕业。其间参加了伟大的五四运动，并被同学推举为工校代表，参加了学联的各种反帝爱国斗争活动。伯父在北京工业大学深造期间，曾与在京的同乡学子共同创办了《新腾冲》杂志。其时父亲尹文德也在北平国立大学求学，他与伯父一道，积极参与反封反帝爱国运动，并在《新腾冲》等杂志上不断发表文章抨击日本等帝国主义侵略我国的罪行；毕业后为抗击日本侵略军毅然投笔从戎，分别在西安行营政治部和陆军特种兵联合分校政治部任职。此期间伯父已注意到中缅边界危机，深感忧愤，工作之余，投入大量的精力搜

《新腾冲》

集研究滇缅近百年来的历史地理和边界史料，《新腾冲》第四期曾出版他撰写的界务专刊一册，专刊犀利揭露了帝国主义分子的侵略野心，向国人敲响警钟，提醒国人密切注意边界问题。

袁：尹先生是怎样进入南京外交部工作的？

尹：鸦片战争以后，英帝国不仅从海上加紧侵略中国，还妄图从其殖民地缅甸入侵云南。英军不断窥探边境情报，并步步蚕食中国领土，国人深感忧患，反应强烈，然而南京政府却少有作为。前面说过，伯父在北平工业学校和工业大学学习期间，一直关注中缅边界问题，并开始潜心研究，出版了专刊，还陆续在报纸杂志上发表文章，引起了南京外交部的注意，当时外交部很缺乏熟悉中缅界务的人才，伯父于是被招聘到外交部工作。

袁：尹先生到外交部就可以施展他的抱负了。

尹：是啊。1929年春，中缅北段未定界区域江心坡景颇族民众抗击英国军队侵略，派代表到腾冲向政府请愿，要求归属中国。南京国民政府外交部遂设立了滇缅界务研究委员会，商议与英交涉对策。当时的外交部，没有人愿意去云南边境"蛮荒瘴疠之区"进行调查，对边境具体情况一无所知，与英方交涉非常被动，谈判自然被动误事。伯父深感问题的严重，于是积极呼吁："应先派员详密勘察，然后交涉，乃有把握，否则任人指划，失败堪虞。"此建议受到重视，国民政府内政部和外交部于同年11月任命伯父为滇缅界务调查专员，负责到中缅北段未定界区域进行实地调查。由中央政府派员深入中缅未定界区域作实地调查，属前所未有之举，伯父深感"事关国务、工作艰巨、任大责重"，决心以对国家和民族高度负责之态度完成这一具有历史意义的工作。经过在南京的一系列准备，并到上海购办勘察所需器具及有关图藉等物品之后，登轮南行，经香港，转越南海防，于1930年初到达云南省会昆明。勘察界务得到云南省主席龙云的重视和支持。经过精心准备，并在昆选聘了调查测量人员，然后驰赴腾冲边境。

针对英帝国军队在滇缅北界封锁严密、严禁知识华人进入的状况，伯父将调查测量人员（主要成员有杨斌铨、王继先、张元钦、王玺、梁正中、

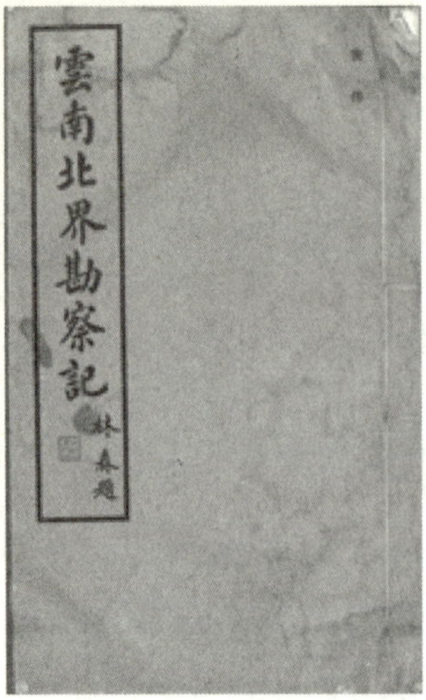

尹明德著《云南北界勘察记》，时任国民政府主席林森亲笔为著作题写书名

狄寿榕等）编成六个调查组，装扮成商贩，分头秘密进入北段未定界区域。伯父化名为张向仁，随员在外均称他为张老板。从1929年冬由南京出发至1931年9月，历时近两年，伯父率领勘察人员冒着被英帝国军队拘捕劫杀的危险，翻越雪山冰谷，深入瘴毒之区，置个人生命安危于不顾，克服了难以想象的困难，终于弄清楚了英帝国历年蚕食、侵略中国边界的经过以及边区的历史、社会、政治、军事、民族、交通、教育等详情。根据所获得的丰富的第一手资料，绘制了北界五十万分之一详细地图一幅，一百三十万分之一略图一幅，提出中缅北界划界方案（国民党政府称为“尹明德建议线”），撰写了《中英滇缅界务交涉史》《滇缅界务北段调查报告》《云南北界勘察记》《天南片羽》四本著作。此次勘察成果，成为国家对外交涉的翔实和有力的凭据，受到政府当局高度重视，社会影响极大。时任国民政府主席林森亲笔为《云南北界勘察记》题写书名，国民政府考试院院长于右任、内政部长黄绍竑为《天南片羽》题词。

袁：自己国家的边界受英帝国侵略军队的控制，前往考察要装扮成商人，可谓国耻，其艰难险阻可想而知。

尹：当时的整个情况，可通过《云南北界勘察记》的序言和《滇缅界务北段调查报告》前言得以了解。《滇缅界务北段调查报告》前言《（内政部、外交部）会派滇缅界务调查专员尹明德》一文云：

> 慨自滇缅界务发生以来，垂三十年久悬未决，我国因历年多事，未遑顾及。且其地僻处遐荒，距京穹远，边情舆地，国人罕知其详。遂使英人狡焉，思启妄生觊觎，蚕食鲸吞不遗余力。
>
> 中央以边民之呼吁，念边疆之重要，（民国）十八年秋乃有滇

缅界务调查之议。命令密颁，（明德）获奉调查专员之任，当以工作艰巨，任大责重，恐难负荷，面辞未允。随即摒挡驰赴滇省，遴选测绘人员，及胆识兼优、熟悉边情之士，先后组成六组，乔装商贩，分头密往北段未定界茶山、浪速、球夷、坎底、江心坡、野人山各地，缜密探查，（明德）亦化装易名，另成一组深入履勘。以英人严防封禁。军警暗探四处密布，及野夷剽悍，气候毒厉之故，所有出发工作人员，途次迭经险阻。有被英人拘禁严加搜查者；有被野人拘留欲行戕害者；有感染瘴毒病莫能兴者。幸赖国家威灵，咸得脱险无事，完成任务，各庆生还。除各组调查日记、报告、碑证、古物及大小详略地图十幅，并专员所摄人种、山川、要隘、古迹照片七十余帧，另行呈报外，谨将调查所得结总，逐一报告。并尽其愚虑，草拟善后意见条陈于后，伏乞衡核采择施行。再，北段未定界极为广阔，英人分段侵略，自由驻兵，自由定界，自由设立厅治，自由收派门户。我举国呼号，京省抗议，英人皆充耳不闻。非仅蔑视我中华民国主权，且已将国际上应有之道义仪式蹴踏殆尽。我如再事沉默，不速提议交涉经营，诚恐迟之。又久形势全非，愈成不可收拾之局。务恳迅赐核办，则边疆幸甚，国家幸甚。

袁：尹先生的著作应该好好整理出版。

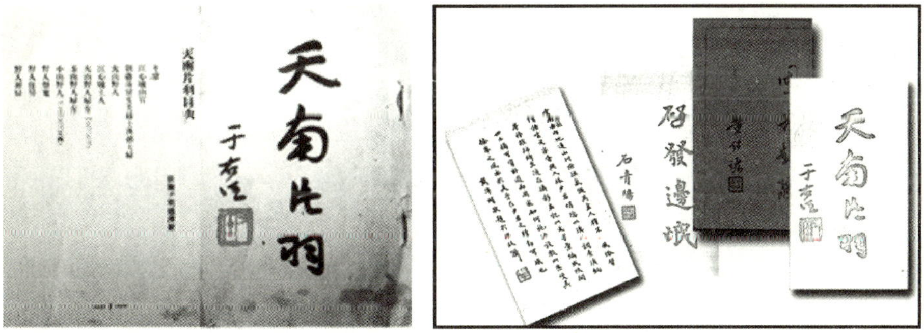

尹明德著《天南片羽》，国民政府考试院院长于右任、内政部部长黄绍竑等题写书名和题词

尹：云南省图书馆所见伯父的著作，都是民国时期的出版物，而且多为影印本。最近黑龙江教育出版社出版了“中国边疆研究文库”丛书，其中的《西南边疆卷四》（马玉华主编）收录了西南边疆历史资料三种，其中就有尹明德的《滇缅界务北段调查报告》。我这里有此新书，《滇缅界务北段调查报告》仅39000字，但内容充实，详细记述了滇缅北段未定界的区域、沿革、人种、物产、山川、气候以及英国侵略者强占北段未定界内的茶山、片马、野人山的经过和经营户拱、私立界桩的情形，详细介绍了英人的政治军事设施、经营交通的状况以及教育情况等。针对中缅北界未定界的严峻形势，尹明德还提出了作为对策和解决问题的十一条善后意见：

> 1.宜速严重抗议，制止英人；不得再行进兵，经营户拱、江心坡；并释放十六年所掳去江心坡山官等十三人，以明主权也。2.宜速照会英政府，迅予撤销私立界桩及窃设厅治、营垒，以待交涉会勘也。3.宜速将滇缅南、北两段未定界提出交涉，划清界限，以遏阻英人侵略之野心也。4.宜剀切宣示未定界区域系我领土，土人系我同种同族，我当尽援助保护之责，并通令滇省沿边各行政官员，就近酌委山官伙头，暂行管理各该区域，以坚土人内向之心也。5.宜速由中央通令各院部转令全国，改正错误地图，以明疆界而保主权也。6.宜清理已定界原立各界桩，以防英人潜移改线侵界也。7.宜增加云南第一殖边督办署经费，并添设殖边队，以资保卫经营边地也。8.宜择熟悉边情、胆识兼优之士，委充沿边行政官员，并破除迁调常例，厚给薪俸，使之久于其位，以资开发边疆也。9.宜速实行缩小省区案，俾易控制边地也。10.宜速修筑道路，并添设邮电，以利交通也。11.宜举办沿边教育，以开发民智也。

以上十一条意见，每条下面均有细致的论述。这些意见，不仅切中当时滇缅边界的要害，即使放在今天，也颇具现实意义。此外，《滇缅界务北段调查报告》还附有各种图表十一份和地图一份。

袁：尹明德先生的著作和调查组所获资料都是用生命换来的。

尹：1933年，伯父又受命从事中缅南界的界务工作。1933年冬至1934年，伯父任外交部条约委员会顾问，参加研究处理南界问题。1935年9月至1936年4月，被任命为中英会勘滇缅南段界务委员会的中国委员，12月前往南部未定界地区进行勘察，逐段测量，与对方据理力争，将清朝中国勘界委员会刘万胜、陈灿与英方会勘时所定的不利于中国的条约线多处错误进行了修改更正，并勘定政治区域修改线多处，编写了《滇缅南界勘察记》6卷。1941年6月，伯父作为外交部专员参加中国政府与英国政府签订中缅南界换文谈判。中方提出的方案，由伯父拟定。此次谈判，为中国争回了班洪、西盟、勐梭及勐角、勐董西面的勐卡、拱弄、拱勇、芒回等地，共两千多平方公里领土。同年冬，中英两国政府按照协议换文，伯父又被委派担任中国划界委员，准备赴南界勘划树立界桩，后因太平洋战争爆发，划界工作被迫暂停。

袁：尹明德先生在中缅界务方面所做的贡献，令人敬佩。与英人谈判争回了班洪、西盟等地两千多平方公里领土，实在是了不起！

尹：界务是伯父所做的第一件大事，第二件事是投身滇西抗日战争。1942年5月，日本军队侵占滇西的腾冲。云贵监察使李根源赴滇西发动民众奋起抗战，向宋希濂建议应团结西南边疆各地土司头人，加强抗战力量。意见得到采纳，伯父被选派为“宣慰专员”，由蒋介石直接委任，代表重庆军事委员会奔赴敌后腾冲、龙陵、盈江等地，宣慰各地土司及各族爱国志士，策动开展抗日斗争。1942年7月伯父到达大理，8月11日告别李根源和驻防滇西的中国第十一集团军总司令宋希濂，率领上校科长黄文徽、中校秘书王旸、廖槐及参谋张乃文、副官杨佩玺等随员，携带电台，由大理出发，8月13到达保山，与第七十一军钟彬军长等晤谈。19日到保山上江乡大塘子，宣慰因潞江新城失陷而迁设于此的潞江安抚司行署，向土司线光天颁发蒋介石委员长的电文、宋希濂总司令和李根源监察使的函件以及任命线光天为滇西抗日自卫军潞江支队司令的委任令。8月23日，伯父一行渡过怒江，翻越高黎贡山，进入腾冲县境，到达腾北重镇界头——腾冲县抗日政府和十一集团军预备第二师师部驻地。在这里，伯父和以张问德（抗日政府县长）、刘楚湘（抗战临时县务委员会主任）为代表的一大批坚守抗战的爱国人士，纵谈国内反法西斯形势，商讨抗日对策，坚定抗日必胜信念。在驻界头的十一集团军预备第二师师部，伯父和顾葆裕师长、洪行副师长、彭劢参谋长等将领相会，详细听取了腾城失陷后预二师在腾作战经过、军事布置情形以及各土司现状的报告，并就边区各地抗日自卫军的组建问题做了通盘策划，由尹明德和顾葆裕师长联名致电报告宋希濂总司令、李根源监察使核准实施。顾葆裕师长还特别指派该师四团二营第五连连长吴启鹏率部随尹明德行动，专任护卫之责。伯父一行离开界头后，针对敌情，灵机应变，绕过日军的层层封锁与追截，经凤仪、马站、高田、新歧、大坝等村镇，翻越瘌痢山薄刀岭，于9月初到达腾南（今梁河县）河西乡丝瓜坪、孟连村一带。丝瓜坪峻岭环绕，地势险要，预备第二师洪行副师长的前线指挥部就设于此。伯父和洪行副师长就抗日自卫军各路军的司令人选作了具体研究。其时正值日军进犯大盈江沿岸，战事激烈。伯父在丝瓜坪和离战场仅十余里的孟连村旧宅，夜以继日地分别会见率领民众配合预二师作战的领导人江如溱、熊廷和、江春渭、赵保忠、尹培卿、侯受安、徐品正、尚自贵以及梁河设治局封维德等，交谈战情，坚定保乡卫国、奋勇抗战的决心。

伯父此行除了分别在保山、保山上乡大塘子、腾冲界头、腾冲河西乡（今梁河县）丝瓜坪、孟连村、九保、遮岛、盈江新城、怒江泸水等地停留，与七十一军军长钟彬等国军将领和腾冲抗日政府县长张问德、县务委员会主任刘楚湘进行了会谈，慰问了南甸、干崖、盏达、卢撒、鲁掌、登埂、六库、陇川、芒市等土司。伯父向各土司颁发了蒋介石委员长的电文和照片、宋希濂总司令和李根源监察使的函件和《为国干城》匾额，同时还宣布了经宋总司令核准的滇区抗日自卫军各路军司令的任命。此次边区抗日宣慰活动是在腾、龙沦陷不久的情况下进行的。当时一些少数民族上层人士面对日寇的突然侵略，一时惶惶不安。伯父奉命赶来，及时向他们传达中央政府的抗战旨意，详细讲述李根源监察使、宋希濂总司令的决心和殷切希望及采取的各种抗战措施，对于稳定少数民族上层，鼓动各族人民同仇敌忾，团结一致，奋起抗战，起到了重要的推动作用。各土司及代表均纷纷表示要忠心报国，率领民众，誓死抗战，与疆土共存亡。

袁：我在省图书馆查阅资料，看过尹明德先生的《宣慰日记》手稿。

尹：伯父深入滇西沦陷区进行抗日宣慰活动，从1942年8月11日开始至11月初返回大理，历时两月余。60余天，冒着生命危险，翻山越岭，长途跋涉，慰问军民，联络土司，劳苦困顿，然每天深夜都坚持用毛笔记下当日的行程、会见的人物和相关活动，足见其一贯的工作态度和风格。日记后来整理成书并题名为《宣慰日记》。此书不幸毁于战乱，现在仅存8月11日至9月11日手稿2万余字，大约为原书的三分之一。如你所见，云南省图书馆藏有此手稿，名为《尹明德抗日战争时期日记片断手稿》，计98页，是不可多得的珍贵抗战史料。我这里有复印本，尽管残缺不全，还是留下了不少信息。如原书第二页写着此次使命的任务，共八条：

（一已不存）二讲述国内外情形，使明了世界大（势）。

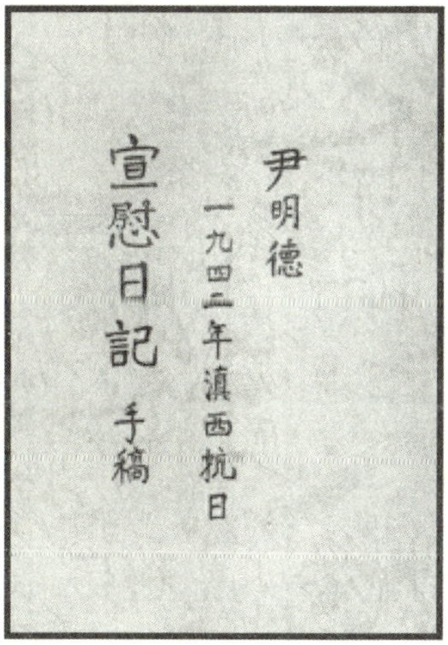
宣慰日記
尹明德
一九四二年滇西抗日
手稿

宣慰日記
——抗日戰爭時期日記片斷
尹明德
（一九四二年）

尹明德著《宣慰日记》

（三）讲述敌人暴行及欺骗政策。四策动民卫组织，加强抗战力量。五征询各土司意便转呈中央。六侦查沿途交通状况，山川粮秣出产等，以备军事推进。七探听敌报。八其他社会调查。

日记记录颇为详细，这里不妨摘录一则，观其一天的工作情形：

二十五日晴住界头上午十时早饭后，偕黄课长张参谋赴师部开会，师部出席者顾师长彭参谋长方主任三人。首由彭参谋长报告腾越失陷后预二师在腾作战经过，及军事部置情形，并各土司现状。署谓敌人在我境内畹町一带一联队，龙陵城郊一联队，镇安所及惠通桥一联队，腾冲一联队，皆属五十六师团。在腾境者为金刚联队，初敌约二千五百人，经预二师数次攻击，伤亡一千二百人，现敌留腾者不过千三百人，皆在城郊三十里以内及腾龙交通线上，计驻守腾城郊者七八百人，孟连镇约三百人，余分驻玉壁董库干峨观音堂龙光台一带。我军除固守西北区外，以向南推进至缅箐明朗清水河西等乡，及梁河等地。如果敌人由腾城多数出击，我军有克服腾城可能。倘敌不敢大量出击，聚守城郊，则腾城克服，尚须稍待。次讨论各司地自卫军编组事宜，经决定腾龙边区各土司地，视其人力及现有枪械数目多寡编组一二路或三路，每路司令下辖二支队或三支队，每支队下分二大队至四大队，每大队下分三中队，每中队由八十至一百二十人编成，步（？）至少人数三分之一。每路约等于一旅，并先委派干崖刀保国任滇西边区自卫军第一路司令，刀保固任副司令。第二路司令嗣后再行遴派。各路自卫军，以及独立支队司令之上，须以高级长官并酌带一二团正规军来驻扎任纵队司令，统率训练，以期将来杀敌致果之效。此议定后，即与顾师长联名电传宋总司令李监察使核示，并恳专电速发表新二十二师副师长黄翔任纵队司令。

晚饭后，访城郊迁来各友，无不迫望大军速来收复腾龙。随与刘梦泽再访张县长叙谈一切。

对于伯父的宣慰活动，李根源先生曾有《赞尹明德》诗一首：

行人尹明德，持节入战地，
编抚各土司，宣扬元戎意。

宋希濂总司令在给伯父的一份电报中亦称赞道："兄此次以爱乡爱国精神，不避艰险，深入敌后，协筹一切，至甚钦佩。"

伯父深入战区宣慰抗日，日本侵略军甚感恐慌。1942年底，驻遮岛日军到九保对抗日志士赵宝贤家进行疯狂洗劫，烧毁其新家。之后，一个名叫西田的日军少佐骑着从赵家抢来的名为"邦读红"的骡马，率领百余鬼子兵前往尹明德的老家孟连村扫荡。当到达邦读村附近的赖筏寨时，骡马识途恋家，向邦读村狂奔而去，西田摔下马来，但一只脚仍勾绊在马镫上，被活活拖死。日军认为出师不利，慌忙抬了西田尸体返回营地，孟连村为此而免遭一场劫难。李根源先生为此曾写《赞红骡》诗一首：

红骡亦神物，毙敌报主恩，
非尔奋大勇，火烧孟连村。

袁：宣慰使命完成后尹先生回外交部了吗？

尹：没有。伯父完成宣慰使命返回大理后，应聘兼任十一集团军干部训练团教官，培训抗日干部，积极为大反攻作准备。1944年9月，中国远征军在滇西人民奋力配合下，反攻胜利，全歼驻腾日军，腾冲光复，伯父被推举担任腾冲县善后委员会主任委员，并兼任县立职业中学校长，协助政府处理战后恢复社会、生活秩序和教育事业等善后工作，并积极筹建纪念抗战英勇阵亡将士的国殇墓园。国殇墓园于1945年7月7日正式落成，伯父撰写了四首绝句诗刻于墓园内的石碑上，现在去参观可以看到。四首诗内容如下：

滚滚洪流泛怒涛，
大张挞伐奋弓刀；
南天跃马驱穷寇，
多谢将军军务劳。

滇西雄郡久驰名，
破碎金瓯拼命争；
寸寸河山皆碧血，
忠魂万古护边城。

龙飞凤舞碧山河，
累累忠魂葬满坡；
百万边民争负土，
在天灵爽乐如何。

小团坡顶近龙光，
叠水鸣鸣吊国殇；
勒石燕然堪媲美，
名高青史万年香。

袁：尹先生的诗热情歌颂了滇西军民同仇敌忾、赴汤蹈火、英勇战斗、保家卫国的崇高的爱国主义精神，听来令人感动振奋！我建议把“名高青史万年香”作为此次采访的题名，以寄托我们对抗日将士的哀思，同时也是对尹先生的缅怀。

尹：可以，这个题目好。

袁：中华人民共和国成立后，尹先生从事什么样的工作呢？

尹：腾冲解放时，伯父因曾任过国民政府外交部专员而被视为“反革命”，后因李根源向周恩来总理建议，尹明德为中缅界务专家，人才难得，应发挥其作用，周恩来总理立即让人发电报要求保护尹明德，伯父始免于危难。1951年4月，他受邀出席保山专区各族各界人民代表会议，被推举为保山专区政治协商委员会驻会委员，并任保腾（保山至腾冲）公路修建委员会办公室主任。1952年12月，被选为保山专区人民委员会委员。1953年2月，调昆明云南省人民政府任参事。1954年6月，他将三四十年代调查研究中缅界务的成果资料编写成《中缅界务交涉汇编》四卷，呈送中央及省政府。1956年夏季，参加云南边界历史资料小组工作。1957年2月，周恩来总理访问亚欧11国归来后，立即抓紧时间研究中缅边界问题。他听说云南代表尹明德对中缅边界问题很有研究，并在20年代就化装到北段江心坡一带调查的情况后，立即请他到北京当面讨教。1957年3月至11月，伯父奉周恩来总理电邀，两次到北京，向周总理及外交部领导汇报有关中缅边界的情形，并给周总理带去许多书籍和地图。周总理对伯父的汇报极其重视，不时提问并作笔记。每谈到开饭时，周总理就邀伯父同桌就餐，关怀备至。周总理在全国政协二届三次全体委员会议和在云南各界人士和兄弟民族代表会议上，两次作关于中缅边界问题的专题报告，伯父均作为特邀专家出席会议。周总理到昆明与缅甸领导人会晤，他被安排随机同行，并出席招待缅甸领导人的宴会。1957年国庆节，又蒙周恩来总理安排，登上天安门观礼。在周恩来总理主持的中缅边界谈判过程中，伯父作为特邀专家，以一颗爱国赤诚之心，夜以继日、尽心竭力出谋划策，为中缅边界的划定作出了积极的贡献。关于这段经历，伯父曾与我谈及，说周总理礼贤下士，亲切和蔼，但工作起来一丝不苟，极其严谨。每当他提出问题，你必须迅速准确地回答，幸而我对边境情况十分熟悉，能够及时回应并提出建议，所以总理很满意。伯父还给我看过他写的一篇回忆文章，其中有自我检讨一段。说当时与缅甸谈判，缅方提出一个土地置换的方案，伯父认为不行，不能同意，但是总理从当时复杂的国际形势和全局外交的角度考虑，认为这个方案可行。这次谈判协议的签署，不仅彻底解决了中缅边界问题，并且成为打破美帝国主义对我国进行全面封锁的突破口，意义重大。回忆此事时，伯父充满崇敬，说我只看到边界，而总理站得高看得远，胸中装的是整个世界。据伯父说，中缅划界结束后，总理在全国政协会议上几次提到爱国人士尹明德，每逢五一劳动节和十一国庆节，都发邀请到北京观礼，一直到1965年“文化大革命”才终止。

从1957年起，伯父被选为中国人民政治协商会议云南省委员会的历届委员。由于其广博精深的学识，1961年又担任云南省政协文史资料研究委员会副主任委员兼办公室副主任。在职期间，他参加了全国人民代表大会云南民族调查组工作，先后辑录了《明实录》中有关云南史料计百余万字（已由云南人民出版社出版）。组织起义军政人员撰写回忆录，参加主持编辑出版了《云南文史资料选辑》九辑，亲自撰写了《民国初年云南省立第一中学校片断回忆》和《滇西军民抗战概况》等文章。

袁：查阅尹先生的著述，曾看到过他的照片，圆形脸庞，天庭饱满，配戴眼镜，学者风度，健康硬朗，给人印深刻。

尹：晚年变化较大，身体虽无大病，却日渐消瘦。在伯父生命最后6年时间，我们经常见面，每次去伯父家，只要他在，第一眼看到的几乎都是他伏案读书看报的背影。他读过的书籍报刊，总是圈圈点点，写满批注，那是几十年的读书习惯了。他是我父辈中的长兄，是当然的大家长，他性格庄重，生活严谨简朴、治学一丝不苟，对子女要求非常严格，作为晚辈我们都尊敬他、听从他。他喜欢和我交谈，每次见面，总要询问我的学习和生活情况。假期我回家乡，返昆后一定急忙赶去看望他老人家，我知道那是他最期待的，聊他的关心的事情，告知他家乡和亲人的情况，那时候他会陷入沉思，眼光闪烁，偶尔嘴角颤抖，流露出对家乡和边疆无限眷念之情。有时他也给我讲他的经历，讲旧时昆明的中学，讲日本留学，讲北京参加学运，讲边界勘察，讲中英界务谈判，讲抗战宣慰，讲国殇墓园，讲中缅划界，讲周总理高瞻远瞩运筹帷幄，看得出他对自己一生的经历和所做的事情是比较欣慰的。

袁：他要是知道老师现在也从事边疆和民族的研究，一定很高兴。

尹：是啊，他要是知道肯定高兴。很遗憾，按他的体质，如果能继续从事他的热爱的事业，饮食营养和医疗保健跟得上的话，那么多活20年应该不成问题，我的二伯父就活了一百岁。“文化大革命”期间，学校停课，学业荒废，我深感前途渺茫，不知今后将何以为生。当时情绪消沉，有一次忍不住在伯父面前发牢骚说丧气话，伯父听后很不高兴，正色批评道：“困难挫折谁没经历过，怨天尤人，消极颓废，是意志薄弱，没有毅力的表现！”当时对伯父的批评不以为然，认为他对现实和年轻人缺乏理解，不过他的话确实深深触动了我，直到今天印象还十分深刻。

袁：尹先生是何时去世的？

尹：1971年11月25日我到伯父家，夜晚与伯父同宿一室，清晨听到响声，一看是伯父伸出手哆嗦着在床头摸东西，见我醒来，用微弱的声音说要药，我急忙打开药品取药让他服下，药尚未吞咽，便闭上了眼睛。辛劳了一生的伯父，就这样清静寂寞地走了。

袁：尹先生的一生是不平凡的一生，令人感动敬仰，深受教育！老师讲了那么多，辛苦了，非常感谢！

（此文相关内容原用于梁河县尹明德纪念馆展示。）

后　记

作为《山光物态弄春晖——尹绍亭访谈录》的编者，本人深感荣幸！

我与尹绍亭先生的认识始于2000年的师生关系，当时先生刚从云南省民族博物馆调入云南大学人类学系担任系主任不久，我报考了他的博士研究生。先生并不在乎我的理科背景，接纳我为他的学生。正是由于学术背景的因素，我在四年的读博期间，先生对我的学习特别上心，从人类学民族学的理论学习到田野调查训练，直至博士论文的写作与修改都倾注了大量的心血。博士毕业后，这种师生关系一直维系着，无论在做学问还是教书育人方面都不断得到先生的指导，并发展成了一种亦师亦友的情谊。

《尹绍亭访谈录》中的采访者有记者、学者，也有学生，采访的文章有的曾公开发表过，有的则是首次与读者见面。公开发表的文章原来已经拜读过，此次编辑过程中又细细读来，收获颇丰，感触很多。《尹绍亭访谈录》基本反映了先生的治学过程和我们国家时代的变迁：先生从“文革”时期云南边陲小镇上的一个困厄少年，到改革开放初期的工人、研究生，再到20世纪90年代成为全国著名的人类学家，这些变化无不与国家的命运密切相关。先生的治学经历为年轻的学者、学生提供了极好的借鉴，例如先生对自己老师，学术同行和学术前辈的尊重，对被调查对象的关怀以及对社会热点问题的关注，反映了先生极高的学术修养及其作为学者的社会责任感，这种做人与做学问的高度统一，为年轻的学者树立了榜样。当然，从访谈录中我们对先生家庭中的前辈也有所了解，如先生的伯父，曾为中缅边界勘察、中缅边界谈判及边境划界做出过重要贡献的尹明德先生。

感谢本书的主角尹绍亭先生，感谢所有的采访者以及相应的期刊，感谢云南人民出版社，是你们让我们分享了如此精彩的学术人生。最后，用一个采访者的话来结束本后记：“紧扣时代脉搏，开拓创新，是尹教授30多年学术生涯的一贯追求。”

崔明昆

2018年10月20日于云南师范大学睿智3号楼